생각이 열리는

교과서 토론
지리

생각이 열리는
교과서 토론 - **지리**

초판 1쇄	펴낸 날 2022년 12월 26일
초판 2쇄	펴낸 날 2023년 11월 13일

지은이　김민수 · 김봉식 · 김태호 · 남길수 · 박용규 · 윤정현 · 이지원 · 조해수 · 천재호 · 최재희

발행처	이화북스
주소	경기도 파주시 회동길 145 아시아출판문화정보센터 전시정보동 202호
대표전화	02 - 2691 - 3864
팩스	02 - 307 - 1225
이메일	ewhabooks@naver.com

편집	박나리
디자인	책은우주다
마케팅	임동건

ISBN　979 - 11 - 90626 - 25 - 5 04080

교과서 토론 시리즈 06

생각이 열리는

교과서 토론

지리

김민수·김봉식·김태호·남길수·박용규·윤정현
이지원·조해수·천재호·최재희 지음

이화북스

지리 토론 여행

'토론'이라고 하면 누구나 뭔가 좀 무거운 느낌부터 들지요. 어렵고 전문적인 능력이 필요하지 않을까 하는 생각도 곧장 납니다. 하지만 우리는 이미 '세계사 토론'과 '한국사 토론'을 비롯해 '4차 산업혁명'과 '과학', '환경' 토론을 통해 토론이 그렇게 어려운 것이 아니라는 사실을 알게 되었습니다. 오히려 흥미롭게 공부할 수 있는 좋은 방법이라는 사실도 배웠고요. 쉽게 말하면 토론은 대화의 형태로, 주제를 놓고 상대방과 주거니 받거니 이야기를 나누는 것입니다. 신기하게도 토론 방식이 시험공부에 더 효과적이라고 밝혀졌습니다. 책을 보고 끙끙대며 외운 것은 자고 나면 잊어버리기 일쑤지만 친구들과 신나게 말한 내용은 웬만해서는 까먹지 않는 것과 같은 이치라고 하겠지요.

토론은 논쟁처럼 뜨거워질 수도 있지만 상대방을 이기기 위한 일은 절대 아닙니다. 오히려 생각이 다른 상대의 말을 귀

담아듣고 내 주장을 펼치며 서로의 의견을 보충하고 넓혀 가는 일입니다.

앞서 다양한 교과의 토론 학습을 거쳤다면, 이번에는 '지리' 차례입니다. 여러분은 이 책을 통해 폭넓은 지리적 사고를 경험할 수 있을 것입니다. 이 책은 인터넷지도, 여행, 인구 문제, 주거, 다문화, 불평등과 개발, 토지 이용 갈등, 하천, 기후, 에너지 등 지리의 핵심 쟁점에 대해 종횡무진 신나는 토론 여행을 펼칩니다.

각 주제를 놓고 매번 찬반 토론이 격렬하게 벌어지지만, 크게 보면 찬성편도 반대편도 토론을 통해 새로 배움을 얻고 있습니다. 손에 땀을 쥐며 토론을 지켜보거나 한쪽을 열심히 응원했던 독자들도 결국 양쪽 주장 모두를 통해서만 주제의 내용이 풍부해지고 설득력을 얻게 됨을 깨달아 가지요. 토론은 결국 배움을 위한 가장 열정적인 수단입니다. 논리적이고 비판적인 대화의 광장인 토론을 통해 한걸음 더 나아가며, 미처 생각하지 못한 점을 상대방에게서 배우기 때문입니다.

이 책을 통해 독자 여러분이 흥미로운 지리적 쟁점을 충분히 이해하여, 생활 세계를 이해하는 데 도움이 되기를 진심으로 희망합니다. 토론 여행을 위한 열차가 이제 출발합니다! Let's Go!

저자 일동

차례

· 쟁점 1 ·

인터넷지도 Internet Maps

— 인터넷지도가 가야 할 길은 무엇일까

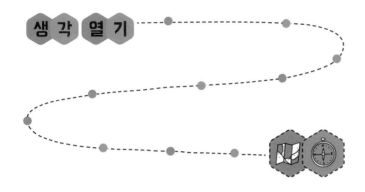

생 각 열 기

여러분의 부모님이 여러분 또래였을 때, 지도는 아버지 자동차에 꼭 있어야 할 필수품이었습니다. 아버지께서는 운전하기 전에 지도책을 펴고 경로를 훑어보셨고, 옆에 타신 어머니는 아버지 곁에서 실시간 내비게이션 역할을 하셨지요. 온통 흑백이었던 교과서 속에서 컬러 교과서는 미술 교과서와 지리부도뿐이었습니다. 다른 교과서보다 더 손이 갔습니다. 친구들과 쉬는 시간에 재미있는 지명 찾기를 하고, 위치 빨리 찾기를 했던 기억도 납니다. 아버지께서는 아들딸의 지리부도를 자동차에 두기도 했지요.

이제는 더 이상 자동차에서 지도책을 볼 수 없으며, 지리부도에서 지명이나 위치를 찾지 않습니다. 길을 잘못 들었다고 아버지와 어머니께서 다투지 않으시고, 지리부도를 보면서 친구들과 하하 웃지 않습니다.

여러분을 '길을 잃지 않는 세대'라고 부른다는 것, 혹시 알

▲ 인터넷지도 덕분에 과거보다 지도를 더 많이, 자주 보는 시대가 되었다.

어떤 지역을 대표하거나 다른 지역과 구별되는 지형이나 시설물을 가리키는 것으로, 일반적으로 주위의 경관 중에서 두드러지게 눈에 띄는 것이 자연스럽게 랜드마크가 되는 경우가 많다.

고 있나요? 그리고 여러분의 부모님이나 선생님을 '이제는 길을 잃지 않는 세대'라고 부른다는 것은요? 또 옛날 이야기해서 민망하지만, 부모님 세대는 약속을 잡을 때면 장소를 설명하느라 꽤 많은 시간을 쏟았습니다. 랜드마크[1]를 말하기도 했고, 약도도 그렸습니다. 이제는 그럴 필요가 없지요.

바로 인터넷지도 때문입니다. 이제 지도는 손안에서 터치 몇 번이면 볼 수 있는 것이 되었습니다. 그래서 과거보다 지도를 더 많이, 자주 보는 시대가 되었습니다. 더 빠르고 정확하고 많은 정보를 포함한 지도를요. 더군다나 무료네요.

우리 삶에 인터넷지도가 훅 하고 들어온 것은 2004년, 검색 서비스를 하던 구글이 인터넷지도 서비스를 시작하면서부터입니다. 그들이 검색어를 분석했더니 25% 이상이 지도와 관련되어 있었다고 합니다. 사람들은 어디에 무엇이 있는지, 어디를 가려면 어떻게 가야 하는지 등 지리와 관련된 정보를 매우 궁금해했는데, 모니터 속 텍스트로는 한계가 있었지요. 그런데 주변에 종이지도는 많이 보이지 않고, 있다고 하더라도 사람들이 지도 읽기를 꽤 힘들어했습니다. 이 빈틈에 인터넷지도가 쑥 들어왔습니다.

인터넷지도는 점점 더 발달했습니다. 동네 지도는 더욱 정교해졌고, 동네를 너머 전 세계를 볼 수 있게 되었습니다. 화면 속에 둥둥 떠 있는 지구를 마음껏 돌릴 수 있고, 축소하고 확대할 수도 있습니다. 이제는 '지도 제작 플랫폼'을 통해 내가 원하는 지도를 만들기도 하지요. 마치 우리가 문서를 만드는 것처럼요. 지도가 길을 찾는 도구를 넘어 원하는 것을 마음껏 담는 플랫폼이 된 것입니다.

이렇게 지도가 변화하고, 우리 삶이 변화한 것은 어디서나 인터넷을 쓸 수 있는 환경, 스마트폰과 같은 모바일 기기, 그리고 지리정보기술의 발달이 만든 결과입니다. 이 환경과 기술은 지금 이 순간에도 빠르게 변화하고 있으니 몇 년 후 지도와 우리 삶은 또 어떻게 변할지 모를 일입니다.

스마트폰을 열어 인터넷지도 앱을 실행해 볼까요? 그리고 동그라미 속에 열십十 자가 그려진 '현 위치' 아이콘을 터치합니다. 지도는 스르륵 움직이다 화면 중심에 내 위치를 점으로 표시해 줍니다. 우아! 내가 지도의 중심, 세상의 중심이 됩니다. 화면의 위쪽도 북쪽이 아니라 내가 바라보고 있는 곳이 됩니다. 뭔가 어깨가 펴지고, 목에 힘이 들어갑니다. 정말 '지도'자가 된 것 같아요. 이게 뭐야? 생각하고 있지요? 그런데 익숙하다고 당연하다고 생각하지 마세요. 실로 엄청나게 대단한 일이거든요.

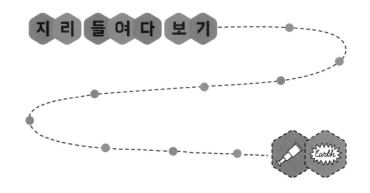

지리 들여다 보기

지도에 대한 정의를 교과서에서 찾아보면 '지표면의 여러 자연 현상, 인문 현상을 한눈에 볼 수 있게 일정한 비율로 줄이고 약속된 기호와 색깔로 나타낸 그림'이라고 적혀 있다.

누군가는 지도[2]를 만들고, 누군가는 지도를 읽습니다. 지도는 보는 것^{see}이 아닌 읽는 것^{read}입니다. 지도는 단순히 보는 것을 넘어, 그 속에 담긴 수많은 정보를 연결하고 해석해야 하기 때문입니다. 그래서 지도를 기본적으로 누군가가 누군가에게 보내는 편지라고 생각해도 좋을 것 같습니다. 지도를 만드는 사람은 받을 사람을 생각하기 마련이고, 말하고 싶은 무엇(주제)이 있을 겁니다. 그리고 받을 사람이 자신의 생각이나 의도를 오해하지 않고 잘 이해할 수 있도록, 또 쉽게 이해할 수 있도록 다양한 기술을 사용할지도 모르겠습니다. 만약 말하고 싶은 것이 지리 정보라면, 받는 사람을 위해 색과 모양, 기호 등을 고민하겠지요. 거리와 면적, 모양 등이 꼭 정확해야 할 필요가 없다고 생각하면, 과감하게 왜곡하여 말하고자 하는 바를 더 명확하게 표현할 수도 있습니다. 지도는 소통의 도구, 설득의 도구입니다. 때로는 자신의 주장을 위해서 무엇인가를 숨길 수도 있겠네요. 강조할 수도 있는 것이고요. 지도는 그래서 늘 정확한 것은 아닙니다. 어떤 사람은 '지도는 거짓말을 한다'고도 합니다. 물론 말하고자 하는 바가 '정확'이라면 정확해야겠지만요. 그런데 그 또한 쉽지는 않습니다. 지구는 울퉁불퉁한 구 모양이고, 지도는 일반적으로 모니터 속이든, 종이든 2차원의 평면이니까요. 축구공을 조각내어 종이에 쫙 붙이기란 쉽지 않지요.

이러한 지도에 담겨야 할 필수 요소 네 가지는 방위표, 축척, 기호, 등고선입니다. 먼저, 방위표는 동쪽, 서쪽, 남쪽, 북쪽을 알려 줍니다. 만약 이 방위표가 없다면, 보통 지도의 위쪽이 북쪽이고 오른쪽이 동쪽이라고 약속했습니다. 그러니 우리가 지도를 읽기 위해서는 동쪽이 어디인지 정도는 알아야겠죠? 맞아요. 해 뜨는 곳입니다.

축척은 실제 거리가 지도에서는 얼마만큼의 길이인지 표시한 것이에요. 만약 실제 거리 25,000cm, 즉 250m를 지도에서 1cm로 표시했다면 이 지도의 축척은 1:25,000으로 표현합니다. 종이지도에서 가장 기본이 되는 축척은 1:25,000과 1:50,000 지도입니다.[3]

기호는 한정된 종이에 좀 더 많은 정보를 담기 위해 사용합니다. 친절한 지도라면 '이 기호는 이런 의미야'라고 설명이 있어야겠지요? 이를 우리는 인덱스라고 부릅니다.

지도의 마지막 필수요소는 등고선입니다. 같은 높이를 연결한 선입니다. 개인적으로 등고선을 보면, 가슴이 뭉클해집니다.

1:25,000과 1:50,000 축척 중에서 더 넓은 지역을 보여 주는 지도는 500m를 1cm로 줄인 지도이다. 하지만 그만큼 덜 자세하다.

3D 세상을 2D로 표현하기 위해서 사람들은 얼마나 고민을 했을까요? 이것도 시도해 보고, 저것도 시도해 보다가 결국 같은 높이를 선으로 연결하자고 생각했을 겁니다. 대략적인 높이 정보도 알 수 있으니 처음 생각한 사람은 엄청 뿌듯했을 거예요. 등고선을 보면 땅의 높고 낮음뿐만 아니라, 절벽 같은 급경사와 완경사, 능선과 계곡도 쉽게 알 수 있습니다.

그럼 이런저런 지도 몇 가지를 함께 살펴볼까요?

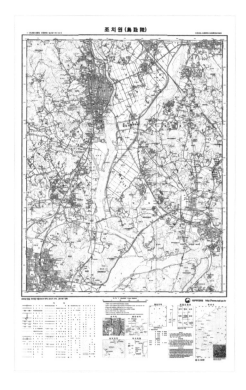

◀ 우리나라 정부에서 만드는 국가기본도이다. 일반도라고 하고, 지형도라고도 한다. 다른 지도의 기본도로 사용된다. 이 지도의 도엽명은 '조치원'이고 축척은 1:25,000이다. 인덱스와 방위표, 등고선도 보인다.

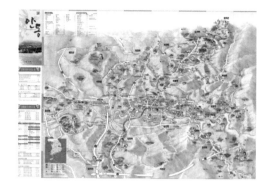

◄ 관광지도이다. 마치 새가 날아가며 안동을 바라보는 듯한 느낌이 든다. 간결하고, 매우 아름다워서 보기만 해도 안동으로 가고 싶은 생각이 든다.

출처: 안동시

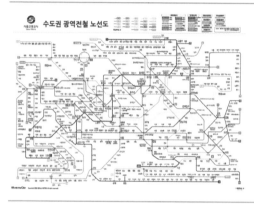

◄ 수도권 광역 전철 노선도이다. 한정된 공간에 한강, 지하철노선, 역, 환승역을 표현했다. 딱 이 정도 정보만 필요하기 때문이다. 그런데 점점 노선이 많아지고 길어지니 다른 아이디어가 필요해 보인다.

출처: 서울특별시

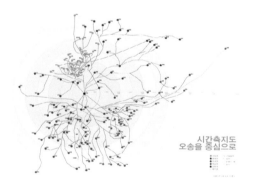

◄ 시간축지도이다. 물리적 거리가 아닌, 대중교통으로 이동하는 데 걸리는 시간을 중심으로 지역과 지역을 표현했다. 고속철도 경부선과 호남선이 교차하는 충북 청주 오송에서는 제주가 부산보다 가깝다.

주제 펼치기

인터넷지도가 가야 할 길은 무엇일까

우리는 더 이상 길을 잃지 않는다. 컴퓨터나 스마트폰에서 인터넷지도를 열고, 검색어를 입력하면 갈 수 있는 여러 개의 길을 알려 준다. 우리는 그 수많은 길, 즉 공간정보 중 하나를 합리적으로 선택하고, 인터넷지도를 믿고 따라가면 된다. 이는 기존 종이지도보다 더 많은 정보를 품고 있고, 그 정보를 기술의 발달에 힘입어 빠르게 처리하고 있다는 것을 의미한다. 지도의 발전으로 우리는 더 합리적으로 공간 의사결정을 할 수 있게 되었다. 나를 세상의 지도자로 만들어 주는 인터넷지도. 우리는 지도에 대해 얼마나 알고 있을까? 인터넷지도가 바꾼 세상, 인터넷지도의 그늘, 지도의 미래에 대해 학생, 교수, NGO 활동가의 이야기를 들어 보기로 하자.

사회자 —— 안녕하세요. 반갑습니다. 시간 내주셔서 고맙습니다. 먼저 고백부터 해야겠습니다. 이곳을 제가 처음 와 봤습니다. 몇 주 전, 약속 장소와 시간이 정해졌을 때 인터넷 창을 열어, '아! 버스와 지하철을 타고 어디서 내리고, 어느 정도의 시간이 걸리는구나.' 대략 체크하고 따로 적어 놨었지요. 그리고 오늘 버스와 지하철을 타고 근처 역에서 내렸습니다. 스마트폰 지도 앱을 열어 이곳을 입력하고, 화면 속에 있는 화살표를 따라 찾아왔지요. 평상시처럼요. 그런데 오늘은 이 일상적이고 익숙한 행동이 조금 낯설게 느껴집니다. 언제부터 이렇게 길을 찾았지? 궁금해졌습니다. 제가 어렸을 때는 일단 약속이 생기면 장소를 찾는 법을 친절하게 안내받았어요. "어디로 가면 보이는 큰 건물을 지나서 나오는 첫 번째 골목으로 들어가서 200m 정도 걸으면 보여"라든지 약도를 받기도 했지요. 맞아요! 그래서 제 보폭이 대략 몇 cm 정도 되는지도 알고 있었습니다. 또 과거에는 명함 뒷면에 약도가 꼭 들어갔었지요. 두리번거리며 찾다가 잘 보이지 않으면, 지나가는 사람에게 물어보면서 찾았습니다. 약속 장소를 찾으면 마치 보물을 찾은 것 같이 너무 기뻐 웃음이 절로 났습니다. 그 장소의 간판에서 빛도 났던 것 같습니다. 아무튼 오늘 좌담의 주제는 '인터넷지도'입니다. 인터넷지도가 참 많은 것을 바꿔 놨네요. 세 분을 모셨습니다. 인터넷과 스마트기기, 인터넷지도에 너무 익숙한 김현대 학생. 나중에 다시 설명해 드리겠지만 커뮤니티매핑을 통해 다양한 지도를 만드는 NGO 활동가 이활동 님. 그리고 지도를 연구하고, 학생을 가르치는 박과거 교수님입니다. 반갑습니다. 자, 그러면 먼저 김현대 학생에게 질문을 하겠습니다. 혹시 지도 하면 무엇이 떠오르나요? 종이지도를 본 적이 있나요? 혹시 저처럼 길을 찾았던 경험이 있나요?

김현대 —— 우선 저는 지도라는 말보다 맵이 더 익숙합니다. 뭔가……. 지도는 옛날 느낌? 공부하는 느낌? 그런 느낌이 들어요. 생각해 보면 게임이나 판타지 소설에서 맵이라는 말을 더 많이 써서 그런지는 모르겠지만 맵이 더 익숙하게 다가온 것 같습니다. 더불어 구글 맵 같은 외국 서비스도 쉽게 이용할 수 있잖아요? 맵은 디지털? 인터넷? 신기함? 최신? 위아더월드! 그런 느낌이 납니다. 그리고 종이지도는……. 음……. 잘 모르겠어요. 만약 종이지도가 필요하면, 인터넷지도를 인쇄하겠죠? 그런데 잘 안 써요. 주변에서도 쓰는 경우를 못 봤어요. 그것이 아니면, 학교에서 쓰는 지리부도가 생각이 나요. 그런데 이것도 잘 보지 않고……. 아! 여행 갈 때 리플릿으로 나오는 관광지도는 챙겨 보는 편이에요. 그렇다고 그 지도를 보고 길을 찾는 용도는 아니고, 예뻐서 챙겨 보는 정도. '아! 이곳에 유명한 음식이 이런 것이구나!' 같은 간단한 정보를 얻는 용도로요. 나머지는 검색하죠. 마지막으로 사회자 님처럼 두리번거리며 길을 찾았던 경우는 없습니다. 종종 인터넷지도에 없는 장소가 있기는 한데, 다른 사이트에서 검색하면 또 나오니까요.

사회자 —— 아! 그래요? 신기하네요. 지도라는 말보다 맵이 더 익숙하다는 것이 마치, 지도와 맵이 다른 개념인 것처럼 다가옵니다. 우리 다른 이야기를 하는 것은 아니죠? 하하. 그럼 이번에는 박과거 교수님 이야기를 들어 보죠. 박과거 교수님은 김현대 학생 또래의 친구들을 가르치는 입장에서 학생이 가지는 지도에 대한 경험이 다른 만큼 조금 쉽지 않겠다는 생각이 듭니다.

박과거 — 맞습니다. 제가 대학교 지도학 수업 첫날 교수님께 뭘 배웠느냐면요, 1:25,000 지형도를 손에 들고 다니며 쉽게 볼 수 있도록 지도 접는 법부터 배웠습니다. 그런데요, 요즘 제가 지도 수업할 때는 "자, 스마트폰을 열고요. 지도 앱을 열어보세요"라고 시작합니다. 그리고 앱의 다양한 버튼과 레이어를 설명하며 축척, 방위, 등고선, 기호 등을 설명해요. 그런데 많이 어려워합니다. 특히 축척과 기호를요. 학생들 입장에서는 두 손가락으로 벌리고 오므리면 되는 것이고, '자' 도구를 이용해서 거리를 측정해 버리면 되는 것이니까요. 또 지도를 확대하거나 터치하면, 우리말로 이곳은 어디라는 정보가 뽕하고 나오니 이것을 굳이 기호로 만들 필요가 있나 하고 생각하는 것 같아요. 그래서 '이걸 가르쳐야 하나?'라는 생각이 들기도 합니

▲ 지형을 조사한 연구자가 답사하면서 사용한 종이지도를 인터넷지도와 비교하고 있다. 종이지도를 접은 흔적도 볼 수 있다.

다. 확실히 지도에 관한 인식이 달라졌다는 것을 느낍니다. 저는 지도가 그 속에 담겨 있는 다양한 지리정보를 읽고 해석하는 대상, 현실의 다양한 지리정보를 담는 소통의 창이라고 여기는데, 이제 학생들은 구글, 네이버, 카카오와 같은 검색 도구로 생각하는 것 같습니다.

이활동 —— 안녕하세요. NGO에서 일하고 있는 이활동입니다. 저도 일상에서 지도가 검색의 도구가 되었다는 것에 동의합니다. 종이지도가 인터넷지도, 즉 김현대 학생의 말처럼 맵이 되면서 지도의 역할과 활용이 다양하게 된 것도 사실입니다. 그 수많은 역할과 활용의 모습 중 하나가 검색 서비스인 것이고요. 저는 기존 종이지도와 인터넷지도의 가장 큰 차이점 중 하나가 프레임의 유무라고 말합니다. 실제 종이지도를 보시면 프레임이 있지 않습니까? 박과거 교수님께서 지도를 접는 것부터 배우셨다 하는데, 저도 기억납니다. 지도의 테두리, 즉 프레임을 가장 먼저 접었죠. 하지만 그 프레임이 인터넷지도에는 없지요. 다른 의미로 인터넷지도에 프레임이 없다는 것을 기존 종이지도가 가지고 있던 역할과 활용이라는 프레임이 없어졌다고도 해석할 수 있지 않을까요?

사회자 —— 제가 좋아하는 한 배우가 긴 무명 생활을 끝내고 매우 높은 인기를 얻고 있었을 때 한 잡지의 인터뷰에서 한 말입니다. "물 들어 올 때는 노를 저을 게 아니라, 지도를 펴고 내가 갈 길을 다시 확인해야 한다고 생각해요. 내가 지금까지 어떻게 왔는지, 어떻게 갈 것인지 다시 한번 생각해 볼 필요가 있어요"라고요. 여기 세 분과 함께, 지도를 펴고 지도를 돌아보는 시간, 지도가 갈 길을 확인하는 시간을 갖겠습니다.

주제 1

인터넷지도가 바꾼 세상은

사회자 — 앞서 간단히 이야기를 나누었지만, 인터넷지도가 바꾼 세상의 모습을 먼저 살펴보고 이야기를 나누었으면 좋겠습니다. 이활동 님께서 방금 인터넷지도가 기존 종이지도가 가지고 있던 역할과 활용이라는 프레임을 없앴다고 했는데, 아마도 그 이야기가 될 것 같네요.

박과거 — 먼저 큰 틀을 정리하고 시작하면 좋을 듯합니다. 그 과정에서 자연스럽게 인터넷지도가 바꾼 세상의 모습도 이야기할 수 있을 것 같습니다. 바로 인터넷지도는 무엇인가입니다. 저는 이를 위해 지도를 간단히 3단계로 구분해 봤습니다. 1단계는 종이지도이고, 2단계는 디지털지도, 3단계가 바로 인터넷지도입니다. 디지털지도부터 이야기하겠습니다. 일단 우리의 삶이 과거보다 다양해지고, 요구도 더 많아졌다는 것이 핵심입니다. 그래서 개인 혹은 공동체의 행복, 이익을 위해 수많은 의사결정, 특히 공간적 의사결정을 할 때 더 자세하고 더 많은 자료를 살펴봐야 하는데, 기존 종이지도 등은 물리적인 정보의 한계가 있었지요. 이 한계는 공간정보와 속성정보[4]가 디지털화되고, 컴퓨터와 정보처리기술이 발달하고, 많은 정보가

공간정보는 위치나 형태를 표현하는 정보이고, 속성정보는 장소가 지닌 자연적, 사회적, 경제적 특성을 표현하는 정보이다. 예를 들면, 위도·경도는 공간정보, 인구, 토지이용, 교통 등은 속성정보이다.

지리정보시스템(Geographic Information System)은 넓은 의미에서 인간의 의사결정능력 지원에 필요한 지리정보의 관측과 수집에서부터 보존과 분석, 출력에 이르기까지의 일련의 조작을 위한 정보시스템을 의미한다. 토지, 자원, 도시, 범죄, 환경, 교통, 농업, 해양, 국방 등 다양한 분야에서 활용되고 있다.

빠르게 처리되면서 극복되었습니다. 이것을 우리는 지리정보시스템GIS[5]이라고 합니다. 디지털지도는 바로 지리정보시스템에서 활용하는 지도라고 생각해도 좋겠습니다. 종이가 아닌 화면에서, 축소와 확대를 자유롭게 하고, 클릭하면 그 공간에 대한 다양한 정보가 나오는 지도. 검색창에 키워드를 넣어 찾는 것도 가능하고, 다양한 조건을 넣으면 그에 해당하는 결과물이 뿅! 하고 나타나기도 하지요. 특정 지점에서 특정 지점까지 가장 빠른 길을 찾으라는 질문을 하면 뚝딱 알려 주기도 하고요. 종이지도가 일방적이고 수동적이라면, 디지털지도는 쌍방향이고 능동적입니다. 하지만 이러한 시스템과 디지털지도는 너무 비쌌어요. 대중화되지 못했고, 정부나 일부 기업에서만 사용했습니다.

이활동 ── 맞습니다. 갑자기 예전 생각이 나네요. 혼자 사시는 어르신을 조사하고, 어르신의 나이, 성별, 경제활동, 질병 등을 정리하여 맞춤 서비스를 제공하고 활동가의 공간 분배와 동선을 계획하는 프로젝트였는데요. 사례가 많아지니 도저히 우리 손으로 할 수가 없더라고요. 그때 지리정보시스템이라는 것을 알게 되었는데 프로그램이 너무 비싸서 고생을 좀 했었습니다. 그런데 그것만 사면 되는 것이 아니더라고요. 해당되는 디지털지도도 사야 했고, 그 프로그램을 배우고 우리가 수집한 데이터를 넣는 것도 전문적인 교육 없이는 쉽지 않았지요. 그런데 교수님, 대중화되지 못했다고 하셨는데 차량 내비게이션이 있지 않았습니까? 초창기 내비게이션이 나왔을 때 비싼 장비이긴 했지만 필수품 느낌이었어요.

박과거 — 맞습니다. 당시 우리는 내비게이션을 GPS라고도 불렀어요. "GPS 달았어? 입력했어?"라면서요. 사실 GPS는 위성을 통해 정확한 위치를 파악하는 시스템이죠. 디지털지도가 들어간 기기가 GPS 신호를 실시간으로 수신하면서 차량의 위치정보를 운전자에게 알려 주지요. 디지털지도는 정보를 분석하여 이동경로를 미리 보여 주고요. 어쩌면 자연스러운 변화라고 생각할 수도 있겠지만, 저는 개인적으로 차량 내비게이션이 지도의 역사에서 큰 변곡점이라고 생각합니다. 지도의 중심이 개인이 되고, 지도의 위쪽이 북쪽이 아닌, 내가 바라보고 있는 곳이 되어 버렸으니까요. 그런데 내비게이션의 가장 큰 단점이 주기적으로 메모리카드를 빼서 지도를 업데이트해야 했다는 겁니다. 실시간으로 교통상황을 수신하여 경로를 수정하지도 못했지요. 이는 디지털지도도 마찬가지였고요. 3단계인 인터넷지도는 인터넷에 접속되어 있으니 공간정보나 속성정보가 실시간으로 수정되고 반영됩니다. 무료로요. 내비게이션 같은 장비는 인터넷이 되는 컴퓨터, 스마트폰으로 바뀌었습니다. 특히 GPS 센서가 내장된 스마트폰의 도움으로 아침에 일어나서, 버스를 타고, 약속을 잡고, 맛집을 찾고, 이동하는 일상에 지도가 불쑥 내 손 위로 들어왔어요.

김현대 — 저는 사실 사회자 님께서 인터넷지도가 바꾼 세상을 이야기하자고 하셨을 때 조금 당황했습니다. 저는 인터넷지도만 알고 있으니까 뭐가 변한지 몰랐거든요. 그런데 생각해 보면, 스마트폰 첫 화면에 지도 앱을 설치했다는 사실, 학교를 마치고 지도 앱을 열어

▲ S-Map, 연직고도별 바람길 시뮬레이션

출처: 서울특별시

버스가 어디에 있는지 확인하는 것, 약속을 잡을 때 카톡에서 지도를 열고 장소를 공유하는 것, 친구와 주변 맛집을 알아볼 때 지도 앱을 열고 '맛집'을 입력하는 것, 포켓몬고 같은 게임이 존재하는 것도 바로 이러한 인터넷지도가 바꾼 일상이라는 것을 알게 되었습니다. 아! 또 있어요. 코로나바이러스감염증-19(약칭 코로나19)로 놀러 가고 싶다는 갈증이 있었는데, 우리나라든 외국이든 거리뷰를 통해서가 보기도 했어요. 이게 과거에는 상상도 못했던 일, 맞지요?

박과거 ── 맞습니다. 또 그처럼 작은 일상의 변화뿐만 아니라, 국가나 지방자치단체에서도 인터넷지도를 많이 활용해요. 요즘 가장 대표적인 것이 디지털트윈을 이용한 지도 서비스입니다. 대표적으로 서울시의 S-map이 있지요. 디지털트윈은 가상공간에 실물과 똑같은 쌍둥이를 만든 것입니다. 가상공간의 쌍둥이가 실제 공간의 다양한 센서, 인터넷 통신기술과 실시간으로 상호작용하죠. S-map은 가상공간의 쌍둥이 서울이에요. 서울시는 이 쌍둥이 지도를 통해 다양한 실제 도시 현상을 분석하고, 현실의 문제점을 해결합니다. 미세먼지, 바람길, 건물 배치, 산불 확산, 열섬현상, CCTV 사각지대 등을 분석하고 시뮬레이션하여 문제 해결에 도움을 주지요. 물론 이 지도를 앞서 김현대 학생이 말한 것처럼 그대로 거닐며 온라인 여행이 가능하고, 이러한 3D 정밀 지도가 필요한 연구자, 기업가, 활동가, 학생들도 자유롭게 활용할 수 있습니다.

이활동 —— 인터넷지도는 우리 시민사회단체에서도 큰 도움을 받았습니다. 바로 우리가 정한 특정한 주제에 대한 동네지도를, 우리가 직접 만드는 커뮤니티매핑인데요. 재해와 재난 상황에서 내 옆의 일을 모아 만드는 지도, 혹은 우리만 알고 있는 작은 정보, 은밀한 정보를 담은 지도, 동네를 거닐다 불편한 점을 표시한 지도 등이 대표적입니다. 쉽게 말하면, 인터넷지도 플랫폼 위에 우리의 빅데이터를 담은 지도이지요. 물론 잘못된 정보가 있을 수 있고, 정확하지 않을 수 있지만, 그것은 우리 커뮤니티에서 자연스레 수정되고 다듬어집니다.

사회자 —— 모두 감사합니다. 저는 무엇보다 지도가 누구나, 언제, 어디서나 사용할 수 있는 도구가 된 것 같아 좋습니다. 누구나 사용할 수 있는 도구가 되었으니, 이를 활용하는 일은 사람 수만큼 다양할 것 같습니다. 한계와 프레임이 없는 것이죠.

주제 2
인터넷지도의 그늘은

사회자 —— 2016년이었나요? 지도와 관련된 뉴스를 보기가 참 쉽지 않은데, 꽤 시끄러웠을 때가 있었습니다. 바로 〈포켓몬고〉라는 GPS 기능을 활용한 위치기반 증강현실 게임이 전 세계적인 유행을 하는데, 우리나라는 서비스가 되지 않았지요. 이에 많은 사람이 게임을 하지 못하는 이유를 우리나라가 구글에 지도 데이터를 주지 않았기 때문이라고 주장하며 지도 데이터의 국외반출을 허용하라는 서명 운동을 하고 국토부에 민원을 신청했습니다. 참 시끄러웠지요. 국토부에서는 '국가 안보와 국내 기업과의 형평성 문제, 조세 회피 등 종합적으로 따져 결정할 것'이라는 보도자료를 내기도 했습니다. 이제는 인터넷지도와 관련된 논란과 문제점을 이야기해 보지요.

김현대 —— 게임을 좋아하고, 여전히 〈포켓몬고〉 게임을 하고 있는 유저 입장에서 먼저 이야기하겠습니다. 제가 알기로는 결국 나이앤틱에서는 구글지도가 아닌 다른 지도를 이용해서 우리나라에 서비스를 하고 있어요. 그래서 당시 국토부의 주장과 판단이 옳았다고 생각합니다. 국가의 특수정부기관, 군부대, 휴전선 일대 등 중요한 시설물들이 다른 나라, 특히 특정 기업을 통해서 노출되는 것은 결국 우리나라를 위태롭게 할 수 있다고 생각해요. 우리나라만의 안보적 특수성이 분명히 존재하고, 지도는 정말 많은 정보를 품고 있는 것이잖아요?

▲ 위치기반 증강현실 게임 〈포켓몬고〉. GO는 가다라는 의미와 함께 '지오', 즉 지오그래피를 뜻하기도 한다.

이활동 ── 동감합니다. 하지만 이미 많은 민간 지도 서비스 업체를 통해서 정말 자세한 지리정보까지 서비스되는 상황이지요. 위성사진을 그대로 판매도 하고 있어요. 특히 김현대 학생이 말한 〈포켓몬고〉에서 국내 서비스에 활용하고 있다는 다른 지도는 오픈스트리트맵[6]입니다. 이 지도에서는 군부대 등 중요 시설들을 사람들이 그대로 그려요. 막을 수 없어요. 그리고 유통되는 지도의 국가 중요 시설을 블러처리하는 곳이 정부가 아니라고 합니다. 민간 지도 서비스 업체에서 처리를 하고 정부에게 확인과 검사를 받는 방식이지요. 조금 아이러니하지 않나요? 중요한 시설을 민간에서 지운다는 것이…….
그래서 저는 정부에서 정말 지리정보 활용이 폭발적으로 된 시대상을 고려하여 보안에 꼭 필요한 것들을 제외하고, 과감하게 공개해야

오픈스트리트맵(Open Street Map: OSM)은 누구나 참여할 수 있는 오픈 소스 방식의 무료 지도 서비스이다. 이 지도는 유저들이 위키처럼 집단 지성을 활용해 만들고, 수정할 수 있다.

하지 않을까 싶어요.

박과거 —— 저는 인터넷지도 서비스 또한 정보통신의 발달과 관련된 걱정과 논란들에서 벗어날 수 없다고 봅니다. 예를 들면, 사생활 침해, 빅브라더,[7] 다양한 요인에 따른 정보격차 등입니다. 인터넷지도 서비스 업체는 사람들이 무엇을, 얼마나 검색하는지 다 알고 있지요. 더군다나 더 편리하고 유용한 개인 맞춤형 지도 서비스를 한다는 명목으로 많은 개인정보를 수집하고 있습니다. 물론 개인이 위치정보 수집을 '동의'했다고 하지만 스마트폰을 통해 개인의 동선, 사진의 위치정보 등을 수집하기도 하지요. 저는 솔직히 조금 무섭습니다. 그래서 저는 디바이스가 분실되었을 때 위치를 찾는 서비스도 설정하지 않았어요. 또 이 자리에서도 인터넷지도를 누구나 다 사용하는 것처럼 여기고 당연하다는 듯이 이야기하고 있지만, 저의 어머니는 인터넷지도 앱도 설치되어 있지 않습니다. 한번 설치해 드렸는데, 화면과 글씨가 너무 작다고 하십니다. 도움을 드리고자 지도의 글씨를 키웠는데, 지도가 가려지니 사실상 의미가 없더라고요. 어르신들, 인터넷디바이스에 익숙하지 않은 사람들, 언어장벽, 시각장애 등 정보격차의 문제는 인터넷지도 사용에서도 분명히 존재합니다.

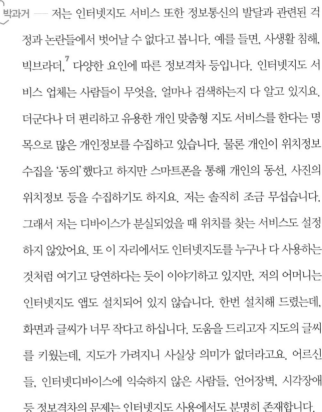김현대 —— 아! 교수님, 인터넷지도의 가장 큰 그림자는 바로 '인터넷'이네요. 인터넷이 되지 않으면 사용할 수 없으니까요.

박과거 —— 맞습니다. 그 또한 정보격차의 문제점이죠. 인터넷이 된다 하더라도 속도가 매우 느리면 그 또한 문제점이에요. 답답하죠. 그래서 해외여행을 갈 때 지도를 오프라인 상황에서도 활용할 수 있게

정보의 독점으로 사회를 통제하는 관리 권력, 혹은 그러한 사회체계를 일컫는 말이다. 사회학적 통찰과 풍자로 유명한 영국의 소설가 조지 오웰(George Orwell, 1903~1950)의 소설 『1984』에서 비롯된 용어이다.

교과서 토론 | 지리

저장을 하기도 하지요. 그런데 여러분, 왜 민간기업은 인터넷지도 서비스를 무료로 제공하고 있는지 생각해 보셨나요?

이활동 —— 저는 민간기업 입장에서 인터넷지도는 정보제공의 도구 이전에 거대한 광고판이라고 생각하고 있습니다. 지도는 현실을 재현하는 도구잖아요. 그런데 축척이 1:1인 지도는 존재할 수 없으니, 결국 어떤 정보는 표현하고, 어떤 정보는 표현하지 않는 판단을 해야 합니다. 민간기업 입장에서는 광고비를 낸 A 커피숍을 광고비를 내지 않은 B, C 커피숍보다 크게 표현한다거나, 축소(줌아웃)를 한 상황에서도 나타나게 할 수 있어요. 저 역시 개인적으로 박과거 교수님께서 말씀하신 지도 서비스 업체의 정보수집에 관심이 많습니다. 업체 입장에서는 이용자들이 검색한 정보, 많이 머무는 장소 등에 대한 정보를 알고 있어요. 그것도 연령, 성별, 연관 검색어까지 관련된 빅데이터를 활용해서 광고영업 등 사업에 활용하지요. 그뿐인가요? 제가 만약 새로운 가게를 오픈했다고 하면, 검색 사이트에 등록을 하고, 당연히 지도에 위치도 등록하겠지요. 이럴 때, 지도 서비스 업체가 이익일까요? 가게가 이익일까요? 저는 잘 모르겠습니다. 그런데 이 과정에서 심사와 빠른 등록을 이유로 돈을 받기도 한다는 거죠.

김현대 —— 음……. 제가 예전에 학교 앞에서 지도를 보다가, 분명히 전혀 모르는 곳인데 표시가 되어 있길래, '오류신고'를 눌러서 신고를 한 적이 있습니다. 얼마 후에 수정이 되어서 엄청 뿌듯한 적이 있었는데요. 생각해 보니, 전 그 지도 서비스 업체를 무료로 도와준 것이네요. 업체 입장에서는 무료로 자신의 서비스를 수정한 것이고요.

조금 억울하네요! 결국 어떠한 대가 없이 그 업체를 위해 일을 한 거잖아요.

사회자 —— 아이고! 김현대 학생. 릴렉스. 릴렉스. 제가 알기로는 이렇게 기업에서 특정 인터넷서비스를 구축하고 유지함에 있어 분명히 사용자들이 알게 모르게 기여를 했고, 기업은 그것을 통해 수익을 얻는 것이 윤리적, 경제적으로 옳지 않다고 이슈가 된 적이 있어요. 이 또한 인터넷지도 서비스를 포함한 정보통신 서비스가 발달하면서 생긴 문제이고 해결해야 할 이슈라고 생각합니다. 그런데 마지막으로 박 교수님. 이 이야기가 나오지 않아서 여쭙니다. 흔히 인터넷지도 서비스가 발달하면서 지도를 읽는 능력이 떨어졌고, 그로 인해 공간지각능력 등이 쇠퇴한 것은 아니냐고 말하기도 하지요?

박과거 —— 맞습니다. 일단 공간지각능력은 거리감이나 부피에 반응하는 시각의 능력입니다. 혹자는 3D로 상상하는 능력이라고도 하지요. 3D인 세상을 2D로 그린 지도를 읽으며, 다시 3D로 상상하는 연습은 분명 공간지각능력 향상에 많은 도움을 줄 것입니다. 인터넷지도가 3D로 구현되고 정교화되면서 우리의 상상을 대체하니 그런 능력 향상에 과거보다 도움이 덜 될지도 모르겠네요. 하지만 저는 공간지각능력이라는 것이 지도의 영향만으로 향상되고 줄어든다고 생각하지는 않습니다. 설령 인터넷지도가 그 능력을 쇠퇴시켰다고 하더라도, 분명 많은 정보를 수집하고 정리하는 것과 같은 다른 능력이 향상되었을 수도 있지요. 이처럼 우리는 시대의 필요에 맞게 다른 능력과 기능이 향상된다고 생각해요. 그래서 저는 지도와 공간

지각능력에 대해 크게 동의하고 있지는 않습니다.

주제 3
지도의 미래는

사회자 — 오늘 마지막 주제는 바로 지도의 미래입니다. 과거 종이지도의 미래는 어쩌면 지도의 미래였는지 모르겠습니다. 박 교수님께서 지도의 변화를 말씀해 주시면서 3단계가 인터넷지도라고 하셨는데요. 4단계는 무엇일까요? 함께 이야기 나눠 보겠습니다.

박과거 — 이 또한 흐름을 한번 이야기하면 좋을 듯합니다. 인터넷지도도 많은 변화가 있었습니다. 가장 대표적인 것이 시점의 변화 또는 추가라고 할 수 있는데요. 우리가 가장 익숙한 시점, 즉 하늘에서 땅을 수직으로 내려보는 듯한 시점이 전통적인 시점입니다. 여전히 지금도 많이 사용되고 있지요. 그러다가 버드뷰 시점의 지도가 소개됩니다. 말 그대로 새가 땅을 내려다보는데, 비스듬히 바라보는 듯한 느낌의 지도예요. 가까운 것은 크게, 멀리 있는 것은 작게 보이죠. 건물도 입체감이 느껴지고요. 그러다가 스트리트뷰, 거리뷰 등의 이름으로 내 눈높이에서 바라보는 시점의 지도가 나왔습니다. 조망에서 눈높이까지 지도의 시점이 점점 사람과 가까워진 것이죠.

김현대 — 교수님, 우주뷰도 있잖아요.

박과거 — 하하, 맞아요. 우주에서 지구를 바라보는 시점도 있군요. 아무튼 지금은 다양한 시점의 지도가 있고, 우리는 그 시점을 너무나도 쉽게 넘나들고, 줌인 – 줌아웃하며 다양한 지리정보를 얻을 수 있게 되었습니다. 하지만 모두 손안의 지도이지요. 앞으로는 안경, 고글 등을 활용한 눈앞의 지도가 보편화될 것으로 보입니다.

김현대 —— 아하, 그럼 정말 지도를 보고 읽는 것이 아닌, 지도 안에서 살아가는 것일 수도 있겠어요. 현실과 지도의 경계가 사라지는 느낌? 포켓몬고 게임을 스마트폰에서 하는 것이 아닌, 정말 내 눈앞, 현실에서 하는 느낌이요.

박과거 —— 그런 날이 정말 눈앞에 와 있습니다. 디지털 서울과 같은 3D 정밀지도도 더욱 발전할 거라 예상됩니다. 지금은 디지털 가상공간에 서울만 있지만, 언젠가 우리나라 모든 공간이 그렇게 되겠지요. 이러한 정밀지도는 정치, 경제, 사회, 문화 등 많은 것을 변화시킬 겁니다. 특히 드론택배, 자율주행과 같이 사람이 아닌 사물을 위한 지도로, 이 지도는 더욱 중요합니다. 0과 1밖에 모르는 컴퓨터가 이 복잡한 도시를 이해하고 즉각적으로 반응하려면, 우리 인간이 컴퓨터가 이해할 수 있도록 심지어 아파트 몇 동 몇 호의 현관문 위치까지 더욱 자세하고 친절하게 소개해야 하니까요. 무엇보다 재해·재난을 예측하고 대비할 수 있고, 다양한 도시실험을 할 수 있으니 우리는 더욱 안전한 도시에서 살 수 있겠지요.

이활동 —— 동감합니다. 저는 두 가지를 말씀드리고 싶어요. 일단 지도를 만드는 주체가 국가에서 민간기업으로 내려왔으니, 다음은 개인 차례라고 생각합니다. 물론 개인이 지도의 모든 것을 만들 수는 없겠죠. 국가나 민간에서 만든 인터넷지도 플랫폼을 활용하여 개인화되

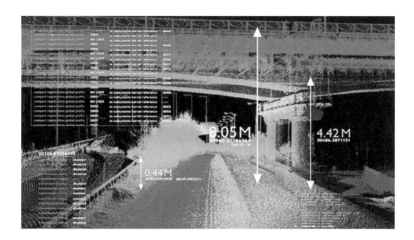

▲ 자율주행자동차를 위한 고정밀지도(HD 지도)

출처: 현대엠엔소프트

고 다양하며 작은 지도가 더 많이 만들어질 것입니다. 앞서 이야기
한 커뮤니티매핑인데요. 구글드라이브 오피스 도구에 문서, 스프레
드시트, 프레젠테이션과 더불어 지도가 있다는 것은 이제 지도가 그
런 도구의 반열에 올라선 것이라고 생각합니다. 지진 등과 같은 재
해와 재난 상황에서 커뮤니티에서 만든 지도가 큰 피해를 막은 것,
도시의 불편함을 지도로 신고하여 다양한 행정 절차를 줄여서 많은
세금을 줄이고 시민의 만족도가 높아진 사례, 동호회에서 그들의 정
보를 지도로 만들어 공유하는 사례는 이제 정말 흔해졌습니다. 그리
고 박과거 교수님께서 말씀하신 재해, 재난과 관련하여, 종이지도를
무시하면 안 된다고 생각합니다. 재해, 재난 상황 그리고 정보격차
를 앞서 이야기했는데, 그런 상황에 있는 사람들은 여전히 종이지도

가 필요할지 모릅니다. 시각장애를 가진 사람이나, 크게 봐야 하는 어르신들에게는 여전히 종이지도가 더 유용합니다. 재해, 재난 상황에서 인터넷이 된다는 보장이 없고, 통신기기 배터리의 한계도 분명 존재하잖아요. 그래서 EDC$^{\text{Everyday Carry}}$[8]라고 하죠? 그 생존물품에 쉼터를 중심으로 한 종이지도는 반드시 필요하고, 지도를 읽는 방법, 방위 찾는 법 등은 꼭 알아야 할 생존의 기술이라고 생각합니다.

Everyday Carry(EDC)는 갑작스러운 위기상황을 대비하기 위해 매일 가지고 다니는 생존물품을 말한다. 스마트폰과 보조배터리, 현금, 손수건, 멀티툴, 라이터, 장갑 등이 대표적이다.

마무리 발언

사회자 —— 긴 시간 동안 인터넷지도로 바뀐 세상과 그늘, 그리고 지도의 미래에 대해서 이야기 나눴습니다. 모두 감사드립니다. 마지막으로 한마디씩 나누고 마무리할까요? 먼저 김현대 학생 부탁합니다.

김현대 —— 이 좌담회를 준비하면서, 부모님, 주변 친구들과 인터넷지도에 대해 많은 이야기를 나눴습니다. 스마트폰의 지도 앱은 남녀노소 누구에게나 설치되어 있다는 것을 알았고, 잘 사용하지 않더라도 종종 사용할 때가 있으니 지우지 않는 앱, 그래서 스마트폰을 처음 구입하면 반드시 설치하는 앱이라는 것을 알았습니다. 그만큼 지도는 정보통신기술이 발달하면서 우리 생활에서 과거보다 더 중요한 필수요소가 된 것이지요. 오늘 자리에서도 정말 많은 것을 배웠습니다. 특히 저는 종이지도의 시대는 끝났다고 생각했는데, 아니네요. 집으로 돌아가서 꼭 종이지도 읽는 법을 공부해야겠습니다.

이활동 —— 인터넷지도의 발달은 시민사회단체 입장에서는 너무나도 축복 같은 일이에요. 더 저렴한 비용으로 더 많은 일을 할 수 있게 되었고, 인권과 복지의 사각지대를 더 잘 찾을 수 있었습니다. 시민들과 함께 만드는 커뮤니티매핑으로 지역이 활기를 찾기도 했고요. 하지만 여전히 정보격차는 존재하고, 그럼에도 종이지도가 필요한 곳이 있습니다. 좋은 도구이지만 만능은 아니라는 생각을 가졌으면 하고요. 또 지리정보는 국가나 민간기업의 소유물이 아닙니다. 함께 사용할 수 있어야 한다고 봅니다.

박과거 ── 먼저 학생을 가르치는 입장에서, 종이지도와 인터넷지도를 잘 읽고 해석하고 활용하는 기술은 이 시대를 살아가는 필수 기술이라고 생각합니다. 저 또한 더 노력하겠습니다. 김현대 학생이 열심히 공부한다고 하니 좋습니다. 그리고 연구자 입장에서 지도의 발전은 가히 눈부시고 기대됩니다. 지도는 점점 개인화되고, 현실과 경계가 사라지고 있으며, 매우 정교화되고 있습니다. 개인의 삶이 더욱 풍요로워지겠지요. 그러나 그것에 만족하지 말고, 모두가 누릴 수 있는 지도가 되기 위해 빈틈을 찾고, 그늘을 보며 성찰해야 할 것입니다.

경위도원점과 수준원점

인터넷지도가 뭔가 모를 첨단의 느낌이 든다고 해서, 인공위성에서 찍은 사진을 뚝딱뚝딱하면 나오는 것으로 생각하면 오산입니다. 또 지도 서비스를 제공하는 구글, 네이버, 카카오와 같은 회사에서 지도를 손쉽게 만들 거라고 생각해도 오산입니다.

인터넷서비스들이 데이터센터, 통신망 등 물리적인 하부구조가 없다면 존재할 수 없듯이 인터넷지도 또한 그 근본이 되는 물리적인 버팀목이 필요합니다. 우리나라 지도는 모두 경기도 수원 국토지리정보원에 빚이 있습니다. 지도 제작에서 중요한 역할을 하는 각종 국가기준점 측량을 주관하고, 이를 기반으로 다양한 기본도를 제작하는 곳이기 때문입니다. 국가 공식 지명을 관리하고, 지도 제작의 기준을 만들기도 합니다. 이곳 한쪽에는 고산자 김정호 동상이 있습니다. 그리고 그 뒤편에 동그

▲ 대한민국 경위도원점

출처: 국토지리정보원

란 동판 하나가 놓여 있습니다. 바로 '대한민국 경위도원점'입니다. 동경 127도 03분 14.8913초, 북위 37도 16분 33.3659초(2002년 세계측지계좌표기준). 정확한 지도를 만들기 위한 수많은 전국 측량기준점의 시작점입니다. 이 점에서 선이 시작되고 면이 만들어져 결국 종이나 인터넷을 통해서 정확한 지도가 만들어지는 것입니다.

기준점이 하나 더 있습니다. 바로 수준원점입니다. 앞서 경위도원점이 수평의 기준이라면, 이것은 수직, 높이, 해발고도라고 하는 것의 기준이 되는 점입니다. 이는 인천광역시의 인하공업전문대학 안에 있습니다. 인천 앞바다의 밀물과 썰물 때 해면의 높낮이를 1913년부터 1916년까지 3년간 관측하고, 그 평균값(평균해면)을 높이 0.0m로 정하여 우리나라 모든 높이의 기준으로 삼았습니다. 밀물과 썰물이 오고 가는 바다에 기준점을 만들 수 없으니 가까운 육지에 기준점을 만든 것이죠. 인하공업전문대학의 수준원점을 26.6871m로 정하고 우리나라 높이 값을 계산합니다.

◀ 대한민국 수준원점

출처: 국토지리정보원

이 두 곳에서 인터넷지도 또한 시작합니다.

마무리
하기

인터넷지도가
가야 할 길은 무엇일까

1. 인터넷지도가 발달하면서 드러나는 문제점은 정보통신의 발달에 따라 생기는 논란과 크게 다르지 않습니다. 인터넷지도를 중심으로 이러한 문제점을 정리해 보세요.

사생활 침해

감시사회

정보격차

빅데이터 배당

2. 집에서 학교까지 가는 길을 중심으로 지도를 그려 봅시다. 대상, 표현하고 싶은 주제, 랜드마크도 고려해 보세요. 지도의 필수요소를 담아 보는 것도 재미있겠네요.

· 쟁점 2 ·

여행Travel

— 지속가능한 여행, 어떻게 해야 할까

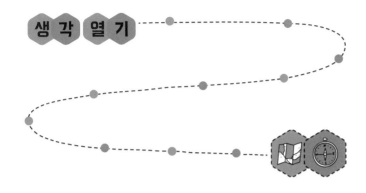

필수적인 활동 이외에 여가 시간이 생겼을 때 여러분은 무엇을 하고 싶은가요? TV 시청, 문화예술 관람 및 참여, 스포츠 관련 활동, 컴퓨터 게임 및 인터넷 등 다양한 여가활동이 있습니다. 그중에도 우리나라 사람들이 가장 하고 싶은 여가활동은

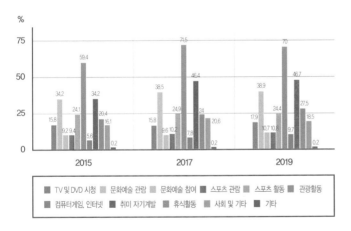

▲ 앞으로 하고 싶은 여가활동(2015~, 복수응답)

출처: 통계청

관광이었습니다. 통계청에서 조사한 '앞으로 하고 싶은 여가활동' 결과에 따르면 관광활동이 매년 1위를 차지하는 여가활동으로 조사되었습니다.

명절이나 휴가철이 되면 공항에 많은 사람이 모여 여행을 떠나는 뉴스를 한 번쯤은 봤을 것입니다. 현재는 이렇게 자연스럽게 생각되는 국내 및 해외로의 여행이 오래전부터 가능했던 것은 아니었습니다. 우리나라 국민이 제한 없이 해외여행을 갈 수 있게 된 것은 1989년부터입니다. 이전까지는 공적인 출장 등 확실한 사유가 있는 사람만 해외로 나갈 수 있었고, 일반 국민은 외화 유출 방지와 북한을 비롯한 공산권 국가와의 접촉이 우려된다는 이유로 아예 관광 여권을 발급받을 수 없었습니다. 해외에 갈 때는 까다로운 신원 조회를 거쳐야 했고, 반공연맹이 주관하는 소양교육도 받아야 했습니다.

▲ 1989년, 해외여행 전면 자유화로 붐비는 공항

출처: 행정안전부

그러다 정부는 1986년 아시안게임과 1988년 올림픽을 유치하면서 세계화, 개방화의 흐름 속에 해외여행 자유화에 대해 검토하게 되었습니다. 1983년 50세 이상 국민에 한하여 200만 원을 1년간 예치하는 조건으로 연 1회 동안 유효한 관광여권을 발급함으로써 관광 목적 해외여행이 시작되었습니다. 이후 1987년에 45세 이상, 1988년에 40세 이상으로 조건이 점차 완화되었습니다. 그럼에도 나이 제한이 있다 보니 당시에는 해외여행을 '효도관광'으로 인식했답니다. 서울 올림픽을 성공적으로 치른 후인 1989년 1월 19일, 드디어 연령 제한이 완전히 철폐되고 해외여행이 자유화되었습니다.[1]

여행에 대한 열망이 우리나라만의 특별한 현상은 아닙니다. 세계적으로도 여행 인구가 지속적으로 증가하는 추세를 보이고 있지요. UN 산하의 세계관광기구UNWTO에 따르면 코로나19로 여행이 타격을 입기 전인 2019년 세계 관광객 수는 14억 5천만여 명으로, 2015년 12억 2천만여 명, 2010년 9억 7천만여 명과 비교할 때 꾸준히 늘고 있음을 확인할 수 있습니다.

1989년 내국인 출국자 수가 121만 명을 기록했으며, 그 이후 해외여행객은 급속도로 증가하여 2019년에는 2천 8백만 명이 출국하였다. 이 수치는 해외여행이 자유화된 지 30년 만에 20배가 넘는 증가를 나타낸 것이다.

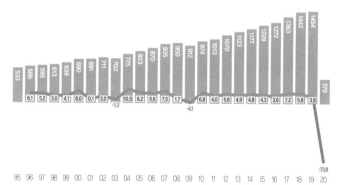

▲ 세계 관광객 수 추이

출처: UN 세계관광기구

이러한 여행의 의미와 중요성은 과거부터 많은 사람이 이야기하였습니다. "여행하는 것은 다른 세기의 사람들과 이야기하는 것과 같다"(데카르트), "여행은 생각의 산파이다. 새로운 생각은 새로운 장소를 요구한다"(알랭 드 보통), "진정한 여행의 발견은 새로운 장소를 발견하는 것이 아니라 새로운 시야를 가지는 것이다."(마르셀 프루스트)

그러나 2020년 세계 각지로 확산된 코로나19는 우리의 일상을 크게 흔들었습니다. 국경이 통제되고 이동이 제한되면서 관광 및 항공업계는 큰 타격을 받았습니다. 이렇게 전 세계가 힘든 상황에서도 랜선 여행,[2] 무착륙 항공 여행 등이 시도되는 것을 보면 여행에 대한 바람은 여전한 것으로 보입니다.

인터넷망을 뜻하는 '랜선'과 '여행'이 결합된 말로, 온라인상에서 간접적으로 여행한다는 뜻의 신조어이다. 스마트폰 또는 컴퓨터를 이용해 랜선여행 콘텐츠를 시청함으로써 직접 여행하지 못하는 아쉬움을 충족하는 것이다.

교과서 토론 | 지리

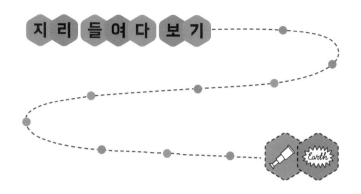

지 리 들 여 다 보 기

우리가 흔히 사용하는 단어 중 '배낭여행, 여행작가, 여행책'은 자연스럽지만, '배낭관광, 관광작가, 관광책'이란 말은 다소 어색합니다. 우리나라에서 여행 및 관광 관련 일을 하는 기관의 이름은 '문화체육관광부, 한국관광공사'입니다. 여행과 관광, 무슨 차이가 있는 말일까요? 국립국어원 표준국어대사전에 따른 단어의 사전적 의미는 다음과 같습니다.

- 여행: 일이나 유람을 목적으로 다른 고장이나 외국에 가는 일
- 관광: 다른 지방이나 다른 나라에 가서 그곳의 풍경, 풍습, 문물 따위를 구경함

두 단어의 영어 어원을 찾아보면 여행travel은 라틴어 어원인 트라바일travail에서 온 말로 '고생, 위기, 걱정'이라는 뜻을 담고 있습니다. 이에 비해 관광tour은 라틴어 어원인 토무스tomus에서

온 단어로 '원형, 돌아옴'이라는 뜻을 가지고 있습니다. 다른 단어와의 결합, 사전적 의미 및 어원 등을 종합해 보면 여행은 이동으로 고생스럽게 얻는 경험, 관광은 볼거리를 구경하고 출발지에 돌아오는 것을 강조한 말이라고 볼 수 있습니다.

관광은 '볼거리'에 대한 구경을 중요시하므로, 국가 차원에서 관광자원 개발, 관광객 유치 등을 통해 관광을 산업으로 만들 수 있는 것입니다. 뉴스나 정부기관의 발표 등을 보면 관광산업은 흔히 '굴뚝 없는 공장', '보이지 않는 무역'으로 비유되곤 하지요. 관광산업은 볼거리, 먹거리, 즐길거리 등으로 주민의 소득 증대와 고용 창출에 도움을 줄 수 있는 복합 산업으로 지역경제에 부가가치를 창출해 낼 수 있기 때문입니다.

이에 비해 여행은 다른 지역으로 이동하여 고생스럽더라도 그곳에서의 경험을 그대로 받아들인다는 의미를 가지고 있습니다. 무라카미 하루키는 "여행지에서 모든 일이 잘 풀리면 그것은 여행이 아니다"라고 말하기도 했습니다. 여행자가 계획한 것과 여행지의 상황이 다를 수 있지만, 낯선 경험을 그대로 즐기는 것이 계획된 볼거리를 차질 없이 보는 것보다 중요하다고 생각한 것이겠지요.

여러분은 여행객과 관광객 중 무엇이 되고 싶은가요? 살면서 때로는 멋진 볼거리를 찾아가는 관광을, 때로는 낯선 곳으로의 이동 자체를 즐기는 여행을 하면 좋겠습니다. 타인의 삶을 들여다보기도 하고, 나의 삶을 돌아보기도 하면서 더욱 풍요롭고 의미 있는 시간을 보낼 수 있지 않을까요? 특히 새로운 목표를 세웠다면, 새로운 장소와 사람들을 만나는 경험이 필요할 수 있습니다. 일상을 벗어나 낯선 곳에서 다양한 사람을 만나는 여행을 통해 좀 더 창의적이고 포용적인 관점을 가질 수도 있습니다.

앞에서 살펴본 바와 같이 여행과 관광이라는 단어는 분명 차이가 있지만, 언론, 실생활 등에서 관광과 여행을 혼용하여 쓰는 경우가 많습니다. 이 글에서도 두 단어를 명확하게 구분하여 사용하진 않지만, 대체로 여행이란 말을 주로 사용하게 될 것입니다.

여행은 이동을 전제로 하는 활동이기 때문에 교통수단의 발달과 밀접하게 연계되어 있습니다. 고대의 여행은 가축이나 마차 등의 교통수단을 통해 이루어졌고, 이용할 수 있는 사람도 왕족, 귀족, 성직자 등으로 신분이 극히 제한적이었지요. 현재 우리가 여행을 하면 떠올리는 여가 또는 견문 확장의 이미지는 17세기 영국의 그랜드 투어grand tour[3]에서 시작되었습니다. 당시 영국의 귀족 자제들은 유럽 문화의 원류인 그리스, 로마 문화를 동경하여 마차나 도보를 통해 이탈리아 등으로 여행을 하였습니다. 이런 유형의 여행에 소요되는 시간은 보통 2~5년 정도였습니다.

근대적 의미의 관광은 19세기 이후 본격화되었다고 봅니다. 19세기 철도와 여객선의 발달 이후 교통수단은 빠른 속도

[3] 18세기 후반부터 19세기 전반 무렵까지 영국에서 교육적·문화적 목적으로 행해졌던 상류층 젊은이들의 유럽 여행을 말한다. 이 시기 영국 귀족들은 자신의 자녀를 국제적인 신사로 키우기 위해 개인 교사와 함께 프랑스, 독일, 오스트리아, 스위스, 이탈리아 등지를 여행하게 하였다.

▲ 토머스 쿡의 첫 번째 기차여행단

출처: Destination Business & Management Review

로 변화하여 더 많은 사람이 빠르고 안전하게 여행할 수 있게 되었습니다. 산업혁명으로 인해 왕족이나 귀족 이외에도 경제력을 갖춘 사람들이 증가했기 때문이지요. 여기에 열차 등의 교통수단이 발달하면서 단기간에 장거리를 이동할 수 있는 여건도 갖추어졌습니다. 1841년 영국의 토머스 쿡Thomas Cook은 세계 최초로 여행사를 설립하여 전문 가이드가 안내하는 단체 철도 여행을 시작하였습니다. 그래서 토머스 쿡을 근대 관광산업의 아버지라 부르기도 합니다. 제2차 세계대전이 끝난 후에는 비행기가 여행에 활용되면서 여행 방식에 획기적인 변화를 가져왔습니다. 세계 각 지역으로의 여행이 가능해졌으며 여행 기간도 크게 단축되었습니다. 또 개인의 소득이 높아지고 여가가 늘어나면서 대중화된 관광 수요는 꾸준히 증가하였습니다.

오늘날에는 교통수단이 이동 수단일 뿐 아니라 그 자체가 하나의 체험 여행이 되기도 합니다. 여행지 전체를 하늘에서 조망하기 위해 열기구나 경비행기 등을 이용하기도 하고, 크루즈를 타고 선상에서 즐기는 특별한 여행을 하기도 합니다.

여행할 때, 거리의 멀고 가까움보다 장소 간의 다름과 같음에 더 집중해 보는 것은 어떨까요? 평소 익숙했던 곳이라도 호기심을 가지고 낯익은 것을 낯설게 바라본다면 그 또한 소소한 여행처럼 느껴질 것입니다.

▲ **토머스 쿡**(1808~1892)
출처: Destination Business & Management Review

지속가능한 여행, 어떻게 해야 할까

우리는 왜 여행을 떠나고 싶어 할까? 여행을 하는 동안, 여행자만 행복하고 여행지의 주민과 환경은 피해를 받고 있다면 그런 여행을 계속해도 될까? 그리고 기술의 발전에 따른 4차 산업혁명 시대에 앞으로 우리는 어떤 여행을 하게 될까? 이런 질문들을 해결하기 위한 토론 여행, 지금부터 떠나 보자.

사회자 ── 많은 사람이 가장 하고 싶은 여가활동으로 여행을 꼽고 있다는 신문 기사를 접했을 것입니다. 여행을 하기 위해서는 돈도 필요하고, 시간도 확보되어야 합니다. 그런데 생애주기에 따라 대학생 때처럼 젊은 시절에는 시간은 있지만 돈이 없는 경우가 많고, 직장을 다니거나 어린아이를 키울 때는 돈은 있지만 시간이 없는 경우가 많습니다. 여행을 가기 위해 필요한 돈과 시간이 동시에 충족되기 어려운 상황이라고 할 때, 여러분은 둘 중 어느 것을 우선하여 여행 여부 또는 여행지를 결정할지 의견을 말씀해 주시기 바랍니다.

한자연 ── 저는 시간보다는 돈을 생각하며 여행 계획을 잡는 게 바람직하다고 봅니다. 왜냐하면 여행은 일이나 공부와 같은 필수적인 활동을 하고 남은 시간에 이루어지는 여가활동인데 그것에 돈을 너무 많이 소비하여 현재 나의 경제 상황을 어렵게 만드는 것은 합리적이지 않다고 생각하기 때문입니다. 본인이 현재 가지고 있는 저축 등을 활용하여 빚을 내지 않고 갈 수 있는 수준에서 여행을 하는 것이 바람직한 여가활동이 아닐까요?

나인문 — 저는 다른 생각을 가지고 있습니다. 돈과 시간 모두가 충분하다면 좋겠지만, 부득이 둘 중의 하나를 골라야 하는 상황이라면 저는 시간을 선택하겠습니다. 제가 그렇게 결정한 이유는 한번 흘러간 시간은 다시 되돌릴 수 없기 때문입니다. 돈은 부족할 때 누군가에게 빌려서라도 사용할 수 있지만, 시간은 빌릴 수도 빌려줄 수도 없기 때문에 시간이 더 귀하다고 생각합니다. 대학생의 방학이나 직장인의 긴 휴가 기간처럼 여유가 있는 시간에 돈을 빌려서라도 여행을 다녀오는 것이 장기적으로 더 큰 투자가 될 것입니다. 낯선 여행지에서 익숙하지 않은 사람들과 함께 시간을 보내다 보면 다양한 생각을 하게 되고 유연하고 포용력 있는 태도를 갖게 되기 때문입니다.

사회자 — 두 사람의 이야기가 모두 일리가 있네요. 여유 시간을 갖는 것은 본인의 노력만으로 되지 않는 일이니, 시간이 확보된다면 본인의 성장과 휴식을 위해 여행자금을 확보하여 여행을 가는 것도 좋을 것 같습니다. 다만 그런 상황에서도 본인의 경제 상황을 고려하여 지나치게 무리되지 않는 선에서 여행을 계획하는 것이 좋겠다는 생각이 듭니다. 그렇다면 이번에는 여러분에게 충분한 돈과 시간이 주어진다면, 어디로 여행을 가고 싶은지 이야기를 나눠 봅시다.

한자연 —— 저는 매력적인 자연경관이 있는 여행지를 선택하고 싶습니다. 미국 하와이의 킬라우에아 화산[4]을 찾아 화산이 분출하는 모습을 구경하며 지구가 살아 있음을 느껴 보고 싶기도 하고, 중국 구이린이나 베트남의 할롱베이를 방문하여 뾰족뾰족한 탑 모양의 석회암체와 석회동굴 등을 살펴보고 싶기도 합니다. 또 오스트레일리아의 시드니, 이탈리아의 나폴리, 전라남도 여수 등 아름다운 항구를 찾아 낭만적인 시간을 보내고 싶습니다.

나인문 —— 저는 다채로운 문화를 경험하는 여행을 하고 싶습니다. 각 지역의 고유한 문화를 주제로 열리는 문화 축제가 가장 흥미롭습니다. 브라질의 리우데자네이루에서 열리는 리우 카니발[5]에서 멋진 조형물과 함께 화려한 춤을 추는 삼바 무용수들을 보면 얼마나 흥겨울까요? 그리고 세계 주요 종교와 관련된 성지를 방문하여 독특한 문화 경관을 살펴보고 싶습니다. 특히 세계 2대 종교인 이슬람교 신자가 전 세계 인구의 약 24%이지만 우리나라에서는 접하기 어려운 종교이기 때문에 이슬람교 지역을 여행하며 예배 시간을 알리는 아잔 소리, 이슬람 사원인 모스크 등을 경험해 보고 싶습니다.

한자연 —— 앞서 언급했던 여행지들은 웅장하거나 특색 있는 지형을 살펴보는 곳이었습니다. 지형 이외에도 온대 기후인 우리나라에서 접할 수 없는 다양한 기후를 경험해 보고 싶습니다. 가장 추운 달조차 18℃를 넘지 않는 열대의 휴양지를 방문하여 넓고 푸른 바다를 바

4 이 화산은 지구에서 화산활동이 가장 활발한 곳이다. 지난 200년간 활동한 킬라우에아는 1983년 1월에 또다시 폭발했다. 현재 사원, 역사시대 이전의 암각화, 고대의 마을과 같은 수많은 고고학적 유물이 이 용암 아래에 매몰되어 있다.

5 매년 2월 말부터 3월 초에 브라질의 리우데자네이루에서 열리는 축제로, 원래 카니발은 금욕기간인 사순절을 앞두고 즐기는 축제를 말한다.

라보며 휴식하기, 상상만으로도 행복한 일입니다. 또는 건조하고 메마른 사막의 오아시스 마을을 찾아 쏟아지는 밤하늘의 별을 보는 것도 낭만적인 경험이 될 것입니다. 아니면 캐나다, 아이슬란드 등 한대 기후 지역에서 오로라를 보고 싶다는 꿈도 가지고 있습니다.

나인문 — 제가 또 흥미를 가지는 주제는 건축입니다. 지역의 특색 있는 건축물에는 역사 문화적 특색이나 자연환경이 반영되어 있기도 해서 재미있습니다. 그중에서도 에스파냐의 바르셀로나를 찾아 현대 건축의 거장인 가우디의 건축물들을 자세히 살펴보고 싶습니다. 에스파냐에 가면 향신료 샤프란이 들어간 정통 파에야도 꼭 먹을 겁니다. 식도락은 문화여행에서 가장 중요한 부분이겠죠?

사회자 — 매력적인 자연을 찾아가는 여행도, 다채로운 문화를 경험하는 여행도 모두 흥미롭게 여겨집니다. 사실 우리가 어느 지역을 여행하게 되면 지형, 기후와 같은 자연환경과 역사 및 문화와 같은 인문환경이 결합되어 함께 보이겠죠. 둘의 여행 주제가 결합될 때 여행이 더욱 풍성해질 것입니다. 그리고 여행이 여행자에게 좀 더 인상적인 경험이 되려면 3단계 여행 과정이 필요하다고 생각합니다. 바로 준비 여행, 현지 여행, 정리 여행입니다. 여행을 출발하기 전에 여행지에 대해 공부하고 간다면 실제 여행이 더욱 알차고 의미 있게 이루어질 것입니다. 그리고 여행을 다녀온 후에는 사진, 기록 등을 보며 여행을 되돌아보면서 나만의 여행기를 간단하게라도 만들어 보면 좋겠습니다. 3단계 여행 과정을 거친 여행은 오랜 시간 여행자의 기억 속에 남을 것입니다.

여행을 떠나는 이유는 무엇일까

사회자 —— 사람들은 여행을 기다립니다. 그리고 여행을 위한 시간이 주어지면, 어디로 여행을 갈 것인지, 여행지에 도착하여 무엇을 할 것인지 고민합니다. 그런데 우리가 여행을 그토록 원하는 이유는 무엇일까요? 여행 목적지나 하고 싶은 활동 외에 왜 여행을 가고 싶은지, 그 목적에 대해서도 생각해 볼 필요가 있습니다. 이유나 목적이 분명하지 않은 활동은 방향을 잃은 배처럼 헤매거나 허무함을 주기 때문입니다. 또 '지금, 여기'를 여행하는 자신만의 이유가 있어야 여행 과정 중 예상치 못한 상황에 처했을 때 현명하게 대처할 수 있을 것입니다. 여행을 떠나는 이유에 대해 본인의 의견을 말씀해 주시기 바랍니다.

나인문 —— 현재 학생인 제가 여행을 떠나는 목적은 두 가지, 즐거움과 배움입니다. 문화여행을 좋아하는 저에게 여행은 큰 기쁨이고 에너지입니다. 다른 문화를 접하면서 신선한 자극을 받게 되고, 그 경험을 계기로 새로운 통찰을 얻기도 합니다. 이런 문화여행의 경험과 새로운 사람들과의 만남을 통해 제 자신을 좀 더 깊게 이해하게 되었으며, 내면이 확장되는 느낌을 받기도 했습니다. 저는 즐거운 여행을 하면서 SNS를 통해 사진 등을 공유하곤 하는데 이때 조심하는 부분이 있습니다. 다른 사람에게 나의 여행 경험을 공유하다 보면 과시욕구가 생겨 여행 자체보다 멋진 사진을 찍어 자랑하는 데 집중할 수 있을 것 같다는 생각이 들었습니다. 남에게 보이는 것보다 나에게 의미 있는 여행이 무엇인지 생각하며 여행을 하려고 합니다.

김여름 — 저도 학생이다 보니 배움이 여행에서 가장 중요한 목적이 되는 것 같습니다. 여행을 통해 내가 어떤 사람인지, 내가 어떤 것을 좋아하는지 등을 좀 더 정확하게 알게 됩니다. 여행을 통한 새로운 경험은 학업 방향, 진로 등 미래를 좀 더 구체적으로 설정하는 데 도움이 됩니다. 때로는 진로를 직접 탐색하는 여행을 하기도 하지요. 여행을 간 지역에서 진로와 연계되는 곳을 방문하거나 관련 직업인을 만나 보는 것입니다.

한자연 — 저는 직장을 다닐 때의 여행을 생각해 보았습니다. 바쁜 업무 가운데 주어지는 자유로운 휴가, 그 시간의 여행을 계획한다면 가장 고려하는 부분은 휴식이 아닐까요? 직장생활을 하며 지친 몸과 마음을 여행을 통해 회복하고 싶을 것입니다. 여유로운 휴식을 통해 삶의 에너지를 충전하여 다시 활기차게 일상으로 돌아오는 것을 바라겠지요. 그런 휴식을 취하기에는 평소 생활하는 번잡하고 빠른 도시가 아닌 산이나 바다와 같은 느긋하고 한적한 곳이 적당할 것입니다. 그런 생각을 하다가 문득, 휴가기간의 장소 이동은 분명 여행이겠지만, 업무를 위한 출장도 여행이라고 볼 수 있을까 생각하게 되었습니다.

김여름 — 비슷할지 모르겠지만, 저는 여행에 대해 이런 질문을 한 적이 있습니다. '슬픔을 주는 여행도 필요할까?' 일반적으로 우리는 여행

전쟁·학살 등 비극적 역사의 현장이나 엄청난 재난과 재해가 일어났던 곳을 돌아보며 교훈을 얻기 위하여 떠나는 여행을 일컫는 말이다. 블랙 투어리즘 또는 그리프 투어리즘이라고도 하며, 국립국어원에서는 '역사교훈여행'으로 우리말 다듬기를 하였다.

이라는 단어를 들으면 즐겁거나 편안한 곳을 떠올립니다. 그러다 역사적 재난의 현장이나 자연재해의 장소를 방문하며 그 의미를 되새기는 여행인 '다크 투어리즘'[6]을 알게 되었습니다. 아우슈비츠 수용소나 히로시마 평화기념관, 제주 4·3 평화공원이나 국립 5·18 민주묘지 등을 찾아가는 것입니다. 이런 여행을 하면 즐거움이 아니라 슬픔과 아픔을 느끼게 될 텐데, 이런 것을 여행이라고 할 수 있을까요?

박겨울 —— 저는 다크 투어리즘이 여행 목적의 중요한 일부라고 생각합니다. 이와 유사하게 해외 또는 국내의 다른 지역으로 떠나는 자원봉사, 환경 지킴이 활동도 생각해 볼 수 있습니다. 사회문화적으로 그리고 자연적으로 어둡고 아프고 힘든 일들이 반복되어서는 안 된다고 생각하면서 인류의 공존 방향에 대해 성찰할 수 있기 때문입니다. 그런 여행 경험으로 우리는 유연함과 포용력을 갖추고 다양성을 인정하는 사람으로 성장할 수 있지 않을까요?

한자연 —— 자신만의 관점과 이유를 생각하며 여행을 하는 것, 정말 중요하다는 생각이 듭니다. 여러분과의 대화를 통해 업무를 위한 출장도 가는 사람이 어떤 관점으로 접근하느냐에 따라 여행이 될 수도, 업무로만 여겨질 수도 있다는 것을 알게 되었습니다. 출장지에서도 업무를 위한 시간 이외에 작게라도 자신만의 시간과 장소를 계획하고 낯선 곳의 새로움을 누릴 수 있다면 충분히 여행이 될 수 있을 것입니다.

김여름 —— 그리고 여행을 떠날 때 여행지에 대해 멋지게 포장된 자료나 미디어에 현혹되어 지나친 환상을 갖지 않는 것도 중요합니다. '파리 신드롬.'[7]이라는 말도 있답니다. 파리가 아름답고 우아할 것이라는 자신의 기대와 사뭇 다른 실제 모습에 실망하고 충격을 받는 것입니다. 파리뿐 아니라 다른 여행지에 대해서도 여행자 스스로 너무 과장되거나 편향된 기대 또는 환상을 갖지 않는 것이 좋습니다. 사람이 사는 곳은 어디나 빛과 그늘이 공존한다는 것을 생각해야 합니다. 언제나 항상, 누구에게나 좋은 모습만 지닌 장소는 없겠죠.

사회자 —— 여행을 하는 이유에 대해 다양한 의견을 나눠 주셔서 감사합니다. 여러분이 말씀해 주신 것처럼 여행을 하는 이유는 사람이나 상황에 따라 다를 겁니다. 그리고 한 번의 여행이 하나의 이유로만 이루어질 필요는 없겠지요. 하루 이틀 동안 충분한 휴식을 취하다가, 이후에는 봉사를 하거나 배움을 위한 여행을 할 수도 있습니다. 중요한 것은 여행을 준비하고 진행하면서 휴식, 자유, 도전, 배움, 즐거움, 성찰 등 나의 여행 목적을 고려하는 것입니다.

프랑스 파리를 처음 방문한 외국인이 파리에 대한 환상과 현실의 괴리를 극복하지 못하고 피해망상이나 우울증 등을 겪는 적응장애의 일종이다.

주제 2
여행자와 여행지의 갈등, 어떻게 해결할까

사회자 —— 우리는 여행을 통해 즐거움을 얻고, 새로운 인연을 만나기도 하며, 삶의 활력을 얻기도 하지만, 그로 인하여 여행 지역의 주민들은 불편한 삶을 살거나 여행지의 환경이 파괴되기도 한다는 것, 알고 계신가요? 여러 분야에서 언급되는 '지속가능성'은 여행에서도 꼭 필요한 화두라고 생각합니다. 여행자와 현지 주민, 여행 지역이 함께 공존할 수 있는 지속가능한 여행은 어떻게 실천하면 될까요?

김여름 —— 세계관광기구[WTO]에서도 지속가능한 여행을 중요하게 다루고 있습니다. 세계관광기구는 지속가능한 여행을 '현재와 미래의 경제적, 사회적, 환경적 영향에 책임지며, 여행자, 산업, 환경과 여행 지역 공동체의 요구를 해소하는 여행'으로 정의합니다.

한자연 —— 2018년 필리핀 정부는 환경정화를 위해 유명 휴양지인 보라카이섬을 6개월간 전면 폐쇄했다가, 6개월 뒤 대대적인 재정비를 마친 후 다시 열었습니다. 당시 두테르테 필리핀 대통령은 쓰레기 증가와 열악한 하수 시설로 인한 환경오염이 생태계를 파괴하고, 관광객과 지역주민의 건강을 위협한다면서 보라카이를 '시궁창'이라고 비유하기도 했습니다. 여행지에서 수용할 수 있는 범위 이상으로 관광객이 몰려오면 쓰레기, 자동차로 인한 대기오염, 동물 서식지 파괴 등의 문제를 야기할 수 있습니다. 또 호텔, 휴양지, 여가시설 등 관광 시설물을 건설하여 생태계를 직접적으로 파괴하거나 토양 침식, 물 부족 등의 문제를 일으킵니다.

김여름 —— 맞습니다. 과도한 관광객 유입으로 인해 관광지 지역주민의 삶과 자연환경 등에 부정적인 영향을 미치는 현상을 오버 투어리즘 over tourism [8] 혹은 과잉관광이라고 하지요.

사회자 —— 여행지의 환경 및 지역사회, 주민들에 대해 책임감을 가지는 여행이 정말 필요한 때라는 생각이 듭니다. 여행의 경험이 축적될수록 좀 더 성숙한 여행자가 되어야 할 것입니다.

박겨울 —— 환경오염뿐 아니라 지역주민의 생활도 관광객에 의해 훼손

해외 유명 관광지에서는 오버 투어리즘 문제 해결을 위해 각종 대책을 내놓고 있다. 예를 들어, 남미 페루는 안데스 산맥을 따라 마추픽추로 향하는 하이킹 코스인 잉카 트레일 이용자 수를 하루 500명, 마추픽추 방문객은 하루 2,500명으로 제한하는 관광객 총량제를 도입했다. 또 스페인 바르셀로나는 신규 호텔 허가를 중단하고 불법·미등록 주택 관리를 강화했다.

될 수 있습니다. 세계적인 여행지로 손꼽히는 바르셀로나에서는 주
민들이 '관광객, 당신에게는 황홀한 여행이 나에게는 끔찍한 일상이
다', 'TOURISTS GO HOME' 등의 문구를 통해 관광객들로 인한
불편을 호소하고 있습니다. 바르셀로나를 방문하는 한 해 관광객 수
가 바르셀로나에 거주하는 인구의 20배에 달할 정도라니 정말 생활
하기 어려울 것 같습니다.

나인문 ── 물의 도시로 유명한 이탈리아의 베네치아에서는 '우리는 당
신을 환영하지 않는다'라는 문구를 든 선상 시위대가 입항하는 크루
즈를 막아선 채 시위하기도 했습니다. 많은 여행객이 베네치아를 방
문하면서 임대료가 크게 올라 채소가게, 빵집, 세탁소 등 지역주민
이 이용하는 상점들은 문을 닫고, 그 자리는 크루즈 여행자를 위한

▲ 세계적인 여행지로 손꼽히는 바르셀로나에서는 'TOURISTS GO HOME' 등의 문구로 관광객들로
인한 불편을 호소하고 있다.

출처: Shutterstock

명품매장과 다국적 브랜드들로 채워졌습니다. 많은 여행객에게 치이고, 높아진 물가가 부담된 베네치아 주민들이 섬을 떠나기도 한답니다.

박겨울 —— 베네치아처럼 여행지에 사람들이 많이 방문해도 지역 경제에 큰 도움이 되지 않는 경우가 많다고 들었습니다. 여행사를 통해 여행지를 방문하여 대기업 체인의 호텔에 묵고, 규모가 큰 식당이나 매장을 이용하면 여행객이 여행지에서 쓴 돈은 지역공동체가 아니라 외부로 빠져나가는 경우가 많습니다. 지역주민이 운영하는 소규모 숙소와 식당을 이용하거나 지역에서 생산되는 기념품을 구입하려고 노력해 보면 좋겠습니다. 자신이 행복한 여행을 넘어 세상을 긍정적인 방향으로 변화시키는 데 조금이나마 보탬이 되는 여행이 되기를 기대합니다.

사회자 —— 지속가능한 여행을 생각할 때 자연환경이나 여행지의 사회적 환경뿐 아니라 여행자가 현지 주민을 대하는 태도도 중요하다고 생각합니다.

한자연 —— 네, 흔히 문화 상대주의라고 말하는 관점은 여행에서도 매우 중요합니다. 각각의 문화가 고유성과 가치를 지니고 있으므로 우열을 따지지 않는 태도가 필요하지요. 우리나라와 다른 인사법이나 음식 문화, 가옥 구조 등을 접했을 때 함부로 폄하해서도, 문화 사대주의적인 태도를 보여서도 안 된다고 생각합니다. 자연환경이나 사회·역사적 배경 등에 따라 지역의 문화는 서로 다를 수 있습니다. 이렇게 다른 민족과 문화에 관한 개방적인 자세를 바탕으로 다른 문화를 인정하고 포용하는 태도를 가져야겠습니다.

사회자 —— 결국, 여행지는 현지 주민의 삶의 터전이지 여행을 위해 존재하는 곳이 아니라는 것을 기억해야 합니다. 현지 주민의 소중한 삶터에서 여행자가 자신의 행복을 위해 함부로 행동하지 않을 때, 여행지와 현지 주민 그리고 여행자가 공존할 수 있는 지속가능한 여행이 될 것입니다.

주제 3
우리는 미래에 어떤 여행을 하게 될까

사회자 —— 어릴 때 누구나 한 번쯤은 미래를 다룬 소설이나 영화를 보며 우주로 가는 여행을 생각해 봤을 겁니다. 그렇게 꿈처럼 여겨지던 우주여행을 현실로 만드는 시도가 이미 진행되고 있습니다. 지금은 제트 엔진의 비행기를 타고 해외여행을 가면서, 언제 로켓을 이용한 우주여행을 갈 수 있을지를 생각합니다. 그러나 비행기를 이용한 여행도 사실 100년이 조금 넘는 역사를 가지고 있다는 것 알고 있나요?

나인문 —— 1903년 12월 17일에 라이트 형제가 동력비행에 처음으로 성공했지만 제1차 세계대전 전까지 비행기의 성능은 크게 발전하지 않았습니다. 그러나 세계대전을 겪으며 전쟁에서 우위를 점하기 위해 정찰용, 전투용으로 비행기가 쓰이게 되면서 획기적으로 발전하였지요. 1918년 제1차 세계대전이 끝난 후, 세계 각국은 전쟁에 사용되었던 많은 군용기를 활용하기 위해 개조하였으며 이것이 항공 산업의 상업적 발달에 직접적인 계기가 되었습니다.

대규모 전쟁을 하면 이기기 위해 과학 기술을 총동원하게 되고, 그렇게 급속하게 발달된 과학 기술이 전쟁 이후 우리의 삶에 영향을 주는 경우가 많습니다. 컴퓨터, 인터넷, 항공기, 심지어 우주 관련 기술까지 모두 전쟁이나 냉전의 과정에서 나온 결과물입니다. 과학 기술은 객관적이고 가치중립적이지만, 전쟁 중에는 부정적으로, 전쟁 후에는 긍정적으로 사용되기도 하니 참 아이러니한 일입니다.

한자연 —— 제1차 세계대전으로 항공기가 상업화되었으며, 제2차 세계대전을 전후하여 제트 엔진이 개발되었습니다. 1958년 10월 26일 미국의 보잉사가 개발한 제트 엔진 여객기가 뉴욕~런던 구간에 취항함으로써 본격적인 제트 여객기 시대가 열렸습니다. 그리고 제2차 세계대전 이후 냉전체제하에서 미국과 소련이 벌인 우주 경쟁은 1957년 소련이 쏜 세계 최초의 인공위성 '스푸트니크 1호'로 시작되었습니다. 두 나라의 우주 연구는 우주 공간 탐사라는 본질적 목적 외에 전략무기 경쟁과 맞물려 있습니다. 냉전이 끝난 현재는 미국과 러시아 이외에 유럽, 중국, 일본, 인도 등 여러 나라에서 우주여행뿐 아니라 유인우주선, 달 탐사, 화성 탐사, 우주실험실 건설, 독자 GPS 위성망 구축 등의 우주 연구가 진행되고 있습니다.

2021년 7월, 영국의 버진 갤럭틱 기업에서 만든 민간 유인 우주선이 지구 대기권 밖에서 무중력 체험을 하는 우주 비행에 성공하였습니다. 미국의 민간 우주 기업인 스페이스X와 블루 오리진도 우주여행을 계획하고 있으니 이제 미지의 우주 공간에 대한 호기심을 채워 줄 수 있는 여행이 일상화될 수 있을까요? 우주여행을 하다 보면 언젠가 넓은 우주 속에서 지구와 같이 거주 가능한 별을 찾을 수도 있을까요?

사회자 — 멀리 우주로 여행을 갈 수 있는 시대가 되었지만, 가까운 외국도 갈 수 없는 상황도 있습니다. 2020년, 코로나19라는 전염병이 세계적으로 유행하면서 다른 지역으로의 여행을 일시에 멈추게 만들었습니다. 세계보건기구WHO가 코로나19에 대하여 세계적으로 전염병이 대유행하는 상황을 일컫는 '팬데믹' 선언을 했습니다. 팬데믹은 WHO 전염병 경보단계 중 최고 위험등급에 해당하여 다른 지역으로의 여행을 어렵게 만들었습니다. 코로나19 이후 앞으로 우리의 여행은 어떤 영향을 받게 될까요?

나인문 — 전문가들은 코로나19를 백신으로 해결하더라도 기후 변화, 생태계 파괴 등이 지속되고 있으므로 또 다른 전염병이 언제든 다시 창궐할 수 있다고 경고하고 있습니다. 다시 여행이 본격적으로 재개되더라도 안전과 위생이 여행에서 중요한 조건이 될 것입니다. 여러 사람이 함께 다니는 단체 패키지 여행보다 소규모의 자유 여행이 더 선호될 수 있습니다. 비행기 등의 여행 교통수단에서 열 감지, 항공기 소득 등 방역 비용이 추가되고 좌석 간 거리두기가 시행된다면 여행 교통 요금이 크게 상승할 수도 있지요. 비말을 통해 전파되는 전염병의 특성상 실내 활동이 더 위험하기 때문에 자연 속에서 즐기는 야외 활동 위주의 여행이 활성화될 것입니다. 최근 유행하는 가족 단위의 캠핑 여행은 이런 추세를 반영하고 있다고 보입니다.

스테이케이션은 머물다(stay)
와 휴가(vacation)의 합성어이
고, 워케이션은 일(work)과 휴
가(vacation)의 합성어이다.

한자연 —— 코로나19 이후 최근에 집이나 집 근처에서 휴가를 즐기는 '스
테이케이션staycation'이나 휴가지에서 일을 하는 '워케이션workation'[9] 등
의 신조어가 생기고 있습니다. 팬데믹 사태가 교통 및 통신의 발달
로 일과 휴가, 주거지와 여행지의 경계가 뚜렷하게 구분되지 않아도
되는 상황을 적극적으로 활용하게 만들었습니다. 그리고 사회적 거
리두기, 비대면 문화가 확산하면서 실제로 여행을 떠나지 못한 아쉬
움을 VR(가상현실), AR(증강현실) 등 스마트 기술을 활용한 랜선 여행
으로 달래고 있습니다. 가상현실, 증강현실을 활용하여 지역의 특
성에 맞는 구성된 여행 콘텐츠로 지역을 둘러보는 것도 신선한 경험
이 될 수 있을 것입니다.

마무리 발언

사회자 —— 여행에 관한 네 분의 말씀을 들으면서, 즐겁게 그리고 가볍게
만 생각했던 여행이라는 활동에도 생각할 거리가 많다는 것을 알게
되었습니다. 여행에 대해 미처 생각해 보지 못한 부분을 말씀해 주
신 네 분께 진심으로 감사의 말씀을 전합니다. 시간관계상 대표로
두 분의 마무리 발언을 듣고 오늘 토론 마치도록 하겠습니다.

나인문 —— 지금까지 우리가 여행을 떠나는 이유, 여행자와 여행지 주민
이 모두 행복한 여행, 그리고 미래의 여행 등에 대해 생각해 봤습니
다. 여행은 많은 사람이 희망하는 중요한 여가활동이고 미래에도 그

럴 가능성이 높습니다. 앞으로 노동은 기계나 로봇 등에 의해 많은 부분 대체될 것이고, 사람들은 줄어든 노동 시간을 여가활동으로 사용할 테니까요. 여행하는 사람과 지역이 늘어날수록 여행자와 여행지의 환경, 그리고 그곳의 주민이 모두 만족할 수 있는 지속가능한 여행에 대한 고민은 좀 더 구체적으로 계속되어야 할 것입니다.

한자연 —— 저도 동의합니다. 여행 인구가 많아지면 지금까지는 여행의 대상이 되지 않던 곳까지도 여행지로 변화할 것입니다. 그런데 여행자가 여행지를 소비의 대상으로만 여기고 존중하지 않는다면, 그런 일들이 여행지 곳곳에서 일어난다면 어떨까요? 여행이라는 즐거운 여가 및 생산 활동이 다툼과 갈등의 경험으로 변질될 것입니다. 여행지를 방문했을 때 쓰레기를 버리지 않는지, 소음이 심하지 않은지, 문화재를 훼손하지 않는지 단속과 규제의 눈길로 여행자를 계속 바라본다면 여행자도 그곳의 주민들도 행복할 수 없습니다. 여행자와 여행지 주민들이 서로 존중하고 배려하는 태도로 여행의 미래를 그려 보면 좋겠습니다.

북촌한옥마을의 지속가능한 여행

서울의 북촌한옥마을은 드라마, 광고 등에도 많이 등장하고, 많은 여행객이 찾는 곳입니다. 북촌한옥마을에는 현재 우리의 생활공간과 다른 전통 가옥인 한옥이 많이 남아 있습니다. 한옥 기와의 처마 선에 맞닿은 하늘이 보이고, 서울의 중심 종로구에 위치하고 있지만 높은 건물이 없는 고즈넉한 골목길을 둘러보며 한가롭게 거니는 것, 북촌한옥마을의 매력입니다.

▲ 북촌한옥마을의 전경

출처: 내손안에서울

현재 북촌의 한옥은 어떻게 활용되고 있을까요? 북촌에서도 한옥이 가장 밀집되어 있는 가회동 골목길의 한옥은 대부분 주민이 살고 있는 집입니다. 최근 사람들이 몰리면서 카페, 갤러리 등으로 일부 용도가 변경되거나 서울시에서 매입하여 공방, 전시관 등으로 활용하는 '서울 공공한옥'도 일부 있지만 대부분의 한옥은 지역주민들이 살고 있는 주택이지요.

북촌한옥마을 중 한옥이 밀집되어 아름다운 가회동 골목길은 드라마, SNS 등을 통해 알려졌고 우리나라뿐 아니라 외국 여행객들이 많이 방문하는 곳이 되었습니다. 그로 인해 한적한 느낌의 한옥마을 골목길은 관광객의 쓰레기 투척, 대문 낙서, 소음, 무단 사진 촬영 등으로 북촌 주민들이 불편을 호소하는 곳이 되고 말았습니다. 2018년 북촌한옥마을 주민들은 몰려드는 관광객으로 인해 피해를

 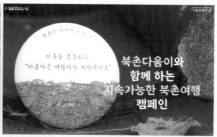

▲ 북촌한옥마을에 붙어 있는 '조용히 해 주세요' 표지판   ▲ '아름다운 여행자가 되어 주세요' 캠페인
출처: Doopedia   출처: 북촌문화센터

당한다고 호소하며 집회를 열기도 했습니다. 그리고 현재 북촌한옥마을의 집 대문과 골목길에는 조용히 해 달라는 메시지가 담긴 현수막이 영어·중국어·일본어 등으로 쓰여 붙어 있습니다. 관광지가 되어 버린 북촌한옥마을에서 더 이상 살기 어려워 떠나는 주민도 늘고 있지요.

북촌한옥마을과 관련된 정보를 제공하는 북촌문화센터는 몇 년 전부터 공정여행 문화를 위한 '아름다운 여행자가 되어 주세요' 캠페인을 하고 있습니다. 그 내용은 '작은 소리로 이야기하기, 쓰레기 버리지 않기, 집을 엿보거나 들어가지 않기, 사진을 찍을 때 양해 구하기'입니다.

여행객과 지역주민, 여행지가 함께 공존하기. 어느 곳으로든 여행을 할 때면 늘 생각해야 할 내용입니다.

지속가능한 여행, 어떻게 해야 할까

1. 여행에 관한 토론 내용을 읽고, 각 주장에 대한 근거를 정리해 적어 보세요.

지속가능한 여행, 어떻게 해야 할까?

	나인문	김여름
여행을 떠나는 이유는 무엇일까?	한자연	박겨울
	한자연	김여름
여행자와 여행지의 갈등, 어떻게 해결할까?	나인문	박겨울
우리는 미래에 어떤 여행을 하게 될까?		

2. 지속가능한 여행에 관한 본인의 입장을 정리해 보세요.

· 쟁점 3 ·

인구 Population

― 인구 문제는 정말 문제일까

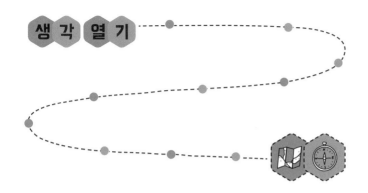

생 각 열 기

"국민 없는 소멸국가 될 날 얼마 남지 않았다"
－○○일보

"한국 소멸, 카운트다운 시작되다"
－◇◇◇◇리뷰

"걷잡을 수 없는 인구절벽⋯ 3개월 만에 1만 명 자연 감소"
－☆☆경제

"출산율 0.73명까지 떨어진다⋯ 인구절벽 어쩌나"
－△△경제

이 글은 인구 현상과 관련된 언론 기사의 제목입니다. 다들 하나같이 인구 감소를 '소멸', '절벽', '감소' 등의 부정적 단어를 사용하여 표현하고 있습니다. 그러나 이 정도는 봐 줄 만한 내용에 속합니다. 십여 년 전 국내의 한 대기업이 운영하는 경제 연구소에서 발간한 보고서에는 미래 한국의 모습을 다음과 같이 예측했습니다.

"지속적인 저출산으로 한국은 인구 감소 사회로의 진입을 눈앞에 두고 있다. 1984년 합계출산율이 인구 대체 수준인 2.1명 이하로 떨어진 이후 2009년 현재 1.15명으로 OECD 선진국 평균인 1.75명의 65.6%에 불과한 수준이다. 이러한 추세가 지속된다면 당장 2010년부터 노동시장의 중핵 취업 연령인 25~54세 인구가 감소할 것이다. 또 2100년에는 한민족의 총인구가 2010년 인구의 50.5%에 불과한 2,468만 명으로 축소되고, 2500년에는 인구가 33만 명으로 줄어 민족이 소멸될 우려가 있다."

이 보고서는 2010년 발표될 당시 우리 사회에 큰 충격을 주었습니다. 충분히 그럴 만한 내용이었습니다. '민족이 소멸' 된다고 하니 당연할 것 같습니다. 그런데 우리나라의 인구가 33만 명으로 감소한다는 2500년은 문제의 심각성을 느끼기에는 너무나도 멀게 느껴집니다. 500년이 지나면 지구 온난화와 같은 기후 변화나 소행성 충돌 등의 재난으로 지구에 어떤 일이 발생할지 사실 아무도 알 수 없습니다. 2500년의 문제를 걱정하기보다 지금 우리에게 필요한 것은, 현재 우리 사회에서 발생하는 인구 현상의 특징과 문제점을 좀 더 정확하게 이해하고 분석하는 것 아닐까요?

통계청에서 2019년 발표한 「장래인구특별추계: 2017~2067년」을 보면 2067년 우리나라의 인구를 3,365만 명에서 4,547만 명 정도로 예상하고 있습니다. 그 차이가 무려 약

1,200만 명으로 매우 크게 나타나고 있습니다. 이는 미래의 인구를 예측하는 것이 그만큼 복잡하고 어렵다는 것을 의미합니다. 그러니 2500년 대한민국의 인구가 33만 명이 된다는 예측은 말 그대로 예측일 뿐인 것이지요.

우리가 경험하고 있는 인구와 관련된 여러 현상은 인구의 증가·감소·분포, 그리고 도시와 촌락의 인구 불균등, 고령화 현상, 이주와 난민 문제 등 매우 다양합니다. 그중 국가와 일반 대중이 가장 큰 관심을 보이고 있는 것이 저출산·고령화 현상이지요. 일반적으로 '저출산·고령화 현상 = 문제'라는 고정관념에 빠져 있는 것이 현실입니다. 출산은 한 남자와 여자가 만나 가정을 이룬 후 개인에 의해 결정되는 내밀한 영역입니다. 국가와 정부에서 '저출산이 문제입니다. 아이를 더 낳아야 합니다'라고 아무리 개인에게 요구한다 하더라도 개인의 사정과 생각에 의해 결정되는 출산을 강제하기에는 매우 어려운 일입니다. 또 고령화 현상에 대한 일반 대중의 인식에도 충돌되는 부분이 있지요. 사실 인류의 오랜 염원은 죽지 않고 '오래 사는' 것이었습니다. 과거 진시황이 세상에 있지도 않은 '불로초'를 왜 구하려고 했을까요? 죽는 것이 두려웠기 때문입니다. 그런데 현대 사회에서는 인간의 평균 수명이 50세에서 70세 그리고 80세로 늘어나는 것을 고령화 현상이라 하며 두려워하고 아주 큰 사회 문제라고 이야기하고 있습니다. 왜 그런 걸까요?

저출산과 고령화 현상에 의한 인구 감소는 우리나라에서만

▲ 저출산 고령화는 전 세계가 직면하게 될 전 지구적 규모의 현상이다.

발생되는 현상은 아닙니다. 이는 앞으로 전 세계가 직면하게 될 전 지구적 규모의 현상이라고 할 수 있지요. 우리 정부는 제1차 저출산·고령사회 기본계획[1]을 2006년부터 5년 단위로 수립해 많은 예산을 투입하고 있습니다. 그러나 출산율이 증가하지는 않았습니다. 그렇다면 우리에게 필요한 것은 저출산·고령화 현상을 문제로만 인식할 것이 아니라 그 원인과 현상을 명확하게 파악하고 다가올 인구 감소 사회가 우리에게 어떤 영향을 주는지 예측하는 일 아닐까요? 어떤 일들이 발생할 것인지 분석하고 그에 맞는 적절한 대비책을 세우는 것이 필요해 보입니다.

제1차 저출산·고령사회 기본 계획에서는 출산율 하락 추세를 반전하고 고령사회에 적응하기 위한 사회기반을 구축하기 위하여 3대 분야에서 50대 이행과제, 100대 세부사업을 설정하였다. 3대 분야는 출산과 양육에 유리한 환경 조성, 고령사회 삶의 질 향상 기반 구축, 그리고 저출산·고령사회의 성장동력의 확보였다.

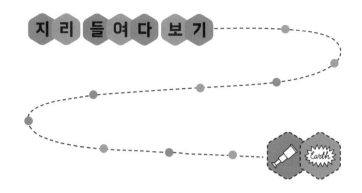

지리 들여다 보기

인구에 관한 연구는 지리학의 주요한 연구 분야 중 하나입니다. 인간은 생존을 위해 지구의 많은 부분을 이용하고 있고, 지구의 자원을 끊임없이 사용하며 그 범위 또한 증가시키고 있지요. 그리고 사람들은 자신의 의지에 의해서건 강제에 의해서건 점점 더 긴 거리를 이동하고 있습니다. 미국과 멕시코의 국경 지역이나 시리아의 난민처럼, 일부 지역에서는 인구 이동 자체가 큰 사회적 이슈가 되기도 합니다.

인구는 끊임없이 변화하고 있습니다. 인구 변화는 기본적으로 앞으로 태어날 사람과 죽는 사람에 의해 결정됩니다. 또 미래의 인구 규모는 현재 존재하는 임신이 가능한 여성(가임 여성)의 수와 고령자의 인구 규모를 토대로 예측할 수 있습니다. 물론 출산과 사망 수준은 각각의 국가 및 지역의 경제, 사회제도, 의료 수준 및 복지제도 등의 요인에 따라 달라지지요. 어떤 지역에서 태어나는 사람과 사망하는 사람의 수가 매년 일정하다

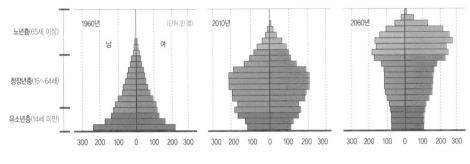

▲ 우리나라의 인구 피라미드 변화

출처: 대한민국 국가지도집 3권

면 인구 변화는 크지 않을 것입니다. 그러나 매년 태어나고 사망하는 사람의 수가 갑자기 늘거나 줄어든다면 사회 전반에 큰 영향을 미치겠지요. 급격히 변화하는 인구 구조와 기존의 사회 구조 간 격차가 커질수록 사회적 문제와 갈등은 커질 것입니다.

인구 피라미드[2]를 이해하기 위해서는, 우선 출생률[3]과 사망률이란 개념을 알아야 합니다. 출생률은 1년간의 출생자 수를 1,000명의 비율로 나타낸 것이며, 사망률은 1년간의 사망자 수를 1,000명의 비율로 나타낸 것입니다. 그럼 우리나라의 인구 피라미드를 살펴보겠습니다. 1960년에는 출생률과 사망률이 모두 높고 평균 수명은 낮았으며, 유소년층(0~14세)의 인구 비율은 매우 높았습니다. 그러나 그 후 40년 동안 경제 및 의료, 복지 수준의 향상으로 사망률이 같은 기간 동안 꾸준히 감소하면서 평균 수명은 과거 가장 낮은 국가 수준에서 현재는 가장 높은 국가 수준으로 향상되었으며, 출산율은 지속적으로 감소

국가 또는 지역 단위 인구의 성별·연령별 구성을 나타낸 그래프

간혹 출산율(합계출산율)과 출생률을 혼동하는 경우가 많은데, 출산율은 가임 여성(15~49세) 1명이 평생 동안 낳을 것으로 예상되는 자녀의 수를 의미하므로 출생률과는 전혀 다른 개념이다.

교과서 토론 | 지리

했습니다. 이에 따라 2010년 인구 구조는 출생률과 사망률이 모두 낮아지고, 노년층(65세 이상)의 인구 비율이 높아져 종 모양의 인구 피라미드 유형이 나타나게 되었지요. 그리고 이와 같은 저출산·고령화 현상이 지속적으로 나타날 경우 2060년에는 현재보다 유소년층의 인구 비율이 감소하고 노년층의 인구 비율은 매우 높은 수준을 보이는 역삼각형의 인구 피라미드 유형이 나타날 것으로 예상되고 있습니다.

이와 같이 급변하는 인구 구조는 사회의 다양한 부문에서 긍정적·부정적인 압력으로 작용할 것입니다. 따라서 우리는 부정적 압력을 최소화할 수 있는 방법을 찾아야 합니다. 우선 인구 구조의 변화가 다양한 분야에서 우리에게 미치는 모습을 살펴볼 필요가 있습니다. 인구는 재화와 서비스의 소비자이자 생산자입니다. 인구가 줄어들면 당장 기업에 큰 문제가 발생합니다. 그 이유는 상품을 구매할 사람과 만들 사람이 부족해지기 때문입니다. 즉, 물건을 구매할 소비자와 물건을 생산할 노동자가 감소하는 것이죠. 정치 영역에서도 인구는 큰 변수입니다. 특히 선거에 가장 큰 영향을 미칩니다. 선거는 유권자 한 명이 한 표씩 투표권을 행사하는 것인데, 여기에서 어떤 인구 집단(예를 들어, 2030세대 5060세대)을 자신의 지지층으로 끌어들일 것이냐가 매우 중요한 선거 전략이 되기도 하지요. 국제적으로는 최근 시리아 내전이나 유럽의 난민 문제로 유발된 영국의 유럽연합EU 탈퇴 사건에서 나타난 것처럼 인구 이동은 국경을 초월

해 영향력을 행사하기도 합니다. 이주민 문제는 우리나라에서
도 중요한 사회적 이슈가 되기도 하지요. 현재 우리나라의 인
구가 정체하고 있고 머지않은 미래에 인구가 감소할 것이니,
이참에 해외에서 들어오는 이주민을 좀 더 적극적으로 받아들
여야 한다는 주장도 있습니다.

이처럼 인구는 다양한 영역에서 사회를 움직이는 중요한
요인으로 작동하고 있습니다. 하지만 우리나라처럼 인구가 급
격하게 변화할 때에는 사람들의 인식과 사회의 법적·제도적 변
화 속도가 불일치해 문제가 되는 경우가 많지요. 과거 한 교실
에서 60~70명이 수업을 들었던 세대가 바라보는 현재의 저출
산·고령화 현상에 대한 인식 수준은, 한 교실에서 20~30명이
수업을 들었던 현재의 젊은 세대와는 다를 수 있습니다. 그러
므로 현재와 같이 인구가 급변하는 시대에 미래를 준비하려면
우선 인구란 무엇이고 어떻게 변화하는지, 국가 및 지역 등 공
간적 규모에 따라 그 변화는 어떻게 다른지 등을 판단하고, 사
회가 어떻게 변화할지 예측해야 합니다. 이런 변화를 연구하고
예측하는 학문 중 하나가 바로 지리학^{Geography}입니다.

인구 문제는 정말 문제일까

우리나라의 출산율은 1960년대 이후 꾸준히 감소하여 현재는 세계적으로도 매우 낮은 수준을 기록하고 있다. 출산율이 인구 대체 수준[4]으로 감소한 것은 1980년대 중반 이후부터이며, 2020년 출산율은 0.84명을 기록해 1명도 되지 않았다.

우리 사회는 기대수명의 연장과 출산율 저하 등으로 고령화 역시 빠르게 진행되었다. 특히 중위 연령[5]은 1980년 22세였으나, 2017년 42세로 증가하여 다른 나라들에 비해 그 증가 정도가 빠른 편이다. 연령별 인구 구조를 보면 65세 이상 노년층 인구 비율이 2018년 14%를 넘어 고령사회로 진입하였으며, 2026년에는 노년층의 인구가 20%를 넘는 초고령 사회에 진입할 것으로 전망하고 있다.

저출산과 고령화 현상에 대비하기 위해 정부에서는 다양한 대책을 시행하고 있다. 특히 저출산 현상을 극복하기 위해 일과 가정이 함께할 수 있는 사회, 결혼과 출산·양육의 부담을 줄

인구를 현상 유지하는 데 필요한 출산율의 수준으로, 선진국의 경우 대체로 2.1명 정도이다.

전체 인구를 연령 순으로 일렬로 세웠을 때 한가운데 있는 사람의 연령

일 수 있는 방안에 초점을 맞추고 있다. 또 고령 시대에 대비해서는 노인 전문 병원이나 요양원 등 노인 복지 시설을 확충하고, 은퇴한 노년층에 대한 직업 재교육이나 노인 일자리 창출을 통해 은퇴 후에도 재취업이 가능하도록 기회를 제공함으로써 노년층의 경제 활동 참여율을 늘리려 노력하고 있다.

하지만 한편에서는 이를 위기가 아닌 사회의 자연스러운 변화이자 기회로 보는 시각도 있다. 이에 저출산·고령화에 관한 내용을 알아보기 위해 MBM '99분 토론'에서 긴급 토론을 편성하게 되었다.

사회자 —— 2020년 합계출산율은 0.84명으로 채 1명도 되지 않으며, 출생아 수는 사상 최저 수준인 27만여 명을 기록하는 등 사회적으로 '인구절벽'에 대한 우려가 심해지고 있습니다. 또 전체 인구에서 청장년층의 비율은 감소하고 평균 수명 증가에 따라 노년층 인구의 비율이 증가하는 고령화가 심화됨에 따라 노동력 부족 및 경제 침체에 대한 우려의 목소리가 높습니다. 하지만 한편에서는 저출산, 고령화 현상은 미래 사회를 대비하기 위한 자연스러운 과정이라는 의견도 있는데요. 이에 출산회복위원회 김경제 소장님과 한국대학교 윤인구 교수님을 모셨습니다. 먼저 두 분의 입장을 들어 보도록 하겠습니다.

김경제 —— 저출산 현상은 장기적으로 국가 전체 인구의 감소를 가져와 산업 활동에 투입되는 노동력 규모를 감소시킬 뿐만 아니라, 소비와 투자의 위축에 따른 시장 규모의 축소를 유발하여 국가 경쟁력을 약화시킬 수 있습니다. 또 우리나라의 고령화는 다른 선진국에 비해 그 속도가 매우 빠릅니다. 급격한 고령화는 노년 인구에 대한 청장년층의 부양 부담을 증가시켜 그들의 사회적·경제적 부담을 가중하며, 노동력 부족, 세대 간의 갈등을 야기하는 등 다양한 문제를 발생시킬 것으로 예상됩니다.

윤인구 ── 하지만 저출산 현상의 지속에 따른 인구 감소는 오히려 지구의 지속가능한 발전에 긍정적인 영향을 미칠 수도 있습니다. 현재 대부분의 사람이 저출산에 의한 인구 규모 감소로 경제가 침체하지 않을까 걱정하고 있는데요. 한편으로 인구가 줄어드는 것이 환경이나 삶의 질을 높이는 데 좋은 영향을 줄 수도 있다고 생각합니다. 아주 가까운 예로 2020년 코로나19 팬데믹으로 경제적 측면에서는 부정적 영향이 나타났지만, 에너지 소비 감소, 미세먼지 감소 등 환경적 측면에서는 긍정적인 영향이 발생하기도 했지요.

우리나라가 2026년 초고령 사회로 진입하게 되면 노년층 인구 비율은 급격히 증가하고 청장년층 인구 비율이 줄어들면서 우리나라의 지속가능성을 회의적으로 보는 시각도 있습니다. 그러나 이는 65세 이상 노년층을 노동 능력이 없는 수동적인 복지의 대상으로 전제할 때의 일입니다. 평균 수명이 크게 증가한 미래 사회에서 65세 이상 인구를 일률적으로 노동 능력이 없는 노인으로 규정하는 것은 타당하지 않습니다.

주제 1
출산율 감소, 문제인가

사회자 — 예상했던 바지만 같은 사회 현상을 두 분은 다르게 보시는 것 같군요. 김 소장님은 저출산과 고령화 현상이 지속될 경우 사회·경제적으로 큰 문제가 발생할 것이라고 주장하셨고요. 윤 교수님은 현재의 상황을 미래 사회로의 발전을 위한 자연스러운 과정으로 생각하시는 것 같습니다. 그렇다면 우선 출산율 감소가 문제인지, 아니라면 어떻게 바라봐야 하는지 이야기해 주시기 바랍니다.

김경제 — 1960년대 후반 많은 인구 전문가는 개발도상국의 과도한 인구 성장을 목격했습니다. 지구의 인구가 10억에 도달한 것이 1830년이고, 그 후 10억이 더 늘어나기까지는 단지 100년이 걸렸을 뿐입니다. 많은 학자는 증가하는 출산율과 감소하는 사망률에 따라 급증하는 인구가 지구의 지속가능성을 위협할 것이라 예상했죠. 이에 따라 인구 증가를 막는 전략을 수립하는 데 집중하였습니다. 그러나 1990년대 이후 예상하지 못했던 일들이 발생했습니다. 선진국뿐만 아니라 개발도상국에서도 출산율이 감소하고 인구 성장이 둔화되기 시작한 것입니다. 우리나라는 1960년 합계출산율이 6명이었습니다. 그러나 2020년 기준 0.84명으로 세계적으로도 유례를 찾아보기 힘든 수치를 기록하고 있습니다. 2018년 OECD 평균 출산율이 1.63명임을 감안하면 얼마나 낮은지를 알 수 있지요. 우리나라는 2020년 총인구 5,178만 명에서 2040년 5,086만 명으로 감소할 것이 예상됩니다. 또 청장년층의 인구 비율은 약 71%에서 2040년에는 약 55%로 감소하고 노년층 인구는 약 16%에서 2040년 약 34%로 증가할 것으로 전망되고 있어 매우 우려스러운 상황입니다.

윤인구 ── 현재 우리가 겪고 있는 출산율 감소는 자연스러운 사회 변화의 한 과정으로 해석할 수 있습니다. 과거 전통사회의 문화적 분위기에서는 아이를 낳는 것이 당연한 가치로 여겨졌으며, 농업 사회에서의 많은 자녀는 곧 많은 노동력으로 인식되었지요. 또 유교는 가족주의를 강화했으며, 제사를 중요하게 여겨 후손을 낳는 것을 매우 중요시했습니다. 조선 시대 가족주의는 적장자(본처의 맏아들)를 중심으로 가족을 유지시켰고요. 이러다 보니 남성을 중심으로 가족 계승이 이뤄지고 자연스럽게 가족 내에서 여성의 위치나 경제적 입지는 주변부로 멀어졌으며, 임신과 출산, 양육의 역할에 한정되었습니다. 그러나 조선 시대 이후 근대화와 서양의 실용주의적 관점이 일반화되면서 사람들의 인식에 변화가 생깁니다. 과거에 당연시되었던 일들에 의문을 가지고 변화를 시도한 것이죠. 그중 대표적인 것이 임신과 출산입니다. 개인의 사회적 활동과 경제적 이익에 도움이 되지 않는다는 판단이 확산되기 시작한 것입니다. 더구나 우리가 겪은 특별한 사건이 이런 인식 변화에 촉매 역할을 하게 되는데요. 바로 1997년 외환위기입니다. 외환위기는 경제적 실용주의와 개인주의를 더욱 강화하는 큰 원인으로 작용하였습니다. 즉, 현재의 저출산 현상은 개인의 행복 추구를 위한 자연스러운 선택이며, 우리 사회의 보편적인 사회·문화적 현상이라고 할 수 있습니다.

김경제 ── 자연스러운 사회 변화로만 생각할 수 있으면 좋겠지만, 출산율 감소로 인해 발생하는 경제적 파급 효과는 엄청납니다. 신미국재단 소속 인구 전문가 필립 롱먼은 출산율 감소와 세계 경제의 관계를 이야기하며, 세계 경제가 위험에 직면했다고 주장하고 있습니다. 롱먼은 인구 증가 없이도 경제가 활기를 띨 수 있다는 희망 섞인 주장에 대해 대부분의 주류 경제학자는 전혀 그렇게 생각하지 않는다고 하였는데요. 부동산이 됐든 개인 소비가 됐든 경제 성장과 인구는 늘 밀접한 관계가 있기 때문에 저출산 현상의 심화는 경제 성장에 매우 부정적인 영향을 줄 것이라고 전망하고 있습니다.

윤인구 ── 맞는 말씀이십니다. 분명 저출산 현상의 심화는 우리 경제 성장에 부정적인 영향을 줄 수 있습니다. 그러나 현재의 저출산 현상은 과거 경제 성장 과정의 부정적인 결과로 볼 수 있습니다. 과거와 달리 현대 사회에서는 인적자원을 바라보는 관점이 달라졌습니다. 또 국가 부의 원천이 개인을 넘어 기업에 의존하는 경향도 커졌죠. 근대화와 산업화 과정에서 여성을 바라보는 관점도 달라져서 가정보다는 기업에 취직해 일하는 것이 능력 있고 진보적인 여성이라는 문화적 시각이 형성되었습니다. 그에 따라 모든 학교 교육이나 정책, 언론의 시각도 노동하는 여성을 중요하게 여기게 되었죠. 공교롭게도 같은 기간 사회는 노동에서의 해방을 인류의 목표로 추구했지만, 이와 반대로 여성은 노동의 세계로 적극 진입해 왔습니다. 자연스럽게 우리 정부도 여성 인력을 활용하는 것을 핵심 정책으로 삼았고요. 그러나 우리 사회는 출산과 육아의 책임을 모두 개인, 여성에게 떠넘겼습니다. 그러니 임신과 출산은 기피 대상이 될 수밖에 없었지요. 국가의 복지 시스템보다 개인의 노동에 생계를 의존하는 경제구조는 결국 저출산으로 이어질 수밖에 없습니다. 여기에 과거 우리가 가지고 있던 가족과 출산에 대한 인식도 바뀌기 시작합니다. 현재 젊은 세대는 미래의 자식 세대를 위해 본인을 희생하기보다는, 자신의 삶을 즐기고 누리는 것을 더 중요하게 생각하는 문화적 가치를 공유하고 있습니다. 결국 과거 우리의 선택과 노력으로 풍요로운 경제 성장을 이루었다면, 그 선택의 결과 현재의 저출산 사회가 출현한 것입니다.

주제 2
고령화, 무엇이 문제이며, 무엇이 기회일까

사회자 — 그럼 이제 고령화 현상에 대해 논의해 보겠습니다. 사실 저출산 현상으로 젊은층의 인구수가 감소하면 경쟁도 줄고, 대학 진학도 쉬워지고 취업문도 넓어지지 않을까라는 장밋빛 전망도 있습니다. 일할 사람이 줄어드니 노동력이 귀해질 것이고 기업은 임금을 올리고 복지 혜택도 증가시킬 거라는 것이죠. 하지만 현실은 그와 정반대로 돌아가고 있습니다. 청년층의 일자리는 감소하고 고용 형태는 더욱 열악해지고 있는 상태입니다. 더구나 노동시장에서 소외된 청년들은 앞으로 늘어날 노년층의 부양 부담까지 짊어져야 할 처지에 놓였지요. 하지만 고령화 현상을 경제 성장의 기회로 보는 시각도 있습니다. 또 기대 수명의 증가에 따른 노년층 인구의 증가는 자연스러운 사회 변화이기도 하고요. 이와 관련한 이야기를 해 주시기 바랍니다.

김경제 —— 아주 중요한 말씀을 해 주셨습니다. 현재 우리나라 일자리 정책의 화두는 청년 일자리 마련입니다. 최근 청년 고용률은 증가 추세에 있지만, 그 정도는 미미한 수준입니다. 또 청년 일자리의 상당 부분이 저임금·비정규직의 단기 일자리로 채워져 있는 등 일자리의 질적 측면을 고려하면 청년층의 노동 시장 상황은 심각한 수준입니다. 한국의 청년 고용률은 국제 수준에서 보아도 매우 낮은 수준이지요. 한국의 15~24세 고용률(2015년)은 26.9%로 OECD 가입국의 평균 청년 고용률인 40.5%에 크게 못 미치는 수준입니다. 이는 그리스, 스페인, 이탈리아 등 극심한 경기 불황을 겪고 있는 국가들을 제외하면 사실상 OECD 가입국 중 가장 낮은 수준으로 볼 수 있습니다. 또 국가 정책의 방향이 고령화에 집중되어 있다 보니 청년을 위한 정책이나 재원 마련은 부족한 상황이지요. 여기에 고령화로 인한 노년 인구의 부양 부담 증가는 청년들에게 큰 짐이 될 것입니다.

윤인구 —— 옳은 지적이십니다. 현재 정부의 정책이 고령화에 집중되어 있어, 청년층에 대한 일자리 마련 및 복지 정책이 부족한 것은 사실입니다. 하지만 노년층을 젊은 청년들이 부양해야 할 '짐'으로만 생각하는 것은 한번 고민해 봐야 할 문제라고 생각합니다. 일반적으로 65세 이상 인구를 노년층이라 합니다. 그러나 노인의 법적 기준은 저마다 다릅니다. 경로 우대는 65세부터, 국민연금 수급 연령은 출생연도에 따라 다르지만 일반적으로 61세부터입니다. 2017년 노인 실태조사에 따르면 노인의 연령 기준을 70세 이상으로 생각하는 비율이 86.2%로 조사되었습니다. 자신을 스스로 노인으로 규정하는 나이는 자신의 건강과 사회적 인식에 따라 달라질 수 있습니다. 미래 우리 사회의 모습은 아마도 장수長壽하는 사회, 즉 초장수超長壽 사회일 것입니다. 그러나 현재 우리는 이런 상황을 고령 사회, 초고령 사회라 부르며 문제시하고 있습니다. 이런 전망은 노인을 노동 능력이 없으며 수동적인 복지의 대상으로 전제한 결과입니다. 하지만 앞으로 다가올 미래 사회에서 65세, 70세 인구를 노동 능력이 없는 개인으로 규정하는 게 적절할까요?

김경제 — 노인 연령에 대한 기준 조정은 앞으로 구성원의 사회적 합의가 필요해 보입니다. 하지만 현재의 기준에서 노년층 인구의 증가는 사회·경제적으로 큰 문제가 되는 것 또한 사실입니다. 저출산·고령화 현상은 노동 시장에 신규로 진입하는 인구를 감소시켜 전체 노동력을 줄어들게 할 것입니다. 이에 따라 성장률과 저축률이 하락하여 결국 경제의 생산력이 떨어지게 됩니다. 한마디로 경제 활력이 저하될 수 있는 것이죠. 또 고령화 현상은 노인 건강 유지에 필요한 보건 수요를 증가시킴으로써 건강보험 등에 필요한 정부 지출을 늘려 정부 재정에 악영향을 미칠 수 있습니다. 노년층이 늘어나면 은퇴 이후의 경제생활을 영위하기 위한 노후자금 마련이 중요해집니다. 그러나 우리나라는 다른 나라와 달리 가계자산이 금융자산보다는 주택 등과 같은 실물자산에 편중되어 있어 주택 가격의 변동에 따라 고령 세대의 노후생활이 크게 어려워질 가능성도 있습니다. 따라서 국민연금과 같은 공적 연금의 중요성이 더욱 커지겠지요. 그러나 노년층의 증가로 연금 수급자는 급격히 증가하는 반면 저출산의 영향으로 연금 가입자의 증가율이 상대적으로 감소해, 향후 연금 지출액이 연금 수입액을 초과하면서 연금 고갈 문제가 초래될 우려가 있습니다.

윤인구 —— 연금 문제는 항상 거론되는 이슈죠. 하지만 이것 또한 현재의 노년층 연령 기준에 따라 미래를 예상한 것으로, 노년층 연령 기준이 바뀌고 노년층을 적극적으로 노동 인구로 편입시키는 노력을 한다면 어느 정도 해결될 수 있는 문제라고 생각합니다. 무엇보다 현재의 고령화 현상을 '위기'로만 볼 것이 아니라, 미래 사회를 대비할 수 있는 하나의 기회로 보는 '인식의 전환'이 필요해 보입니다. 우리가 일반적으로 이야기하는 유소년층, 청장년층, 노년층 등 연령에 따른 인구 집단의 구분은 기본적으로 기대 수명과 생애주기를 기준으로 정한 것입니다. 특히 65세 이상을 노년층으로 구분한 것은 100여 년 전 유럽에서 처음 정한 것으로 알려졌으며, 우리나라에서도 1980년대부터 65세를 노년층을 구분하는 기준으로 사용했습니다. 그러나 과거와 현재 기대수명은 너무나 큰 차이를 보이고 있지요. 1977년 우리나라의 기대수명은 65세였으며, 2020년에는 83.5세입니다. 기대수명이 100세를 넘기고 건강수명이 90세를 넘는 머지않은 미래 사회에서는 노인의 기준 연령도 합리적으로 조정할 필요가 있어 보입니다. 경제활동 인구의 감소로 세금 수입이 감소하는 반면, 고령화로 복지 지출이 늘어나 재정 위기가 온다는 주장에 대해 관점을 바꿔 생각해 볼까요? 고령 인구가 늘어나 새로운 시장이 형성되고 그 시장에 노년층과 관련된 실버산업[6]이 붐을 일으켜 고용이 창출되고 경제활동 인구가 늘어나 경제가 활성화될 수 있는 것 아닐까요? 결국 고령화 현상이 문제다, 아니다라는 구체적인 내용에 앞서 우리가 중요시하는 '가치'가 무엇인지 판단하는 것이 중요해 보입니다. 앞으로 다가올 고령 사회에 대응하는 정책과 대책은 수단이 아닌 사람의 권리를 보장하는 실천으로 이해되어야 합니다. 어떤 누구도 최소한의 품위를 유지하며 기본적인 삶의 질을 누려야 한다는 인권의 보편성 원칙이 고령화로 인한 '문제와 부담'이라는 시각을 대신할 수 있으면 좋겠습니다.

6
노년층을 소비 대상으로 각종 상품이나 서비스, 편의시설 등을 생산·제공하는 산업

주제 3
인구가 감소하면 나라가 망하는 것일까

사회자 ── 2021년 4월 통계청에서 발표한 인구동향 자료에 따르면 지난 4월 출생아 수는 2만 2,820명으로 같은 달 기준으로 통계 작성을 시작한 1981년 이래 최소를 기록했다고 합니다. 출생아 수는 65개월 연속 감소했으며, 인구 자연 감소도 18개월째 이어지고 있어 인구 감소에 대한 우려가 현실화되고 있는 상황입니다. 하지만 한편에서는 인구 감소가 장기적으로 자본주의 발전 단계에서 필연적으로

발생하는 사회 변화이며, 인구를 증가시키려는 인위적인 정책보다
는 인구 감소 사회에 맞게 경제와 사회 정책 패러다임을 바꿔야 한
다는 관점도 있습니다. 이에 대해 김 소장님부터 말씀해 주시죠.

김경제 ── 현재의 인구 변화 상황은 아주 심각한 수준입니다. 사회
자 님께서 말씀해 주셨다시피 출생아보다 사망자가 더 많은 인구
의 자연 감소가 18개월째 이어지고 있는 상황입니다. 2031년에는
2021년 대비 315만 명이 감소할 것으로 추정되며, 2050년쯤에는
인구가 매년 40만~57만 명씩 줄어들 것으로 예상되고 있습니
다. 사실 315만 명이라는 숫자는 현재 부산시의 인구와 맞먹는 수
준으로 한 도시의 인구가 사라지는 것입니다. 또 한국경제연구원에
따르면 2060년에는 우리나라 인구가 3,000만 명 아래로 떨어질 수
있습니다. 이와 같은 문제의 심각성을 두고 경제부총리는 '인구 지
진Age-quake'[7]이 발생할 것이라고 경고까지 했지요. 인구 감소는 우리
사회의 근간을 흔들 수 있습니다. 인구 지진은 '인구 감소 → 내수
위축 → 경기 침체 → 출산율 저하'라는 악순환을 가져옵니다. 경제
활동 인구가 감소하면 생산력이 줄고, 전체 소비가 감소하면서 투자
요인이 사라지게 됩니다. 더구나 연금, 의료 분야 등 복지비용 증가
로 세금 부담이 증가해 국가 경제의 유지가 힘들어지게 되지요.

윤인구 ── 저는 이와 같이 인구 감소에 대해 공포심을 조장하는 사회적
분위기가 더 큰 문제라고 생각합니다. 사실 저출산·고령화 현상과
그에 따른 인구 감소 현상은, 예를 들어 수출량이 증가하고 감소하
는 종류의 경제 현상이 아닙니다. 자본주의 사회가 성장·발달하는

인구 감소 현상이 심각해져
사회에 미치는 악영향이 자연
재해인 지진만큼 심각해질 것
이라는 의미이다.

과정에서 나타나는 자연스러운 사회·문화적 현상입니다. 따라서 공포심을 조장해 인위적으로 출산율을 높이려 해도 쉽게 바뀌지 않을 것입니다. 오히려 앞으로 다가올 변화하는 미래 사회에 유연하게 대처하는 자세를 가지는 것이 필요합니다. 그리고 중요한 사실 하나가 있는데요. 2030년이 아니라 과거부터 그리고 현재도 이미 인구 감소는 진행되고 있다는 점입니다. 지역 단위 규모를 국가가 아닌 지역으로 축소해 생각해 보면, 지방 중소도시는 이미 1990년대부터 인구 감소 현상이 나타나고 있습니다. 1990년부터 2010년 사이 전국 84개 도시를 조사한 결과, 31개 도시에서 인구 감소 현상이 나타났습니다. 그리고 31개 도시 중 29개는 비수도권 지역에 분포하고 있지요. 이것이 무엇을 의미할까요? 인구 감소는 이미 우리의 현실이라는 것입니다. 2030년 또는 2050년 상황을 걱정할 게 아니라 현재 인구 감소 문제를 겪어 소멸 위기에 놓여 있는 지방 중소도시의 문제를 해결할 정책이 필요한 시점입니다. 또 수도권과 비수도권 간 인구 격차 문제에 대해서는 국가 균형 발전적 측면에서의 관심이 필요합니다.

김경제 — 네, 윤 교수님의 지방의 소멸 위험성에 대한 주장은 매우 중요한 지적이라고 저도 생각합니다. 정책의 방향을 국가뿐만 아니라 지역 단위로 좁혀 디테일하게 정책을 만들고 실행할 필요가 있어 보입니다. 그리고 인구 감소 현상이 대부분의 경제 발달 국가에서 나타나는 자연스러운 현상인 것도 동의합니다. 하지만 우리나라의 경우 그 감소 속도와 양상이 그 어느 나라보다 빠르다는 점이 중요합니다. 우리와 유사한 인구 변화를 이미 겪은 그리고 경험하고 있는 일본이나 유럽의 국가들보다 고령화나 출산율 감소 속도가 매우 빠르며, 인구 감소 예상 속도 또한 매우 빠를 것으로 예상됩니다. 따라서 자연스러운 사회 변화라고 넘어가기에는 상황이 심각한 수준입니다.

윤인구 —— 네, 저도 우리나라의 인구 변화 속도에 대해서는 큰 위기의식을 가지고 있습니다. 하지만 어느 부분에서 위기의식을 느끼며, 그 대책이 과연 올바른지에 대해서는 의구심이 듭니다. 하나의 예로 '도시기본계획'을 들어 보겠습니다. 우리나라의 각 지역은 '도시기본계획'을 세워 지역의 미래를 설계합니다. 하지만 대부분의 지방정부는 미래 시점에는 인구가 증가할 것으로 예상하고 계획을 수립하지요. 인구 감소 현실을 받아들이지 않고요. 강원도 삼척의 경우를 보면, 1990~2010년 사이 인구 감소율이 39%였습니다. 그러나 2004년 도시계획 당시 인구가 약 7만 4천 명이었는데, 2020년 인구를 10만 명으로 예상해 34% 정도 인구가 증가할 것으로 예상했습니다. 그러나 2020년 기준 삼척의 인구는 약 6만 7천 명입니다. 오히려 과거보다 감소한 상태죠. 이와 같이 인구 증가를 전제로 도시계획을 수립·실행할 경우 미래 우리 도시 곳곳에는 빈집과 가동을 멈춘 공장 등 사용하지 않는 시설들이 증가할 것입니다. 어쩌면 우리에게 다가올 인구 감소 위기는 과거 산업화 시기 국가 중심의 양적 성장에서 벗어나 안정적인 고용과 정의로운 분배를 통해 국민 개개인의 행복과 성장을 실현시킬 기회이자, 인구 증가에 따른 환경 문제의 발생 가능성을 감소시킬 기회일지도 모릅니다. 또 끝없는 성장에 대한 집착에서 벗어나 복지와 환경에 관심을 집중시켜 우리 사회의 지속가능성을 높일 수 있는 기회로 삼아야 하지 않을까요?

마무리 발언

사회자 — 저출산과 고령화에 관한 두 분의 이야기를 들으며, 우리 사회의 밝은 미래를 위해서는 인구 이슈에 대한 좀 더 많은 사회적 관심이 필요하다는 것을 느꼈습니다. 앞으로 우리 사회에서 저출산과 고령화 현상에 대한 건설적인 논의가 많아졌으면 합니다. 인구 이슈에 관한 다양한 관점을 제공해 주신 두 분께 진심으로 감사의 말씀을 전합니다. 마무리 발언 한마디씩 듣고 오늘 토론 마치도록 하겠습니다.

김경제 — 저출산 현상은 장기적으로 국가 전체 인구의 감소를 통해 노동력 감소 및 산업 활동의 침체를 가져올 것입니다. 경제 성장과 인구는 언제나 밀접한 관계가 있습니다. 저출산 현상의 심화는 경제 성장에 매우 부정적인 영향을 주지요. 또 노년층의 증가는 연금 수급에 문제를 발생시켜 청장년층의 경제적 부담뿐만 아니라 경제 성장에 악영향을 미칠 것입니다.

윤인구 — 다가올 미래의 인구 감소 현상을 어떻게 받아들이느냐가 상당히 중요해 보입니다. 그리고 인구 감소는 오히려 지구의 지속가능한 발전에 긍정적인 영향을 줄 수 있습니다. 지구에 사는 인구가 언제까지나 무한대로 증가하는 것은 불가능합니다. 또 노년층의 증가에 따른 문제도 과연 노년층을 어떻게 바라봐야 하는지, 관점의 전환이 필요합니다. 이제 그들을 수동적인 복지 수혜자가 아닌, 적극적인 노동 인력으로 흡수할 수 있는 노동 정책을 강구할 때입니다.

저출산·고령화 시대, 진정한 가족의 의미

〈어느 가족〉은 일본 영화 감독 고레에다 히로카즈가 만든 영화입니다. 이 영화는 '진정한 가족이란 무엇일까?'란 질문을 우리에게 던져 줍니다. 이 영화와 인구와의 관련성은 영화 속 가족 구성원에서 시작됩니다. 그들은 혈연으로 맺어진 관계가 아닌, 선택된 관계로 만들어진 '가족'입니다. 겉보기에는 할머니의 아들과 그의 아내, 손자, 손녀로 구성된 평범한 가족 같지만 그들은 피 한 방울 섞이지 않은 남입니다. 남자아이 역시 길에서 만난 아이이고요. 이들은 우연한 기회로 소녀 유리를 집으로 데려오게 됩니다. 그리고 따뜻한 애정으로 소녀를 대합니다. 유리에게는 친어머니가 있으나, 그녀는 수시로 유리를 폭행했습니다. 유리는 새로운 가족에게서 평안과 안정을 찾았습니다. 하지만 법적으로 그들은 유리를 유괴한 것이기도 합니다. 이 영화를 통해 가족을 완성하는 것은 피로 맺어진 혈연관계나 기존의 정상 가족 개념이 아닌, 서로를 보살펴 주고 이해해 주는 따뜻한 마음을 공유하는 인간 간의 관계가 아닐까 생각하게 됩니다. 진정한 가족이란 무엇일까요?

마무리
하기

인구 문제는 정말 문제일까

1. 우리 사회의 중요한 이슈인 인구에 관한 토론 내용을 보고, 각 주장에 대한 근거를 정리해 적어 보세요.

인구 문제는 정말 문제일까?		
	긍정적이다	부정적이다
출산율 감소, 문제인가?		
고령화, 무엇이 문제이며, 무엇이 기회일까?		
인구가 감소하면 나라가 망하는 것일까?		

2. 저출산·고령화 현상과 인구 감소에 관한 본인의 입장을 정리해 보세요.

· 쟁점 4 ·

주거 Shelter

— 아파트 공화국, 이대로 괜찮은가

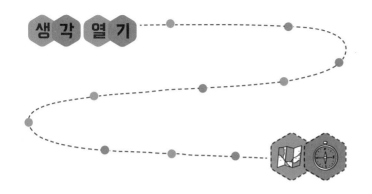

여러분이 살고 있는 주거는 어떤 형태인가요? 아파트인가요, 단독주택인가요, 아니면 연립이나 다세대 주택인가요? 아마도 대부분은 아파트에 살고 있다고 말할 것 같습니다. 네, 그래요. 어느새 아파트는 우리나라 인구 절반이 살고 있는 대표적 주

▲ 대구시 달서구의 아파트 전경

© 항공사진작가 신병문

거 유형이 되었습니다. 추정하건대 1990년대 중반 이후 태어난 사람이라면, 아파트에서 유년시절과 성장기를 보내고 성인이 된 지금도 아파트에 살고 있을 확률이 매우 높습니다.

한 가지의 가정을 보태어, 연립 및 다세대 주택까지 넓은 의미의 아파트로 본다면 인구의 약 60%가 아파트에 거주하고 있

는 셈입니다. 이 수치가 뜻하는 바는 분명합니다. 원인이야 여러 가지겠지만, 어찌하다 보니 아파트 공화국이 되어 있다는 거죠. 이쯤 되면 자연스럽게 궁금증이 생길 법합니다. 이토록 많은 아파트는 언제, 어떻게, 그리고 왜 만들어진 걸까요? 그리고 아파트에 살고 있는 우리의 삶은 이전보다 어떤 면에서 좋아지고 나빠졌을까요? 이에 관한 답을 찾기 위해 우선 아파트를 제대로 이해할 필요가 있습니다. 정확히 말하자면 아파트의 과거와 현재 그리고 미래입니다.

우리나라 아파트의 역사는 그리 길지 않습니다. 최초의 아파트로 불리는 서울 회현동의 미쿠니아파트가 만들어진 게 아직 한 세기가 채 되지 않았습니다. 다만 미쿠니아파트는 오늘날 우리가 떠올리는 아파트와는 사뭇 거리가 있지요. 당시로서는 놀라움이었지만, 지금으로서는 고작 3층밖에 되지 않는 공동주택이기 때문입니다.

제대로 된 아파트로 초깃값을 재설정하면 반세기 전의 마포아파트를 꼽을 수 있습니다. 여기서 '제대로 된'이라는 표현은 마음 단단히 먹고, 꽤 높게 그리고 넓고 쾌적하게 지은 단지형 아파트라는 뜻입니다. 생각해 보면 늘 이웃과 담을 맞대고 정겹게 살아온 사람들에게 아파트라는 주거 형태는 받아들이기 힘든 면이 많았을 것 같습니다. 그래서 아파트라는 것이 꽤 괜찮은 집이라는 인식의 전환이 필요했죠. 마포아파트는 지금의 아파트와 견주어도 본질적으로는 거의 차이가 없을 정도로

교과서 토론 | 지리

▲ 마포아파트 전경

출처: 한국토지주택공사

'제대로 공들인' 아파트였습니다.

　그렇다면 아파트는 왜 필요하게 되었을까요? 크게 보자면 우리나라의 경제 성장과 관련이 깊습니다. 우리나라는 '한강의 기적'[1]이라 불리는 고도의 압축 성장을 이루어 냈습니다. 그래서 꽤 유명하게 도는 말이 있지요. 세계 최초로 국제 원조를 받는 나라에서 주는 나라가 되었다고요. 그래서 우리나라의 경제 성장 모형은 때때로 다른 후발 국가의 모범 사례가 되기도 합니다. 중요한 것은 빠른 압축 성장으로 아파트가 필요해졌다는 논리입니다.

　경제가 빠르게 성장하는 과정을 짚어 보면, 필연적으로 거

6·25 전쟁 이후 이루어진 대한민국의 경제 성장을 가리키는 말이다. 제2차 세계대전 이후 독일의 경제 발전을 '라인강의 기적'이라고 부르는 것을 본떠서 붙인 이름이다.

대한 인구의 밀집화 현상을 떠올릴 수밖에 없습니다. 세계 거대 자본의 큰 줄기는 도시에서 도시로 이어지고 있지요. 모로가도 서울만 가면 된다는 산업화의 논리는 정도의 차이가 있을 뿐, 여전히 유효한 말이라는 것을 부정하기 힘들 것 같습니다. 이와 같은 돈의 흐름은 자연스럽게 인구의 흐름과 맞물립니다.

　필연적으로 많은 사람이 도시로 모이면 어떤 현상이 발생할까요? 그렇습니다. 살 집이 부족해집니다. 너도나도 살자고 모이는데 살 곳이 마땅치 않은 난감한 상황이 연출되는 것이죠. 게다가 우리나라는 좁은 땅에 비해 인구가 많습니다. 그렇다면 대안으로 거주 공간을 수평이 아닌 수직으로 올리자는 목소리가 높아질 수 있습니다. 아파트의 필요성을 강하게 주장하는 사람들이 가장 많이 하는 이야기 중 하나죠.

　하지만 우리나라 압축 성장의 상징이라 평가받는 아파트에 관한 반대 의견도 만만치 않습니다. 그것은 아파트가 과연 삶의 질을 높일 수 있는 거주 환경인가에 관한 근본적인 물음입니다. 조금 심하게 표현해서 성냥갑 속에 갇혀 사는 도시민의 삶을 디스토피아[2]적으로 그리고 걱정하는 의견도 많습니다.

　나아가 콘크리트 숲으로 변해 가는 주거 환경, 그로 인해 발생하는 환경 문제를 걱정하는 사람들도 있습니다. 최근의 흐름으로 보자면 아파트는 길게 잡아도, 40년을 채 넘기기 힘들어 보입니다. 혹여 여전히 튼튼하고 살기에 부족함이 없더라도, 일정 기간이 지나면 재건축이나 리모델링이라는 수순으로 이어

유토피아(utopia)의 반대어로, 역(逆)유토피아라고도 한다. 현대 사회의 부정적인 측면들이 극대화되어 나타나는 어두운 미래상을 일컫는다.

지는 게 일반적이지요. 첨단의 시대에 한 세기 넘도록 살 수 있게 튼튼한 아파트를 짓는 건축기술이 부족한 걸까요, 아니면 그럴 의지가 없는 걸까요?

마지막으로, 공간의 아름다움이 없어진다는 의견 또한 꾸준히 제기되고 있습니다. 가령 신도시라고 불리는 동네에 가면, 이곳이 어디인지 구별하기가 쉽지 않습니다. 모두 같은 브랜드에 같은 상가, 같은 편의점과 대형마트, 심지어는 학교와 관공서의 모양까지 흡사해서입니다. 이와 같은 경관의 획일화는 우리의 삶에 어떤 영향을 미치게 될까요?

이처럼 아파트가 우리나라 국민의 삶의 질을 높이는 좋은 주거 형태인지, 아니면 그렇지 않은 주거 형태인지에 관해 다양한 의견이 있습니다. 아파트의 미래는 어떨지 자못 궁금한 요즘입니다.

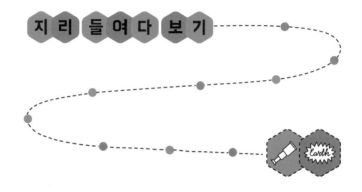

주거 형태는 그 지역의 인간 생활과 밀접한 관련이 있습니다. 내가 어디에 살고 있는가, 내가 어떤 주거 유형에서 살고 있는가는 그 사람의 생활에 매우 큰 영향을 줍니다. 주거는 인간 생활의 가장 기본이 되는 터전이자, 한 개인의 전체적인 삶을 통틀어 봐도 가장 많은 시간을 보내는 공간이지요. 그래서 주거 공간을 잘 들여다보면, 그 속에서 사람들이 어떤 관계를 맺고 있으며 나아가 지역사회 및 도시와는 또 어떤 상호작용을 하는지 미루어 짐작할 수 있습니다. 바로 이러한 면에서 아파트로 획일화되고 있는 건축 경관은 우리의 시민성 및 사회적 관계와 결코 무관하다고 볼 수 없답니다.

조선 후기에는 삼국시대부터 민간에 뿌리내렸던, 풍수지리가 절정에 달했던 시기입니다. 살 만한 터를 잡는 데 좋은 요소들을 다양한 각도에서 골라 보는 것을 너나 할 것 없이 즐겼다는 뜻입니다. 풍수지리는 사람이 살아 있든 죽었든 이들이 머

▲ 배산임수 형태의 농촌 촌락

출처: 한국민족문화대백과사전

무는 자리가 중요하다고 봤습니다. 풍수지리는 산줄기와 물의 흐름, 방향성, 규모 등을 종합적으로 판단하여 삶의 길흉화복과 연결시켜 주는 일종의 도구였죠.

　장풍득수藏風得水! 한 번쯤은 들어 봤을 것 같아요. 용어를 풀면 바람을 막고 물을 모은다는 뜻인데요. 이는 바람은 기운을 내보내고 물은 기운을 모으는 역할을 한다고 봐서 만들어진 개념입니다. 배산임수背山臨水! 이 말도 들어 봤을 것입니다. 산을 등지고 물을 마을 앞에 놓는다는 뜻입니다. 산을 등져서 얻을 수 있는 효과는 겨울철 차가운 북서계절풍을 막는다는 데 있습니다. 그 옛날 조상들의 민가를 생각해 보세요. 지금이야 한겨울에도 속옷 차림으로 집안을 활보할 수 있는 기술의 시대에 살고 있지만, 과거에는 그렇지 않았겠지요. 그래서 선조들은 어떻게든 산 뒤에 숨어 차디찬 바람을 조금이라도 막고자 했습니다.

그럼 임수는요? 임수는 볕이 잘 드는 곳이자 물을 구할 수 있고, 나아가 물이 만든 넓은 땅을 경작해 농사도 지을 수 있는 조건을 충족합니다. 조선 시대는 주된 경제 활동이 농사였죠? 그런 면에서 배산임수가 얼마나 중요한 조건이었는지 알 수 있습니다. 혹시 주말 나들이를 갈 때 국도변을 지난다면 주위를 둘러보며 오래된 마을을 찾아보세요. 대부분이 배산임수의 조건을 갖추고 있음을 눈으로 직접 확인할 수 있을 테니까요.

조선 시대에는 풍수지리가 주를 이뤘다면 일제 강점기 이후로는 사정이 조금 달라집니다. 근대 토목 기술이 발달하면서 자연환경의 요소보다는 인문적 환경이 주거지를 결정하는 데 더 중요해지기 시작하지요. 강과 가까운 곳은 사람이 절대로 살 수 없는 곳으로 여겨졌던 시절이 있습니다. 여름에 워낙 많은 비가 단기간에 내리니, 강 주변은 늘 물이 넘치는 구간이 형성되어 왔습니다. 이곳을 지리학 용어로 범람원이라고 부릅니다. 그래서 범람원 한가운데에는 큰 마을이 형성되는 것이 거의 불가능에 가까웠습니다.

하지만 지금은 어떤가요? 오히려 강 가까이 가는 것을 더욱 선호하지요? 강과 가까운 집은 강 조망권을 갖는다는 뜻에서 이른바 프리미엄이 붙어 집값이 연일 상한가를 기록하죠. 이 모든 것이 인간이 하천을 제대로 관리하기 시작한 이후에 벌어진 일입니다.

아파트도 그렇습니다. 아파트는 최근 저층보다 고층으로 지어지는 경우가 많죠. 아파트를 강변에 고층으로 짓게 되면 강변을 바라볼 수 있는 것은 물론, 해당 도시의 여러 곳을 구석구석 살펴볼 수 있습니다. 특히나 강점이 되는 것은 바로 야경입니다. 오색 빛깔 찬란한 야경을 내 집 거실에서 굽어볼 수 있는 일은 현대인에게 정말로 매력적인 일이 아닐 수 없죠. 강변을 바라볼 수 있는 아파트라면 제일 높은 층의 값이 가장 높게 나갈 겁니다.

아파트로서의 주거는 지리학의 철거재개발 및 신도시와도 관련이 깊습니다. 먼저 철거재개발[3]을 간단히 살펴봅시다. 물론 모두 아파트만을 건설하지는 않지만, 아파트를 지을 확률이 매우 높아 철거재개발은 곧 아파트 건설이라는 등식이 성립한 지 오래입니다. 이런 일이 벌어지면 기존에 살던 원 거주민은 대개 그곳을 떠나고, 새로 지어진 아파트에는 다른 곳에서 좋은 주거단지의 임대료를 감당할 수 있는 새로운 주민이 공간을 점유하는 방식을 취합니다. 이런 방식은 우리나라 대부분 도시에서 수도 없이 일어나는 재개발 방식이라는 것을 기억해 두세요.

아파트는 도시가 몸집을 키우는 과정에서도 대규모로 지어지는 경우가 많습니다. 가장 대표적인 사례를 들자면 아무래도

철거재개발은 이름 그대로 기존의 건물을 모두 허물어 땅을 초깃값으로 만든 후, 아파트를 짓는 개발방식을 뜻한다.

수도권 신도시⁴입니다. 우리나라 신도시의 목적 첫 번째는 인구 분산이요, 두 번째는 인구 수용입니다. 우리나라의 수도권 집중 현상은 비단 어제오늘의 일이 아닙니다. 그래서 과도한 인구 집중을 조금이라도 분산시키고자 고안한 것이 한국형 신도시라고 생각해도 좋습니다. 많은 인구를 분산하기 위해 가장 좋은 방법은 아무래도 아파트겠지요? 그래서 수도권의 주요 신도시는 아파트 일색입니다. 아파트를 건설한 제조사의 이름만 조금 다를 뿐, 동일한 면적에 비슷한 구조로 획일화된 아파트에는 많은 사람이 이웃하여 살아가고 있습니다. 따라서 아파트를 제대로 들여다보는 일은 우리에게 상당히 중요한 일이라 할 수 있겠습니다.

아파트 공화국, 이대로 괜찮은가

어느덧 우리 사회의 보편적 주거 형태로 자리 잡은 아파트는 그 비중만큼이나 사람들의 높은 관심을 받고 있다. 대한민국 마천루의 상징인 63빌딩의 높이를 가볍게 넘어선 아파트가 등장하는가 하면, 무려 5,000가구를 넘긴 대규모 아파트 단지도 등장했다. 일명 프리미엄, 엠파이어, 팰리스 등의 고급스러운 글자가 붙은 아파트는 일대에서 가장 높은 가격으로 거래된다. 이렇게 보면 아파트의 성장은 여전히 현재진행형이라는 생각이 든다. 서민의 내 집 마련이라는 꿈은 번듯한 아파트를 마련하는 것이요, 금전적 여력이 충분한 사람은 아파트를 여러 채 보유하면서 이익을 도모하기도 해서이다. 그래서 아파트의 미래에 관한 논의도 활발하다. 따지고 보면 아파트만큼 미래의 모습을 잘 반영할 수 있는 주거 유형도 드물어 보인다. 어떤 면에서 그런지 이야기 중인 '99분 토론' 현장으로 가 보자.

사회자 ── 안녕하십니까. '99분 토론'입니다. 아파트만큼 미래의 모습을 잘 반영할 수 있는 주거 유형도 드물다는 견해가 있습니다. 어떤 면에서 그럴까요? 오늘 두 분의 패널을 모시고 이 부분에 관해 다양한 의견을 들어 보도록 하겠습니다.

김찬성 —— 미래의 아파트는 지금과는 비슷하면서도 다른 모습일 것입니다. 우선 제4차 산업혁명 시대에 인공지능으로 집의 시스템을 효율적으로 관리할 수 있다고 합니다. 집에 사람이 있든 없든 쾌적한 주거 환경을 손쉽게 구축할 수 있는 것이지요. 가령 스마트 아파트는 단지 내로 진입하면 자기가 살고 있는 동과 가장 가까운 주차 구역을 안내합니다. 또 거실에는 인공지능 로봇이 돌아다니면서 입주민의 편의를 극대화하기 위해 노력하는 모습도 그려 볼 수 있습니다. 얼굴 인식 기능과 열화상 카메라는 기본이요, 단지 내에는 스마트 팜, 다시 말해 체계적인 관리하에 식물과 기본 채소를 기를 수 있는 시스템이 구축될 수도 있습니다. 코로나-19와 같은 특수한 비대면 상황이 발생할 때는 아파트 안에서 사무를 보거나 교육을 받을 수 있도록 주거 여건을 빠르게 개선하는 것이 미래 아파트의 모습입니다. 아파트의 본질이 수직적 확장에 있다는 점을 생각하면 최근 뜨거운 이슈가 되고 있는 드론과의 콜라보도 예상해 볼 수 있습니다. 드론은 수직으로 자유롭게 이착륙할 수 있다는 점이 가장 큰 장점이지요? 그래서 아파트와 궁합이 잘 맞을 것 같습니다. 집집마다 드론으로 장을 보고, 볼일을 볼 수 있는 환경은 머지않아 이루어질 제법 가까운 미래라는 생각이 듭니다. 공상 과학 영화나 소설에서 묘사되는 미래형 주거 형태 역시 아파트를 모델로 삼아 설정한 것이 대부분인 이유입니다. 아파트는 여러모로 다가올 첨단의 시대에 최적화된 주거 형태라는 것이 제 기본 입장입니다.

정반대 ── 저는 김찬성 님과는 다른 견해를 가지고 있습니다. 아파트는 빠른 경제 성장기에 과도한 인구 증가를 대비하기 위한 선택이었지만, 치러야 할 국가적 문제가 많다고 봅니다. 가장 크게 제기되는 문제는 아파트를 목적이 아닌 수단으로 바라볼 때 생기는 부작용입니다. 아파트는 주택의 한 유형이자 소중한 삶터로 인식되어야 하는데, 그렇지 않을 때가 많은 것이 사실이지요. 요동치는 아파트값으로 나라가 몸살을 앓을 때마다 나오는 목소리이기도 합니다. 어떤 사람은 지나친 편의와 효율성을 중시하는 아파트가 본질적으로 삶을 행복하게 만들 수 없다고도 말합니다. 층간소음으로 불거진 주민 간의 갈등이 빈번해 수직적 공동주택이 너무 불편하다는 의견을 비롯해, 앞집이나 옆집에 무관심한 개인주의적 생활 문화로 인한 인간 소외를 걱정하는 목소리도 있습니다. 이는 아파트의 폐쇄성에서 비롯됩니다. 아파트에 거주하는 사람 대부분은 공동 현관을 통과해 내 집까지 들어가는 동안 아무도 마주치지 않는 것을 선호합니다. 그와 같은 폐쇄성이 곧 아파트의 경쟁력이지요. 동네 골목에서 힘주어 친구를 부르면, 창문을 열고 곧 나가겠노라고 화답하던 정겨운 풍경이 모두 사라져야만 가능한 일이기도 합니다. 인간이 사회적 동물이라는 명제는 아파트에서는 성립하지 않는 모순적인 상황이 벌어지게 되는 것입니다. 나아가 때에 따라 햇빛을 집안으로 들이지 못하는 문제, 순환 주기가 너무 빨라 과도하게 환경 문제를 초래한다는 지적도 있습니다. 경관에 관심이 많은 사람이라면 획일화되는 아파트 경관에 따른 장소성의 문제를 지적하기도 하지요. 이 모든 것은 아파트가 풀어야 할 과제입니다. 아니, 아파트에 살고 있고, 아파트에 살 수밖에 없는 주거 문화의 현주소를 정확히 인식한 우리가 풀어야 할 과제입니다. 아파트 획일화, 이제는 그 민해야 하지 않을까요?

주제 1
아파트는 지속가능한 주거 양식인가

사회자 — 두 분의 전체적인 입장 잘 들었습니다. 두 분의 말씀을 간략히 정리하자면, 결국 아파트가 지속가능한 주거 양식인지에 관한 부분에서 의견 차가 큰 것 같습니다. 이 부분에 관해 집중적으로 의견을 나눠 보면 좋을 듯한데요. 먼저 김찬성 님의 의견을 듣고, 정반대 님의 의견을 듣는 순서로 진행하겠습니다.

김찬성 — 저는 방금 전에도 말씀드렸다시피, 아파트가 유일한 미래형 주택에 가까운 모델이라고 생각합니다. 우리나라에서 아파트가 이토록 빠르게 성장한 까닭은 여러 원인이 있겠지만, 가장 중요한 것은 편의입니다. 생각해 보세요. 아파트에 사는 사람이 특별히 집 걱정하는 것을 본 적이 있으신가요? 계량기가 고장나거나 상하수도가 고장이 나도 아파트는 전문 관리 인력과 기사를 두고 있어서 특별히 신경 쓸 일이 없습니다. 일단 이 점은 현대인의 라이프스타일에 적확하게 맞아떨어지는 부분이지요. 바쁜 일상에서 집을 유지하고 보수하는 수고를 덜면, 그 시간을 다른 분야에 선용할 수 있는 이점이 생기고요. 일단 이 부분에서 아파트는 가장 큰 장점을 가지고 있습니다.

사회자 ─ 김찬성 님, 말씀 잘 들었습니다. 하지만 우선 아파트가 지속가능한 주거 양식인지에 관한 의견을 말씀해 주셨으면 합니다.

김찬성 ─ 네, 사회자 님 말씀대로 아파트가 왜 이 시대에 필요한 주거 양식인지를 좀 더 구체적으로 논할 필요가 있어서 말씀을 드리려고 했는데요. 지속가능성에 초점을 두고 다시 말씀드리겠습니다. 일단 아파트를 반대하시는 많은 분은 아파트는 오래가지 못한다는 인식이 있는 것 같습니다. 그동안 노후된 아파트를 헐고 새로 짓는 주기가 단독주택보다 매우 빨랐다는 면에서는 동의합니다. 저 역시 그런 아파트 개발 방식이 좋다고 보지는 않습니다. 중요한 것은 아파트를 한번 지어서 오래 살며 그 편의성을 극대화하려는 노력이 중요하다는 것이죠. 좋은 사례를 하나 소개하겠습니다. 미국 뉴욕시에 가면 아파트의 지속가능성을 증명할 수 있는 소규모 아파트 단지가 있습니다. 대단지 아파트의 지속가능성에서 다소 멀어져 있지만, 기존 아파트의 공간 개념을 조금 더 잘게 쪼개면 동일한 면적에서 더 많은 가구를 수용하면서도 지속가능성을 담보할 수 있습니다. 기존의 단독주택처럼 일정 공간을 점유하되, 하나의 동을 다양한 사람의 욕구에 맞도록 재설계하자는 겁니다. 뉴욕의 소규모 독립형 아파트가 시도한 이와 같은 방식은 환경적으로도 상당히 도움이 됩니다. 생각해 보세요. 필요한 만큼만 공간을 활용하기에, 밖으로 버려지는 에너지를 효율적으로 줄일 수 있습니다. 이와 같은 시도와 변용이 꾸준히 이루어진다면 아파트의 지속가능성은 지금과는 견주기 힘들 정도로 높아질 것입니다.

사회자 — 김찬성 님께서는 지금의 대단지형 아파트가 아닌 소규모의 최적화된 아파트라면 지속가능할 수 있다고 보시는 것 같습니다. 이 부분에 관해 정반대 님은 어떤 생각을 가지고 계신가요?

정반대 — 네, 김찬성 님의 기본 생각에는 크게 공감했습니다. 아파트에 관해서 늘 회의적이었던 부분이 바로 대단지 아파트였거든요. 저역시 현재 아파트에 살고 있지만, 늘 아파트가 불편했어요. 공동현관에서부터 엘리베이터를 타고 집에 들어가는 일은 어딘가 늘 불안하고 불편했습니다. 혹여 누군가와 함께 엘리베이터를 탈 때면, 분명 같은 라인에 살고 있는 이웃이지만, 말 한마디 나누기가 너무 불편했어요. 저는 조금 다른 관점에서 아파트는 구조적으로 지속가능하지 않다고 말씀드리고 싶습니다. 아파트는 수직적으로 높게 짓는 것이 특징이지요? 높은 건물은 땅에 가까이 지은 낮은 건물보다 불안정합니다. 여기서 유지 보수에 상당히 많은 부담이 따르는 것은 자명한 일이지요. 정말 좋은 자재로 공들여 지은 마천루[5]를 생각하면 안 될 것 같아요. 아파트는 공사 기간이 짧은 편이고, 수천 세대의 집을 겉부터 속까지 모두 마감해야 하는 작업이기에 기본적으로 완성도보다는 기간에 초점을 맞출 수밖에 없습니다. 그렇게 지은 아파트에서 오랜 시간, 가령 50년 정도를 살아간다는 것은 상당

과밀한 도시에서 토지의 고도 이용이라는 측면에서 만들어진 주로 사무실용의 고층건물

히 불안한 일이지요. 단독주택이라면 몇몇 보수를 거쳐 100년도 유지할 수 있는 일을, 아파트는 수십 년 만에 포기해야 하는 근본적인 한계를 갖는다는 뜻입니다. 그래서 독립적으로 맞춤형 아파트를 짓는다 해도 구조적으로 오랜 기간 지속하리라 보는 것은 무리라고 생각합니다.

사회자 — 네, 두 분의 의견을 듣고 나니 아파트라는 주거 형태에 관해서 정말 많은 생각이 듭니다. 지속가능성은 비단 아파트만이 아니라, 21세기를 살아가는 인류에게 주어진 절체절명의 화두일 텐데요. 과연 아파트는 어떤 효용과 한계를 갖는지 다각도로 생각할 필요가 있어 보입니다. 아파트의 지속가능성에 관해 말하다 보니, 환경적인 부분을 언급하지 않을 수 없을 것 같은데요. 이 지점도 짚고 넘어가는 것이 좋을 듯합니다. 이 부분에 관해서는 정반대 님께서 먼저 말씀해 주시죠.

주제 2
아파트는 환경과 어떤 관계가 있는가

정반대 — 아파트는 환경의 지속가능성과는 사뭇 어울리지 않는 한 쌍이라 말씀드릴 수 있습니다. 아파트가 가장 문제되는 부분은 그 어마어마한 단지를 조성하기 위해 필요한 골재의 공급입니다. 이 부분은 우리나라 아파트 역사를 조금만 되짚으면 바로 알 수 있습니다. 우선 서울의 여의도와 강남 개발을 들 수 있어요. 강변에 대단지 아일명 '옥수동 섬'으로 불린, 금호동과 옥수동 남쪽 한강에 있었던 섬이다. 1970년 초에 이 섬의 흙을 파다 압구정 아파트 건설, 개발에 사용한 관계로 지금은 물속에 잠겼다.

파트를 만들기 위해서는 정말 많은 골재가 필요했습니다. 모래는 기본이요, 그것을 마감하는 데 필요한 시멘트도 필요했죠. 그럼 그 많은 아파트를 위한 모래는 어디에서 왔을까요? 바로 강변에서 끌어왔습니다. 대동여지도를 보면 한강과 중랑천이 만나는 지점에 넓게 펼쳐진 저자도[6]를 확인할 수 있습니다. 지금의 여의도와 견주어도 손색없을 정도의 크기인 저자도는 모래섬이었습니다. 하지만 아파트 개발이라는 명분으로 그 거대한 모래섬은 지도에서 자취를 감추었습니다. 한강변에서 찾을 수 있었던 모래의 상당수는 오늘날 대부분 아파트의 몸을 이루는 상황이 된 거지요. 그깟 모래 좀 없어졌다고 앓는 소리를 한다고 말씀하실 수도 있겠지만, 하천 생태계의 관점에서 모래톱은 정말 중요한 역할을 한다는 것을 우리는 인지하지 못하는 경우가 많습니다. 이른바 환경에 관한 감수성이 부족하다는 것입니다.

김찬성 —— 정반대 님, 말씀 중에 죄송합니다만 이 대목에서 제 의견을 말씀드려야 할 것 같습니다.

사회자 —— 네, 김찬성 님 반대 의견 잠시 듣고 조금 더 이어 가도록 하죠.

김찬성 —— 정반대 님은 환경의 중요성을 강조하고 계시고, 나아가 환경의 이용 자체가 생태계에 큰 문제라고 보시는 것 같습니다. 저도 큰 흐름에서는 환경이 중요하다고 십분 공감하면서도 말씀드리지 않을 수 없는 것은, 이는 비단 아파트만의 문제가 아니라는 겁니다. 인류가 존속하는 동안에는 필연적으로 환경을 이용할 수밖에 없습니다. 석기 시대로 돌아가자는 식의 원리주의적 입장이 아니라면 제

말에 공감하실 겁니다. 그래서 인간의 필요와 환경의 뒷받침을 승패의 관점이 아닌, 승승의 관점으로 바라볼 필요가 있다는 거죠. 승패의 관점에서 인간은 환경의 절대악입니다. 하지만 승승의 관점에서는 인간이 환경에 적절히 개입하면 인간의 삶과 환경 모두 개선될 여지가 있습니다. 환경 중심으로만 생각하면 그런 시도 자체가 좋지 않겠지만, 어디 그렇지 않은 곳이 있을까요? 결국 지금까지 인류가 일궈 온 수많은 문명이란 게 결국 환경의 이용과 맞물려 있으므로. 대전제를 너무 환경 중심으로만 보시는 것은 무리가 있다고 생각합니다.

정반대 — 김찬성 님은 방금 환경과 인간의 승승 관계를 말씀하셨는데요. 혹시 그런 모델이 가능하다고 보시나요? 특히 아파트와 관련해서요. 아파트라는 주거 양식 자체가 환경에 상당히 부담을 주는 상황을 여전히 인지하지 못하시고 하시는 말씀이라고 생각합니다. 그래서 되묻습니다. 아파트를 짓는 인간과 그것을 뒷받침하는 환경이 어떻게 승승의 구도를 가질 수 있나요?

김찬성 — 정반대 님 말씀대로 사례를 들어 드리겠습니다. 다만 한 가지 먼저 생각을 바꾸실 필요가 있는 게, 인간의 생존은 기본적으로 환경의 일부를 바꾸는 과정을 통해 이루어진다는 대전제입니다. 환경과 독립하여 살아갈 수 없는 문명의 기본 한계를 받아들여야만 제 말씀에 공감하실 수 있으리라 봅니다. 친환경 아파트는 환경 감수성이 날로 증가하고 있는 현시점에서 매우 중요한 논의입니다. 친환경은 문자 그대로 환경의 부담을 줄이기 위한 방편이라 생각하시면 됩니다. 그래서 아파트의 에너지 효율을 향상시키는 방법을 생각하는 것이고, 최적화된 시스템을 구축해 에너지 소비를 줄이는 데 관심을 크게 두고 아파트를 짓자는 것이지요. 그러면 자연스럽게 환경 친화적인 아파트를 만들어 낼 수 있습니다. 이것이 바로 인간과 자연의 승승 구도이죠. 인간도 그리고 자연도 조금씩 양보한다는 개념으로 이해하시면 좋을 것 같습니다.

정반대 —— 사회자 님, 제가 바로 이어 가겠습니다. 얼핏 보면 인간과 환경의 승승 구도로 보이지만 김찬성 님의 말씀에는 아주 큰 한계가 숨어 있는 것 같습니다. 저는 승승의 구도로 보기에는 인간이 이미 너무 많이 가지고 있다는 생각을 지울 수 없습니다. 지금까지 인간이 구축해 왔던 문명, 특히나 산업혁명 이후에 만든 소비 중심의 환경 구도를 친환경이라는 포장지로 가린다고 한순간에 승승의 구도가 될까요? 전 그렇게 보지 않습니다. 시쳇말로 감언이설 정도로밖에 생각되지 않습니다. 진정한 승승 구도는 결국 인간이 성장 지향의 욕구를 줄이는 일에서 시작한다고 봅니다. 아파트를 포기하는 수준의 결단, 성장 지향형 마인드를 과감히 버리고 작은 삶을 실천하려는 의지가 없다면 모든 일은 공염불에 불과할 것입니다. 친환경이라는 것 자체가 어떤 건가요? 결국 에너지를 소비해야만 하는 친환경이 아닌가요? 에너지를 만드는 행위 자체는 결국 환경에게는 부담스러운 일입니다. 제가 서두에 저자도를 사례로 환경에 관한 감수성을 이야기한 까닭이 바로 여기에 있습니다. 우리의 관심을 진심으로 환경으로 돌릴 수 있어야만 지금의 폭주 기관차를 멈출 수 있다고 봅니다.

사회자 ── 네. 두 분의 말씀 잘 들었습니다. 인간과 자연의 승승 구도가
마련될 수 있다는 가능성도 좋았고, 그것 역시 한계가 있다는 반론
역시 만만치 않았던 것 같습니다. 이야기를 듣다 보니, 결국 아파트
가 정말 필요한 주거 유형인지에 관해 여러 생각이 듭니다. 프랑스
지리학자 발레리 줄레조[7]가 우리나라를 방문해 쓴 논문처럼, 소위
아파트 공화국으로 이어지는 주거 유형의 흐름이 괜찮은가에 관한
물음입니다. 이 점에 관해서도 두 분의 의견을 듣고 싶습니다.

프랑스에서 한국 사회를 연
구하는 대표적인 연구자로,
프랑스 고등사범학교(Ecole
Normale Supérieure)에서 지리
학을 전공했다. 서울의 아파
트단지에 대한 연구로 파리
4(소르본)대학에서 박사학위를
받았다.

주제 3
아파트 공화국, 이대로 괜찮은가

김찬성 ── 제가 먼저 말씀을 드리겠습니다. 전 앞서 여러 번 강조했다시
피, 아파트는 첨단의 시대를 위한 최적의 주거 형태라고 생각합니
다. 아파트도 결국 집입니다. 집이 곧 아파트인 시대라도 무엇이 문
제가 될까요? 지금의 대단지 유형이 아니라면, 전 얼마든지 아파트
가 많아져도 괜찮다고 생각합니다. 이 부분은 오랜 인류의 역사를
통해서도 어느 정도 증명된 바가 있습니다. 인류는 최초의 도시를
만든 이후 지금까지 꾸준히 인구 밀도가 높은 도시를 만들어 왔습니
다. 고밀화된 공간은 네트워크의 본산입니다. 접촉 빈도와 기회가
많아지면 자연스럽게 아이디어가 흐르고 창의적인 생각이 꼬리에
꼬리를 무는 일이 잦아집니다. 그런 공간에서라면 많은 사람이 효율

성을 추구할 수 있도록, 그리고 제한된 공간에 더 많은 사람이 밀집할 수 있도록 하기 위해 아파트가 필요합니다. 아파트는 어느 한순간 누군가 뚝딱하고 만든 주거 형태가 아닙니다. 고대 로마 시대의 공동 주거를 아파트의 핵심 원류라고 보는 견해도 바로 이런 흐름 속에서 읽어 낼 수 있지요. 조금 더 세련되게 그리고 더 효율적으로 공간을 조직화하려는 노력에 아파트가 필수라는 것입니다. 그렇게 되면 네트워크를 강조하는 오늘날 더할 나위 없는 경쟁력을 가진 도시가 되지 않을까요?

정반대 — 방금 하신 말씀 중에 가장 문제가 되는 부분이 있습니다. 바로 효율성입니다. 환경 부분에서도 말씀드렸다시피, 효율성만을 추구하려는 태도는 오직 성장만이 지상 과업이라는 말씀으로 들립니다. 인간이 이루려는 스마트 고밀화 도시가 세계적으로 경쟁력이 있다고 하시겠지만, 과연 그런 성장 위주의 생활 패턴이 지속된다면, 지구가 버텨 낼 수 있을까요? 우리는 더 멀리 그리고 더 본질적인 물음에 익숙해져야 합니다. 아파트로 획일화된 주거 공간에는 오직 더 빠르게, 더 멀리, 더 정확하게라는 구호만 남고, 인간은 소거되는 슬픈 현실이 도래할지 모릅니다. 아파트가 효율적인 것은 맞지만, 그것을 얻는 대신 잃어야 할 것도 만만치 않습니다. 아파트 숲으로 변한 도시는 사무용 빌딩과 더불어 모든 경관을 하늘로 치솟은 모습으로 바꿔 버릴 겁니다. 그야말로 회색 도시가 되는 것이지요. 어느 곳을 둘러봐도 뾰족한 빌딩 사이로 비치는 하늘을 제외하면 자연 경관을 바라보기 힘든 곳이 된 지 오래입니다. 햇빛을 보지 못하는 것도 큰 문제점 중 하나입니다. 아파트와 아파트 사이의 간격이 갈수록 좁아지고 있어서 직접 빛을 보지 못하는 문제가 발생할 것이고, 불필요할 정도로 많은 조망권, 일조권 분쟁이 끊이지 않을 겁니다. 층간소음 문제는 이미 오래된 이야기처럼 빈번하고, 이웃이라는 표현이 무색할 정도로 서로를 기피하는 현상, 다시 말해 인간 소외 현상은 스마트 고밀화라는 지상 과제 앞에서 더욱 기승을 부릴 테지요. 우리 인간은 사회적 동물이라 하지 않았나요? 옆집에서 끔찍한 범죄가 일어나도 마치 멀리 떨어진 사람이 바라보듯, 그렇게 길들여질 확률이 높습니다. 정작 우리가 꿈꾸는 삶이 이런 모습일까요?

김찬성 ── 환경적인 부분과 불필요한 논쟁 그리고 인간 소외를 말씀하셨지만, 아파트 구조를 다각화하면 이 역시 충분히 해결할 수 있습니다. 지금까지의 아파트 구조가 문제라는 것이죠. 공동체 의식을 마련할 수 있도록 아파트 주거 문화를 조성하고, 주민들이 합심하여 새로운 아이디어를 도출할 수 있는 구조를 만들어야 합니다. 그동안 도시에서 수많은 사건사고와 전염병이 있었음에도 갈수록 고밀화되고 있는 역사적 흐름을 간과해서는 안 됩니다. 어려움은 지혜를 모아 해결하고 나아가 그것을 통해 지난 잘못을 되풀이하지 않으려는 의지가 더욱 중요한 문제라고 봅니다. 저는 사피엔스 정도의 지능을 가진 집단이라면 해결하지 못할 문제는 없다고 생각합니다. 화성 거주 시대를 목전에 두고 있는 인류의 문제 해결 능력을 보더라도, 고밀화에 따른 현안 과제 정도는 충분히 해결할 수 있습니다. 제가 줄곧 말씀드렸듯, 시스템을 더욱 정교하게 다듬으면 아파트 획일화에 따른 문제를 역으로 더욱 좋은 방향으로 이끌 수 있습니다. 정반대 님은 자꾸 아파트를 승패의 관점으로만 보셔서, 승승의 가능성을 외면하시려는 모습을 보여 안타깝습니다.

정반대 — 아니요, 그렇지 않습니다. 아파트 공화국 이대로 괜찮지 않다는 뜻입니다. 스마트, 고밀화, 효율화 등의 용어만 들어도 벌써부터 그 과정에서 희생되어야 할 환경은 물론, 인간 사회 내에서의 다양성의 문제도 걱정스럽습니다. 어떤 지역의 브랜드 아파트는 주소를 대는 것 자체로 사회적 계층을 암시하죠. 그 사람의 경제력을 대변하기도 하고요. 하지만 그렇지 못한 경우라면 어떨까요? 제가 말씀드리고 싶은 것은 아파트가 삶의 기쁨과 추억을 공유해야 할 집이 아닌 경제적 수단에 불과하다는 한계에 관한 근본적인 회의입니다. 집은 유년 시절부터 가족 모두가 공유해야 할 소중한 장소성을 가지고 있습니다. 하지만 아파트에서는 결코 그런 것을 누릴 수 없습니다. 돈은 살아갈 때 필요한 수단이지 결코 목적이 되어서는 안 되는 것과 이치가 같습니다. 하지만 앞서 말씀하신 용어들에 비춰 볼 때, 김찬성 님은 결국 경제적 성장 논리에서 한 발짝도 앞으로 나가지 못하신 것 같습니다. 집이 목적이 아닌 수단이 될 때, 높은 삶의 질은 결코 기대할 수 없습니다. 그런 공간에서 우리는 어떤 꿈을 꾸고 미래를 그릴 수 있을까요? 바로 아파트에서요.

마무리 발언

사회자 —— 아파트에 관한 팽팽한 두 분의 말씀을 들으면서, 하나의 주거 환경이 우리 삶에 미칠 수 있는 여러 각도의 시선을 이해하게 되었습니다. 아파트, 과연 어떻게 바라봐야 할까요? 이번 대화를 시작으로 저 역시 꾸준히 고민해 보겠습니다. 다양한 시선을 제공해 주셔서 두 분께 진심으로 감사의 말씀을 전합니다. 마무리 발언 한마디씩 듣고 오늘 토론 마치도록 하겠습니다.

정반대 —— 네, 저 역시 김찬성 님과 이야기를 나누면서 몇 가지를 다시 생각해 보게 되었습니다. 제가 지금까지 줄곧 생각해 왔던 대단지 아파트 말고도 색다르게 변용할 수 있는 아파트의 가능성, 그리고 환경적인 면에서도 아파트가 어느 정도 기여할 수 있는지를 알게 된 소중한 대화였습니다. 그러함에도 아쉬운 것은 벗어날 수 없는 주거 환경에 관한 몰이해입니다. 인간은 한 번 나고 죽습니다. 우리가 생활하는 주거 환경을 소중하게 대해야 하는 이유이지요. 이 부분을 너무 쉽게 간과한다면 결국 우리 삶, 나아가 지구 환경은 우리에게 두 번의 기회를 주지 않을 것입니다.

김찬성 —— 네, 저 역시 여러 측면에서 많은 생각을 나눌 수 있었습니다. 특히 정반대 님의 환경에 대한 사랑과 인류애에 큰 감명을 받았고요. 가장 인상적이었던 것은 제가 성장의 논리에 지나치게 치우쳐 있다는 일갈이었습니다. 이 부분에 관해 조금 더 깊이 고민해 보겠습니다. 하지만 성장이 멈추면 곧 죽음에 이릅니다. 인간으로 치면

노화가 시작되는 셈이죠. 인간이 만든 대부분의 환경도 이와 다르지 않다고 봅니다. 우리는 도전하고 성취하며 앞으로 나아가야 합니다. 아파트도 그렇죠. 지금의 아파트 모습이 아닌 미래의 아파트를 보면서 두 마리 토끼를 모두 잡을 수 있는 가능성과 기회에 초점을 두는 것이 현실적으로 더욱 중요한 판단이라고 생각합니다.

네덜란드 로테르담 어반 캑터스

네덜란드의 항구도시 로테르담에 가면 인상적인 아파트를 만날 수 있습니다. 보통의 아파트라면 콘크리트 건물의 공간 사이에 인공 정원을 놓는 것이 일반적이지만, 이곳은 다릅니다. 어반 캑터스Urban Cactus는 아파트 주민이 가장 크게 불만을 제기했던, 녹지 공간이 풍성한 마당이 없다는 문제점을 적극적으로 개선해 주거의 질을 한껏 높인 곳으로 평가받습니다. 이곳에 거주하면 도시 거주자로서 프라이버시를 인정받을 수 있고, 확장형 정원에서 바비큐 파티를 열거나 텃밭을 가꿀 수 있습니다. 어반 캑터스는 효율적인 원형 타워를 중심으로 1층에는 생활에 필요한 다양한 상업 시설이 입지하고 있으며, 나머지 층에는 사람이 거주합니다. 수직적이되 수평적인 삶의 공간을 가질 수 있는 효

▲ 네덜란드 어반 캑터스의 전경
출처: https://www.aemsen.com/

과가 매력적이지요. 또 층마다 획일화되지 않은 평면 구조를 지니고, 마당의 역할을 하는 베란다의 크기도 모두 달라 자칫 지루해질 수 있는 환경 분위기를 색다르게 만들어 줍니다. 어반 캑터스는 획일화된 주거 문제를 적극적으로 해결하고자 노력한 아이디어의 총체로 상상의 영역을 현실 세계에 들인 색다른 아파트라는 면에서 많은 나라의 관심을 받고 있습니다.

아파트 공화국, 이대로 괜찮은가

1. 한국 아파트 주거 환경에 관한 토론 내용을 보고, 각 주장에 대한 근거를 정리해 적어 보세요.

아파트 공화국, 이대로 괜찮은가?

긍정적이다   부정적이다

아파트는 지속가능한
주거 양식인가?

아파트는 환경과
어떤 관계가 있는가?

아파트 공화국,
이대로 괜찮은가?

2. 주거 양식으로서 아파트에 관한 본인의 입장을 정리해 보세요.

· 쟁점 5 ·

다문화 Multiple Cultures

― 늘어나는 외국인, 우리 삶의 공간에서는
어떤 변화가 나타날까

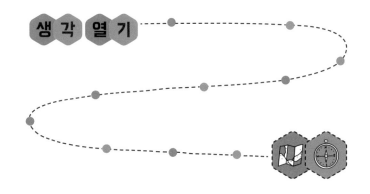

요즘 TV 프로그램과 유튜브 등에는 우리나라에 체류 중인 외국인들이 등장하는 경우가 무척 많습니다. 2000년대 이전만 하더라도 외국인은 가끔 TV에서나 볼 수 있는 존재였지만, 지금은 길을 걷다가도 종종 마주치고는 하죠. 실제로 1990년에 약 2만여 명이던 국내 체류 외국인이 2020년 기준 약 200만 명에 달할 만큼 많아졌습니다.

이에 따라 외국인이 국내에서 만나 교류하는 공간인 '다문화 공간'도 여러 곳에 형성되고 있습니다. 다양한 지역 출신의 외국인이 늘어나면서 만들어진 '다문화 공간'은 국적이나 종교 등의 문화적 배경이 비슷한 이주자들이 일정한 지역에 모여 정보를 교환하고 문화를 공유하는 장소입니다. 문화적 배경이 비슷한 이주자들이 모여 문화를 공유하면서 자연스레 낯설고 독특한 경관이 만들어지기도 합니다. 평소 주변에서 보기 어려운 다른 국가의 문화 경관을 만날 수 있다 보니 내국인들도 다른

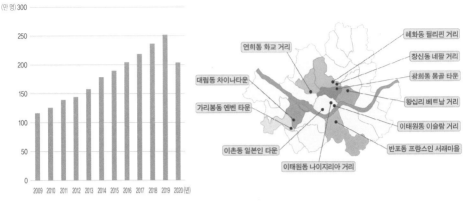

(만 명) 300

250

200

150

100

50

0

2009 2010 2011 2012 2013 2014 2015 2016 2017 2018 2019 2020 (년)

▲ 국내 체류 외국인의 변화
*단기 체류 외국인을 포함한 국내 체류 외국인의 총합임

혜화동 필리핀 거리
장신동 네팔 거리
광희동 몽골 타운
왕십리 베트남 거리
이태원동 이슬람 거리
반포동 프랑스인 서래마을

연희동 화교 거리
대림동 차이나타운
가리봉동 옌볜 타운
이촌동 일본인 타운
이태원동 나이지리아 거리

▲ 서울의 주요 다문화 공간

국가의 문화나 음식을 즐기고 싶을 때 방문하게 되지요. 이런 '다문화 공간'은 이주자의 문화와 우리나라의 문화가 공존하는 독특한 공간입니다.

경기도 안산의 다문화 거리나 서울시 대림동, 가산동 일대, 용산구 이태원동 일대가 다문화 공간의 대표적인 사례입니다. 특히 국내 최초로 다문화 마을 특구로 지정된 안산의 외국인 인구는 안산 전체 인구의 10%가 넘을 정도로 많아서, 지역에 거주하는 외국인 주민을 지원하기 위해 외국인 전담 부서를 신설하고

▲ 한국어보다 많은 외국어 간판을 달고 있는 안산 다문화 거리의 모습
출처: 경기도청

▲ 국내 이슬람 사원 건립 논란

외국인 주민센터를 여는 등의 노력도 나타나고 있습니다. 이와 같은 다문화 공간에서는 한글 간판만큼이나 외국어로 표기된 간판을 쉽게 볼 수 있고, 주말이 되면 고향 친구들을 만나기 위해 찾아온 수많은 이주자로 붐비기도 합니다.

그러나 모든 이가 긍정적인 시각으로 다문화 공간을 바라보는 것은 아닙니다. 이들 지역의 '낯선' 풍경을 경계하는 경우도 많지요. 때로는 영화, TV 드라마 등에서 이런 다문화 공간을 '범죄의 온상'이나 '치안 불안 지역', 또는 '슬럼'으로 묘사하는 일이 종종 일어나기도 합니다. 다문화 공간을 처음 방문하는 이들은 TV 드라마나 영화에서 묘사된 것을 떠올리며 두려움을 가지고 이곳을 찾기도 하지요. 또 이들 지역을 둘러싸고 외국인 이주민과 기존 주민의 갈등이 첨예하게 나타나는 경우도 있습니다. 우리 주변에 외국인이 많아진 만큼, 다문화 공간과 외국인 이주자를 둘러싼 갈등이 다양한 형태로 나타나고 있습니다.

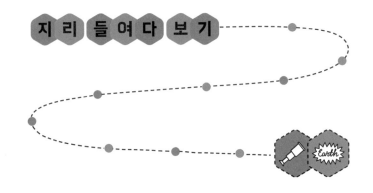

우리나라는 1990년대 이후 외국인이 많이 유입되기 시작했습니다. 그 첫 번째 이유는 교통과 통신이 발달하면서 자본·노동력 등이 국경을 넘나드는 세계화가 빠르게 진행되었기 때문입니다. 교통 발달에 따라 이전에는 쉽사리 오기 어려웠던 지역에서도 우리나라에 쉽게 접근할 수 있게 되었고, 인터넷 통신망에서 한국에 대한 정보를 이전보다 쉽고 빠르게 접할 수 있게 되었습니다. 특히 우리나라의 문화 콘텐츠를 접한 다른 나라의 외국인들이 우리나라에 점차 많은 관심을 가지게 되었지요. 우리나라와 다른 지역의 교류가 늘어나면서, 한국에 관심을 가지고 찾아오는 외국인 이주자들도 증가한 것입니다.

두 번째 이유는 경제 성장에 따른 임금 수준의 상승 때문입니다. 우리나라 경제가 점차 성장하면서 생산직 근로자의 임금 수준이 상승하였습니다. 이에 따라 1990년대 이후, 우리나라보다 임금 수준이 낮은 개발도상국과의 임금 격차가 벌어지면서 외국인 인력이 유입되기에 유리한 상황이 되었습니다. 또 생활 수준이 전반적으로 향상되면서 3D 업종[1]에 대한 기피 현상이 심화되었고, 이에 따라 중소기업을 중심으로 인력난이 나타나기 시작했습니다. 인력난이 점차 심해지자 임금 수준을 올리기 어려운 일부 중소기업을 중심으로 외국인 노동력에 대한 수요가 늘어나기 시작했지요.

외국인 노동력에 대한 수요가 점차 늘어나면서, 정부는 외국인 근로자를 받아들이기 위한 제도를 마련하기 시작했습니다. 이에 따라 1991년, 중소기업의 인력난을 해소하고 개발도상국 출신 외국인에 대해 기술을 연수할 목적으로 '산업연수 제도'가 도입되었습니다. 외국인들이 우리나라의 산업 현장에서 '연수생'의 신분으로 선진 기술을 배워 가도록 하고, 우리나라 중소기업은 인력 부족 문제를 해결하는 국가 간 상호 협력 제도이지요. 그러나 산업연수생 제도가 가진 몇 가지 맹점으로 인해 외국인 산업연수생의 인권이 보호되지 못하는 사례가 다수 나타나게 되었고, 이에 따라 2003년에 「외국인근로자의 고용 등에 관한 법률」이 제정되어 2004년부터 외국인 근로자에 대한 '고용허가제[2]'가 시행되었습니다. 2007년에는 '방문취업제'를 실시하여 외국 국적 동포가 국내에 취업하여 일할 수 있도록 하였습니다.

이와 같은 제도적 변화에 힘입어, 1990년대 이후 국내 체류 외국인이 급격히 증가하여 2020년에는 200만 명에 달하였습

힘들고, 위험하고, 더러운 직종의 일을 뜻하는 Difficult, Dangerous, Dirty를 합쳐 부르는 말로, 주로 현장 생산직이나 노동직, 청소업 등이 이에 해당된다.

고용허가제는 국내 인력을 구하기 어려운 기업이 외국인 근로자를 합법적으로 고용할 수 있도록 정부에서 외국인 근로자 도입을 관리하는 제도를 뜻한다. 기업에서는 정부로부터 고용 허가서를 발급받아 합법적으로 외국 인력을 고용할 수 있다.

니다. 단기 체류 외국인을 제외한 국내 체류 외국인의 1/4 이상은 외국인 근로자입니다. 이들은 주로 중국, 동남아시아, 남아시아 등의 지역으로부터 유입되어 제조업과 도·소매업 및 숙박·음식점업에 종사하는 경우가 많습니다. 우리가 일상생활에서 사용하는 물건 중 많은 것이 이들의 손에서 만들어지고, 우리가 일상적으로 방문하는 식당에서도 이들의 노동 덕분에 질 좋은 서비스를 저렴하게 이용할 수 있지요.

한편, 세계화에 따라 국경을 넘나드는 일이 이전보다 수월해지면서 유학·국제결혼 등도 점차 증가했습니다. 특히 1960년대 이후 이촌향도가 진행되면서 심화된 촌락 지역 결혼 적령기 인구의 성비 불균형, 결혼에 대한 가치관의 변화는 국제결혼이 증가하는 데 큰 영향을 끼쳤습니다. 이에 따라 1990년대 이후 국제결혼 건수가 큰 폭으로 증가하였습니다. 최근 국제결혼은 도시와 촌락 모두에서 많이 나타나지만, 지역 내 혼인 건수 중

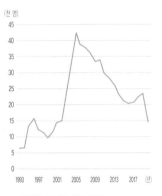

▲ 외국인과의 혼인 건수 변화

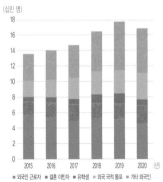

▲ 유형별 외국인 주민의 변화

국제결혼이 차지하는 비율은 청장년층이 적은 농촌 지역에서 더 높게 나타납니다. 그러다 보니 농촌 지역에서는 국제결혼을 통해 우리 사회에 정착한 결혼 이민자들이 지역사회에 없어서는 안 될 중요한 존재로 자리매김하기도 했습니다.

2020년 기준 외국인 근로자, 결혼 이민자 등 우리나라에 거주하는 외국인 주민의 60% 이상은 수도권에 거주하고 있습니다. 우리나라 총인구에서 수도권이 차지하는 비율이 약 50% 정도임을 감안하면, 외국인 주민의 수도권 집중률이 더 높다는 것을 알 수 있지요. 이는 외국인 노동력에 대한 수요가 많은 중·소규모 제조업과 서비스업이 수도권에 발달해 있기 때문입니다.[3]

이처럼 외국인 근로자와 결혼 이민자, 유학생 등 외국인 이주민들이 증가하면서 우리나라의 각 지역에 인종(민족)적·문화적 배경이 점차 다양해지는 변화가 나타나고 있습니다. 이 과정에서 만들어지는 '다문화 공간'을 둘러싸고 여러 갈등이 빚어지기도 하지요. 지금부터 외국인 이주자들이 증가하며 나타나는 여러 변화에 대해 논의해 보도록 하겠습니다.

수도권 다음으로는 영남권, 충청권 순으로 이국인 주민이 많고, 촌락 지역의 인구 비율이 상대적으로 높은 호남권과 강원권에서는 지역 내 외국인 주민 중 결혼 이민자가 차지하는 비율이 다른 지역에 비해 높게 나타난다.

늘어나는 외국인, 우리 삶의 공간에서는
어떤 변화가 나타날까

우리나라에 자리 잡는 외국인 이주민은 점점 늘어날 것으로 예상된다. 이에 따라 다문화 공간도 점점 확대되거나 진화하게 될 것이다. 늘어나는 외국인 이주민들과 함께 공존하며 살아갈 방법에 대해 우리 사회는 얼마만큼 준비하고 있을까? 그리고 이들과 함께 살아가는 '다문화 공간'을 우리는 어떻게 바라보아야 할까?

사회자 —— 외국인 이주자들이 점차 늘어나면서 우리나라가 다문화 사회로 변화하고 있다는 의견이 많습니다. 또 그들이 형성하는 다문화 공간을 둘러싼 갈등도 나타나고 있습니다. 이와 같은 현상을 어떻게 바라보아야 할지, 두 분을 모셔 논의해 보는 자리를 마련했습니다.

한국인 —— 논의를 시작하기에 앞서, '외국인'의 범위에 대한 전제를 확인하는 것이 순서일 것 같습니다. '외국인 이주자'는 어디까지일까요? 한국에서 태어나 미국에서 미국 시민으로 사는 동포가 외국인일까요, 중국에서 태어나 한국에서 일하는 동포가 외국인일까요? 혹은 일본에서 태어나 한국 국적을 취득한 사람이 외국인일까요? 외국인 부모님이 한국에서 낳아서 기른 자녀가 외국인일까요? 우리가 누군가를 '외국인 이주자'라고 부르는 기준은 무엇일까요? 그 기준이 혈연인지, 피부색인지, 국적인지, 사용 언어인지, 세금 납부 여부인지……. 여러 기준이 존재할 수 있을 것 같습니다. 정부에서도 통계를 작성할 때와 세금을 부과할 때 등 상황에 따라 외국인을 규정하는 방법이 조금씩 달라지기도 합니다. 그렇다면 여기서는 '외국인 이주자'를 어떻게 규정하고 논의하는 것이 좋을까요?

사회자 ── 말씀하신 대로 누구를 '외국인 이주자'라고 하는지 여러 가지 경우가 존재할 수 있겠군요. 여기서는 명확한 논의를 위해, 통계 작성에서 널리 쓰이는 기준을 준용하여 한국 국적을 취득하지 않고 90일 이상 한국에 체류하는 외국 국적 주민만을 '외국인 이주자'로 부르기로 하겠습니다.

나대한 ── 네, 외국인 이주자를 어떻게 규정하는지에 따라 같은 쟁점도 서로 다르게 해석될 여지가 있습니다. 따라서 여기에서는 말씀하신 대로 통계 작성의 기준에 따라 외국인 이주자를 정의하고 논의하는 것이 좋겠습니다. 외국인 이주자가 유입되면서 사회를 구성하는 문화적·인적 구성이 다양해지는 것은 사회 발전을 위해 바람직한 현상으로 볼 수 있습니다. 그러나 한편으로는, 우리 사회가 기존에 공유하던 고유의 문화나 정체성이 무엇인지에 대해 고민하게 만들기도 하지요. 경우에 따라 '우리'를 규정하는 정체성이 무엇으로부터 오는지에 대해 사회 구성원을 충분히 설득할 수 없다면, 우리의 정체성에 대한 위협이 될 수도 있을 것입니다.

한국인 —— 타당한 지적입니다. 우리나라가 다문화 사회로 이행되는 과정에서 '우리의 정체성'을 어디에서부터 찾아야 할지에 대해 고민하는 과정이 있을 수밖에 없습니다. 과거에는 '혈연'이 중심이 된 민족적 토대를 우리 사회가 가진 정체성의 뿌리라고 보았습니다. 그러나 점차 우리 사회의 문화적·인적 구성이 다양해지면서 '우리 민족'이라는 표현보다 '우리나라 사람'이라는 말로 정체성을 통합하고 있습니다. 일례로 2011년부터 국기에 대한 맹세와 입영 선서에서 '민족'이라는 표현이 삭제된 것을 들 수 있지요. 우리 사회의 정체성을 재정립하려는 노력의 과정을 거치며 우리 사회도 다양성을 포용하는 사회로 진전될 것입니다.

사회자 —— 외국인 이주자가 늘어나며 우리 사회의 정체성을 재정립하려는 노력이 나타나고 있었군요. 그런데 인적·문화적 다양성의 증가가 사회 발전에 바람직한 현상이라는 것에 대한 근거가 궁금합니다. 이에 대해서 자세히 설명해 주실 수 있을까요?

한국인 —— 이에 대해서는 제가 설명하겠습니다. 다양한 배경을 지닌 외국인 이주자들이 유입되면, 우리 사회에 다양한 문화적 토대를 지닌 주체가 늘어나는 것이기도 합니다. 예컨대, 베트남 출신 이주민은 우리 사회에서 베트남 문화 및 언어에 능숙한 인적 자원이 되는 셈이지요. 우리나라와 베트남이 교류할 때나 베트남 사회에 한국에 대한 이해를 높일 필요가 있을 때, 이들은 우리의 중요한 인적 자원으로서 큰 역할을 할 수 있습니다. 다른 지역에 대한 이해 수준이 높아짐에 따라, 세계화 시대에 다른 지역과 교류하고 협업하기 유리한 토대가 마련되는 셈입니다. 이는 국가 경쟁력 강화에도 도움이 됩니다. 특히 우리나라에 유입되는 외국인 이주자들이 아시아 개발도상국 출신인 경우가 많으므로, 이들을 통해 개발도상국의 성장을 지원하며 세계 10위권의 경제 규모에 걸맞게 국제 사회에 기여할 수 있습니다.

나대한 — 동의합니다. 그러나 한편으로는 다양한 인적·문화적 배경을 지닌 구성원이 늘어나면서, 문화적 이질감에 의해 여러 종류의 갈등이 발생할 우려가 생기는 점도 간과할 수 없습니다. 예컨대, 우리나라와 쓰레기 배출 방식이 다른 지역에서 온 외국인 이주자가 우리나라에 적응해 살아가는 과정에서 '쓰레기를 함부로 버리는 사람'으로 오인되고 지역사회에서 갈등이 빚어진 사례가 있습니다. 또 종교, 피부색 등이 다른 외국인 이주자에 대해 경계하는 시선이 이들에게 상처를 주는 일이 벌어지기도 합니다.

사회자 — 네, 외국인 이주자의 유입이 늘어나는 현상은 양면성을 지니고 있군요.

주제 1
외국인 이주자의 증가는 우리 사회에 어떤 영향을 끼치는가

사회자 — 지금까지 다문화 사회로의 이행을 어떻게 바라보아야 할지 논의해 보았습니다. 그럼 지금부터, 외국인 이주자 증가가 우리 사회에 어떤 영향을 미치는지 본격적으로 논의해 보도록 하겠습니다.

한국인 — 늘어나는 외국인 이주자들은 우리나라 곳곳에서 여러 가지 형태로 우리 사회에 기여하고 있습니다. 특히 외국인 근로자들은 노동력 부족에 시달리는 중·소규모 제조업체와 서비스업에 주로 종사하며 노동력 부족 문제를 해소하는 데 큰 도움이 되고 있지요. 3D 업종에 대한 기피가 심한 요즘, 이에 해당하는 산업체에서는 외국인 근로자가 없으면 생산 활동을 유지하기 어려운 경우도 많습니다. 이들이 있어 우리나라의 중·소규모 제조업체와 영세한 서비스업체가 유지되고, 국내 제조업 일자리와 산업 생태계가 유지되지요. 또 이들의 임금 수준이 내국인에 비해 낮아 생산 비용을 절감할 수 있어 산업 경쟁력에도 도움이 됩니다. 세계화에 따라 국경을 넘나들며 기업 간 경쟁이 치열해지는 요즘, 우리나라 제조업의 가격 경쟁력을 확보하기 위해서도 이들의 기여가 반드시 필요합니다.

나대한 — 외국인 근로자가 국내 산업 경쟁력 강화에 도움이 되는 것은 분명한 사실입니다. 그러나 외국인 근로자가 낮은 임금으로 우리나라 제조업체에서 일하는 만큼, 내국인 노동자들이 일자리를 얻기 어려워지는 측면이 있습니다. 중·소규모 제조업체의 산업 경쟁력을 확보해 일자리가 확대된다 하더라도, 그 과실을 내국인들이 얻기보다 낮은 임금을 받는 외국인 이주민들이 가져가게 되는 경우가 많다는 의미입니다. 그래서 해당 분야 내국인 근로자들의 생활 여건이 점차 악화되는 결과를 가져올 수 있습니다. 더구나 중·소규모 제조업체와 3D 업종의 경우, 연령이 비교적 높은 내국인들이 젊은 외국인 근로자에게 밀려나는 현상이 나타나기도 하지요. 그러다 보면 장기적으로 제조업 분야의 기술과 노하우가 다음 세대로 연결되는 데 어려움이 생기지 않을까요? 외국인 근로자가 자국으로 돌아가면, 해당 제조업의 노하우를 지닌 내국인 인력이 남아 있지 않아 장기적으로 경쟁력을 유지하기 어렵다는 의미입니다. 이런 상황이라면 외국인 이주자들이 국내에 들어와 일하는 것이 결코 내국인들에게 도움되는 일이라고만은 할 수 없습니다.

사회자 — 두 분 말씀 모두 일리가 있습니다. 외국인 근로자가 있어 산업 경쟁력이 확보되고, 많은 이가 저렴하게 재화와 서비스를 이용할 수 있게 됩니다. 하지만 이로 인해 외국인 근로자와 일자리 경쟁을 해야 하는 분야에서는 내국인 일자리가 위협받고 임금 상승이 제한되기도 하지요. 또 장기적으로 기술 및 노하우의 세대 전승에 어려움이 생기기도 합니다. 그렇다면 외국인 근로자를 받아들이는 데 있어 신중을 기해야 하는 걸까요?

한국인 — 물론 외국인 근로자가 늘어나면서 생기는 부작용이 전혀 없다고 할 수는 없습니다. 그러나 이것은 이미 선택의 문제가 아닙니다. 인력난에 시달리는 중·소규모 제조업체들이 외국인 노동력을 이용하기 어려워진다면, 개발도상국으로 생산 공장을 이전하거나 폐업을 하게 되는 상황도 생길 수 있지요. 이 경우 국내 일자리가 축소되는 문제가 나타날 뿐만 아니라, 우리나라에서 산업 공동화[4]가 발생할 수도 있습니다. 농촌에서 이미 외국인 근로자는 필수적인 존재입니다. 우리 사회는 점차 고령화되고, 특히 농촌 지역에서의 고

4
제조업이 생산 공장을 해외로 이전하면서 국내의 생산 여건이 저하되어 산업이 쇠퇴하거나 서비스업과 유통업 중심으로 재편되는 현상을 뜻한다.

령화가 가파르게 진행되면서 심각한 노동력 부족 문제가 나타나고 있습니다. 농촌 지역에서 일하는 외국인 근로자가 사라지게 된다면, 당장 우리가 먹는 식자재들이 조달되기 어려운 상황에 놓일 수 있습니다. 외국인 근로자 없이 고령화된 농촌의 노동 인력만으로 농산물을 재배한다면 식탁 물가가 오르는 것도 불 보듯 뻔한 일입니다.

나대한 —— 우려하시는 지점에 대해서 어느 정도는 공감합니다. 그러나 외국인 노동력에 지나치게 의존하는 산업 구조는 지속가능하지 않습니다. 향후 우리나라의 경제 성장이 둔화되거나 외국인 근로자의 모국 경제가 성장하게 되어 임금 격차가 줄어들면, 국내 제조업의 핵심 인력으로 자리 잡았던 외국인 근로자들이 유출되어 경제 성장 동력이 상실될 우려가 큽니다. 또 최근 코로나19 등의 감염병 확산으로 인해 국제 교류가 제한되면서 농촌에 외국인 근로자가 들어오지 못해 농사를 포기하게 된 사례가 발생하기도 했지요. 외국인 노동력에 대해 지나치게 의존하는 현재의 상황은 매우 우려스럽습니다.

한국인 —— 외국인 이주자들을 우리 사회에서 '언제든 쉽게 빠져나갈 사람'으로 인식한다면, 말씀하신 내용이 맞다고 생각할 수도 있겠습니다. 그러나 세계화에 따라 우리가 세계 여러 나라에 진출하는 것이 쉬워진 만큼, 외국인 노동력이 국내에 유입되고 빠져나가는 현상도 쉬워지는 것이 당연합니다. 자연스러운 현상으로 받아들이되, 이들이 우리 사회에 잘 정착하여 우리 사회의 구성원이 되어 사회의 발전에 이바지할 수 있는 방법에 대해 고민하는 것이 훨씬 바람직할 것 같습니다. 또 외국인 인력에 의존하는 산업 구조가 지속가능하지 않다는 점에도 동의하지만, 그것은 외국인 노동자의 책임이라고 보기 어려우며 외국인 노동 인력을 받지 않는다고 해서 해결될 수 있는 문제도 아닙니다. 저출산과 고령화가 지속되는 우리나라에서 각 산업의 노동 인력 수급을 위한 장기적인 계획이 마련되어야 하며, 이를 실천하는 방안을 다각도로 모색하여 산업 구조 개선에 나서는 것이 현실적인 방안 아닐까요? 이렇게 이주민들이 늘어나 외국인력이 필수에 가까운 상황이라면 그들의 수용을 용이하게 하고, 국가 재정과 지역 공동체 발전에 기여하는 방안을 모색하는 것이 좀 더 건설적인 방안이 아닐까 합니다. 외국인 인력이 우리나라에서 일하며 국가 경쟁력을 높이는 데 기여하고, 이와 같은 직간접적 재정 기여를 바탕으로 국민 전체의 복지 수준 향상을 위해 노력해야 한다고 봅니다. 그러면 상대적으로 이들과 경쟁 관계에 놓인 내국인 근로자들의 어려움도 개선되지 않을까요? 외국인 근로자들이 이미 건강보험 등의 재정에 크게 기여하고 있는 측면이 그 사례입니다. 상대적으로 젊은 노동자의 비율이 높은 외국인 인력이 건강보험 재정에 기여하는 바에 비해 혜택을 누리는 측면이 매우 적어 이에 대한 개선이 요구될 정도입니다.

사회자 ── 외국인 근로자를 받아들이면 해당 분야 산업의 지속가능성을 담보하기 어려워 외국인 인력에 지나치게 의존하는 것에 대해 우려스럽다는 입장과 이 문제는 우리가 선택할 수 없으며 겪어야 할 과제이자 국가 발전 및 국민 복지 수준 향상을 위한 기회라고 보는 입장 모두 들어 보았습니다. 그런데 외국인 이주민 중 외국인 근로자가 높은 비율을 차지하는 것은 사실이지만, 이것만이 우리 사회에 미치는 영향의 전부는 아닙니다. 외국인 이주민의 증가가 우리 사회에 미치는 다른 측면의 영향은 없을까요?

한국인 — 아시다시피 우리나라의 출산율이 세계적으로도 손꼽을 만큼 낮아 저출산 현상이 심각하게 나타나고, 이에 따른 고령화도 빠르게 진행 중입니다. 그러나 외국인 이주민들의 경우 20~49세의 비율이 전체 외국인 중 50% 이상을 차지하고 있을 만큼 젊은 인구 구조가 나타나지요. 따라서 대체로 젊은 인구 비율이 높은 외국인 이주민들이 유입되면, 급격하게 빨라지는 노년층 인구 비율 증가 속도를 늦추는 효과가 있습니다. 저출산으로 인해 나타나는 노동력 부족 문제를 완화하는 데 외국인 근로자가 이미 기여하고 있고, 또 지속적인 인구 유출로 지역 공동체 유지에 어려움을 겪고 있는 촌락 지역에서도 결혼 이민자가 지역 공동체 유지에 크게 기여 중이지요. 이들 중 일부는 한국 국적을 취득하며 우리 사회의 당당한 일원으로 뿌리내리고 있기도 합니다. 젊은이들이 지속적으로 유출되어 노동력 부족, 세대 간 문화 전승 단절, 생활 기반 시설 노후화 등의 정주 여건 악화 문제가 심각한 촌락 지역에서 국제결혼을 통해 정착한 결혼 이민자와 같은 외국인 이주자가 없었다면, '지방 소멸' 문제와 이로 인해 지역 공동체 고유의 문화가 사라지는 현상이 더욱 빠른 속도로 나타났을 것입니다.

나대한 — 저출산과 고령화가 심화되는 우리나라의 상황에서 외국인 이주민들이 인구 구조 변화에 따른 충격을 완화시켜 주고 있는 측면은 부정할 수 없습니다. 또 우리 사회에 정착 중인 결혼 이민자 등의 외국인 이주자들이 촌락 지역에서 지역 공동체를 유지시키고 지역 문화의 세대 전승에 크게 기여하고 있는 측면 또한 인정합니다. 그러나 이미 지속적인 인구 유출로 지역 공동체 해체 위기에 놓여 있는 촌락 지역이 많고, 이로 인한 '지방 소멸' 문제가 가시화되고 있는 지금의 상황에서 외국인 이주민들의 유입만으로 이 문제를 막을 수 없는 것도 현실입니다. 다시 말해 외국인 이주민들이 이 충격을 완화하는 데 일부 기여할 수는 있지만, 촌락 지역 공동체가 해체되는 것을 막는 효과를 고려해 외국인 이주자들의 수용을 확대하는 것은 임시방편에 불과하다는 이야기입니다. 촌락 지역에 유입된 외국인 이주자들 역시 악화된 정주 여건으로 인해 도시로 유출되는 경우가 많을 것이기 때문입니다. 촌락 지역의 정주 여건을 개선하면서 인구 유출을 막는 방법을 모색하는 것이 '지방 소멸' 문제에 대응하는 본질적인 방법인 셈이죠. 아울러 외국인 이주자들이 촌락 지역 공동화 문제 완화에 기여하는 측면만큼이나, 이들의 유입으로 인해 나타나는 문화적 갈등도 무시할 수 없는 수준입니다. 우리나라와 결혼 풍습이 다른 베트남 여성이 한국 남성과 결혼한 뒤 지참금인 납빙納聘[5]을 둘러싸고 갈등한 사례나, 한국과 다른 국가 출신의 국제결혼 가정에서 친족과의 관계를 둘러싸고 갈등이 빚어진 사례 등이 이에 해당합니다. 이 점을 고려할 때 외국인 이주자의 유입이 우리나라 인구 문제 해결에 도움이 되는 측면만큼이나 문화적 갈등 또는

베트남의 결혼 풍속의 일종으로, 신랑이 신부 측에게 선물을 포함한 예물을 보내는 일

외국인 이주자에 대한 인권 문제 등 다양한 문제가 발생되는 점 또한 주목해야 할 것입니다.

다문화 사회를 맞이하는 우리의 현실은

사회자 — 말씀하신 바와 같이, 외국인 이주자들의 유입으로 나타나는 문화적 갈등을 보여 주는 사례가 매우 많습니다. 그러면 다문화 사회를 맞이하는 우리나라가 이를 잘 준비하고 있는지 진단해 볼 필요가 있을 것 같습니다. 이에 대해 어떻게 생각하십니까?

한국인 — 안타깝게도 우리나라에 외국인 이주자들이 본격적으로 유입되기 시작한 지 30년이 넘었음에도 불구하고, 이들과 함께 어울려 살아가기 위한 준비가 아직도 매우 부족한 실정입니다. 이는 외국인 이주자와 그 자녀가 직면한 차별적 현실을 토대로 충분히 확인할 수 있습니다. 일례로 2018년에 실시된 전국다문화가족실태조사 결과에 따르면, 결혼 이민자 및 기타 귀화자의 30.9%가 외국 출신이라는 이유로 차별받은 경험이 있다고 밝히고 있습니다. 직장이나 일터에서 차별을 받은 경우가 가장 많으며, 거리나 동네, 상점이나 음식점 등 일상적 생활 공간에서도 차별을 경험했다고 응답한 사례 역시 적지 않습니다. 공공기관이나 학교 등에서 차별받은 경우도 각각 21.4%, 30.3%여서 외국인 이주자들이 동등한 우리 사회의 구성원으로 지낼 수 있도록 지원해야 할 최소한의 선이라 할 수 있는 공적 영역조차 외국인 이주자에 대한 차별 문제로부터 자유롭지 않은 것이 우리의 현실입니다. 뿐만 아니라 같은 조사에서 다문화 가정 자녀가 학교폭력 피해를 경험했다고 응답한 비율이 8.2%(2018년)에 달할 만큼 높으며, 지난 1년간 차별이나 무시를 당한 적 있다고 응답한 경우도 9.2%(2018년)로 나타나 2015년 조사 결과였던 6.9%보다 차별 문제가 심각해진 것으로 파악됩니다. 국내 다문화 가정의 학생 수는 2020년 기준 14만 명으로, 전체 학생의 약 2%를 차지하고 있습니다. 8만 8천여 명이었던 2016년보다 크게 늘었지만, 최근 5년간 학업을 중단한 다문화 청소년은 5천여 명에 이르고 있습니다. 이 중 약 30%는 질병이나 유학 등의 사유가 아니라, 학교에 적응하기 어려워 자퇴를 한 것으로 파악됩니다. 다양한 배경을 지닌 외국인 이주자들을 우리 사회의 일원으로 여기며 공존할 준비가 잘 되었다면, 이들이 이런 차별적 시선이나 폭력에 노출되는 일이 나타나지 않았을 것입니다. 이러한 측면에서 정부를 비롯한 공적 영역뿐만 아니라, 외국인 이주자들과 이웃으로 살아가고 있는 개인과 시민 사회 모두 외국인 이주자에 대한 태도를 진지하게 검토해 볼 필요가 있습니다.

나대한 — 우리 사회가 외국인 이주자들과 어울려 살아가기 위한 준비가 미흡한 측면이 있다는 것에 대해서는 동의합니다. 그러나 공적 영역뿐만 아니라 사적 영역에서까지 외국인 이주자에 대한 태도를 점검해야 할 만큼 우리나라의 다문화 수용성이 낮은 수준이라고 보기는 어려울 것 같습니다. 또 우리나라의 다문화 수용성도 외국인 이주자들과의 접촉이 확대되면 점차 개선될 여지가 있다고 생각합니다. 특히 청소년을 중심으로 한 젊은 세대의 다문화 수용성은 세계적으로 보아도 낮다고 보기는 어렵지요. 다문화에 대한 수용성을 특정 시점의 결과로 단정짓기 어려운 면도 있으나, 외국인 이주자들을 위협으로 받아들인다는 응답을 기준으로 다른 국가들과 비교해 보면 우리나라의 외국인 이주자에 대한 수용성이 다른 국가들보다 심각하게 배타적이라고 판단하기 어렵습니다. 유로바로메터와 ESS 조사 결과에 따르면, '외국인 노동자가 늘어나면 그들이 내국인의 일자리를 빼앗아 간다'는 질문에 대해 유럽 전체 응답자의 61.1%(2018년)가 동의하고 있으며, 심지어 벨기에서는 동의하는 응답자의 비율이 80.1%에 이르렀습니다. 그러나 여성가족부에서 실시한 2021년 국민 다문화 수용성 조사에 따르면 한국은 이와 유사한 질문에 대해 34.6%의 응답자만이 동의하였지요. '외국인과 이주민이 범죄율을 높인다'는 질문에 대해 유럽 전체 찬성 비율은 42.4%로 나타났는데, 한국은 이에 대해 40.9%(2018년)로 찬성하여 유럽과 비슷한 수준을 보이고 있고요. 또 '이민자·외국인 노동자를 이웃으로 삼고 싶지 않다'는 질문에 대해 우리나라에서는 1990년에 응답자의 53.4%가 동의하였으나, 2017~2020년에는 22.0%의 응답자만이 동의하여 긍정적인 변화가 나타나고 있기도 합니다.

한국인 ── 질문에 대한 응답을 평가하는 척도와 자료 조사 시기 등이 조금씩 다르므로 이 해석에 전적으로 동의하기는 어렵습니다. 그러나 이 응답 결과를 비교하는 것이 타당하다고 가정하더라도, 외국인 이주민들을 차별적 시선으로 바라보는 것에 대해 고민이 필요하다는 점에는 변함이 없습니다. 예시로 말씀하셨던 범죄율과 관련된 내용만 하더라도 그렇습니다. 외국인과 이주민이 범죄율을 높인다는 질문에 대해 40%가 넘는 응답자가 동의하고 있다는 점은 매우 우려스럽습니다. 한국형사정책연구원에서 2016년에 시행한 다른 설문조사의 분석 결과에 따르면, 한국인들이 외국인 범죄와 관련하여 많은 편견을 가지고 있다는 것을 알 수 있습니다. '우리나라 사람에 비해 외국인(이주노동자)들이 더 위험하다'에 긍정적으로 응답한 내국인은 전체 응답자의 58.0%(290명)이며, '외국인 이주노동자의 증가로 인해 범죄율이 높아질 것이다'고 응답한 내국인은 75%(375명)이고, '외국인 범죄는 대부분 불법체류자에 의해서 발생할 것이다'라고 응답한 내국인은 76.2%(381명)입니다. 각 문항에 대하여 '매우 그렇다'고 응답한 비율도 각각 10.0%, 17.2%, 18.2%를 차지하고 있어 외국인 이주노동자나 불법체류자에 대해 과도하게 불안감을 가지고 있다고 파악됩니다. 그러나 외국인의 범죄 발생률은 내국인에 비하여 절반 이하로 현저하게 낮습니다. 그럼에도 내국인들은 외국인 이주노동자가 위험한 존재라고 인식하고 있으며, 이들의 증가는 바로 범죄율의 증가를 가져온다고 오해하고 있습니다. 외국인 이주민들이 범죄를 더 많이 저지르는 집단인 것처럼 인식하는 우리의 차별적인 시선은 무척 우려스럽습니다. 또 청소년을 중심으로 젊은 세대의 다문화 수용성이 양호하다고 판단하신 결과에 대해서도 동의하기 어렵습니다. 같은 조사 결과에 따르면, 2018년 조사 결과보다 2021년 조사 결과에서 혈통적 배경이 다른 이주민들을 국민으로 인정하는 청소년의 태도가 축소된 것으로 나타나 다문화 수용성이 긍정적으로 개선되지 못하고 있는 현실을 보여 주었죠. 또 다문화 배경을 가진 학생이 학교생활에 적응하기 어려운 이유로 응답자의 과반 이상이 '친구들과 잘 어울리지 못해서(53.5%)'를 꼽기도 했습니다. 다문화 배경을 지닌 학생이 친구들과 잘 어울리지 못하여 학교생활에 적응하지 못하고, 이로 인해 학업에 지장이 생기거나 학교를 그만두는 악순환이 이어지는 것이죠. 이와 같은 현실은 청소년을 비롯한 젊은 세대의 다문화 수용성이 양호하다고 안도할 일이 아니라, 우리 사회가 외국인 이주자를 수용하는 태도에 대해 진지하게 재고해야 한다는 것을 명백하게 보여 주고 있다고 생각합니다.

사회자 —— 앞서 언급하신 두 개의 설문 조사 결과가 서로 상이하군요. 이는 설문 조사 모집단이 어떻게 설정되었느냐와 조사 시점에 따라 달라질 수도 있을 것입니다. 따라서 하나의 설문 조사 결과를 기준으로 우리나라의 다문화 수용성을 언급하는 것은 한계가 있겠습니다. 다문화 수용성에 대한 조사 결과에 대해 논하기보다, 다른 나라가 외국인 이주민의 증가를 어떤 방식으로 바라보고 있는지 비교해 보는 것은 어떨까 하는데요. 이에 대해 말씀해 주시죠.

나대한 —— 우리나라보다 먼저 외국인 이주자들을 수용했던 미국을 사례로 들 수 있을 것 같습니다. 수많은 이민자가 미국 사회에 정착하는 과정에서 백인 주류 문화에 융해되어 미국인이라는 새로운 정체성을 가지도록 유도하는 정책을 펼쳤습니다.[6] 기존 사회의 문화와 가치 속

이러한 미국 사회를 일컬어 인종의 용광로(melting pot)라고 하기도 한다. 다양한 문화를 가진 사람들이 섞여 하나의 동질한 문화를 만들어 가는 것을 의미한다.

에 다양한 문화권에서 온 이민자들을 흡수해야 한다는 관점이지요.

한국인 —— 저는 캐나다의 사례를 소개할까 합니다. 캐나다는 1971년 다
문화주의를 선언하고 각각의 인종이나 민족이 자신의 특성을 유지
하면서 모든 사람이 평등하게 캐나다 사회에 참여하는 것을 유도하
는 정책을 펼쳤습니다. 이러한 정책은 여러 개의 조각이 조화를 이
루어 하나의 작품이 되는 '모자이크'와 같다고 하여 모자이크 정책
이라고 불리기도 합니다.[7]

사회자 —— 그럼 우리나라는 지금 어떤 정책을 펼치고 있나요?

나대한 —— 우리나라는 처음에 우리 사회에 대한 이방인의 적응을 중시
하는 정책을 펼쳤습니다. 결혼 이민자나 외국인 근로자에 대한 한
국어 교육, 우리 민족의 전통문화 전수 등이 그 대표적인 사례이죠.
그러나 이와 같은 정책은 소수 집단 문화를 한민족 문화에 일방적
으로 동화시키려 한다는 비판을 받았고, 최근에는 문화적 다양성을
강조하는 방향으로 변화하고 있습니다. 그래서 최근에는 다양한 집
단의 문화가 우리 사회 내에서 공존하도록 보장하려는 노력을 하고
있지요.

이와 같은 정책의 이론적 토
대는 샐러드 볼(Salad bowl)이
론이다. 샐러드처럼 다양한
사회구성원이 상호 공존하며
각각이 색깔과 향기를 지니고
조화로운 통합을 이룬다는 논
리이다. 국가라는 샐러드 볼
안에서 각 문화의 고유한 맛
이 나타날 수 있도록 다양한
인종과 문화가 함께 어울리는
문화를 만들자는 관점이다.

주제 3
다문화 공간은 어떻게 이해해야 할까

사회자 —— 지금까지 다문화 사회를 맞이하는 우리 사회의 현실을 진단
해 보았습니다. 이번에는 외국인 이주자들이 늘어나면서 만들어진

다문화 공간에 대해 논의해 보겠습니다. 우리나라 곳곳에 뿌리내리고 있는 다문화 공간에 대한 의견을 말씀해 주십시오.

한국인 —— 외국인 이주자들이 늘어나면서 우리나라 곳곳에 다문화 공간이 늘어나고 있습니다. 다문화 공간은 국적이나 종교 등의 문화적 배경이 비슷한 이주자들이 일정한 지역에 모여 정보를 교환하고 문화를 공유하는 장소입니다. 그러다 보니 자연스레 외국인 이주자들이 우리나라에 정착하는 과정을 돕는 역할을 수행하기도 하고, 외국에서나 볼 수 있는 독특하고 다채로운 문화 콘텐츠를 접하게 만드는 기능도 하지요. 이러한 공간은 외국인 이주자가 우리 사회에 잘 적응하고 문화적인 차이를 극복하는 데 도움이 되며, 한국 생활에 필요한 정보를 쉽게 얻을 수 있게 하여 외국인 이주자의 생활 속 어려움이 완화되는 데에도 보탬이 됩니다.

나대한 —— 그러나 한편으로는 이들 지역을 둘러싸고 기존 주민과 외국인 이주자들 사이에 갈등이 빚어지기도 합니다. 기존 주민의 입장에서는 외국인 이주자가 늘어나면서 범죄가 늘어 치안 여건이 악화되고, 문화적 차이로 인해 여러 가지 측면에서 거주 여건이 악화된다고 호소합니다. 실제로 외국인 이주자가 늘어나면서, 기존 주민의 집 주변에 이슬람 사원이 만들어져 극심한 갈등이 빚어진 사례도 있지요. 주민들은 이 지역에 이슬람교도가 들어오면서 범죄율이 높아져 치안 불안이 야기되고 테러 위험이 심해짐으로써 거주 여건이 악화될 것을 우려하고 있습니다.

한국인 —— 주민의 입장에서는 낯선 이주민에 대해 거부감을 가질 수 있다는 점이 이해가 되기도 합니다. 그러나 앞서 언급했던 바와 같이 외국인 범죄율이 내국인 범죄율보다 유의미하게 높다고 보기 어려운데, 외국인 이주자가 늘어남으로써 치안 불안이 야기된다고 주장하는 점은 과한 측면이 있습니다. 오히려 이는 외국인 이주자에 대한 편견에 가까워 보입니다. 어쩌면 우리 사회는 외국인 이주자에 대한 '낯섦'을 '편견'을 가지는 형태로 소화하는 것이 아닐까요? 또 이 중 일부가 주장하는 바와 같이 이슬람 사원이 '테러와 관련되어 있다'고 단정하는 것도 무리가 있습니다. 이슬람교에 대한 왜곡된 시선과 정보를 토대로 이슬람권 출신 외국인 이주민들을 바라본다면, 이로 인한 갈등은 필연적일 수밖에 없습니다.

나대한 —— 그런 측면이 있음을 인정합니다. 그러나 '로마에 오면 로마법을 따르라'는 말이 있습니다. 이슬람 사원을 낯설어하는 주민들이 이를 건립하는 것을 반대한다면, 이웃 주민의 어려움을 헤아려 사원을 짓기보다는 각자의 가정에서 신앙생활을 하는 것이 더 적절하지 않을까요? 한국에 왔다면 한국의 역사와 문화를 이해하고, 한국 사회의 일원으로 살아가기 위한 노력을 먼저 기울여야 할 것입니다. 개인의 신념만큼이나 한국의 문화와 관습에 대한 존중도 중요하기 때문입니다.

한국인 —— 그런 생각은 타당하지 않다고 생각합니다. 외국인 이주자들이 자기 나름의 정체성을 유지하면서도 한국 사회의 당당한 구성원으로 충분히 역할을 할 수 있습니다. 이들의 정체성과 문화적 배경을 무시하면서 한국 문화와 한국인으로서의 정체성만을 강요하는 것은 타당하지도 가능하지도 않습니다. 서로 다름을 인정하고 공존하는 방법을 모색하는 것이 훨씬 현실적이지요. 이러한 점에서 다문화 공간은 외국인 이주자들이 한국에 자연스럽게 적응하고 한국 사회에 기여할 수 있도록 하는 인큐베이터 역할을 한다고 봅니다. 서울 용산에 위치한 이태원의 경우 아프리카 거리, 모슬렘 거리 등이 인접해 있어 문화적 다양성을 느끼려는 내국인들이 방문하여 다양한 문화적 욕구를 충족하는 중요한 공간으로 자리매김하고 있습니다. 내국인 관광객들도 이 지역에 건설된 이슬람 사원을 방문하여 살펴보기도 하고, 이 지역에서 맛볼 수 있는 다양한 음식 문화를 향유하기도 합니다. 이와 같이 다문화 공간이 가진 장점을 잘 활용하여 우리 사회의 다양성이 확대되고 새로움이 창조될 수 있도록 적극적으로 유도하면 어떨까요?

 나대한 —— 하지만 새로움을 찾아오는 사람들이 일부 있다 하더라도, 매일매일 피부를 맞대는 주민들이 외국인 이주자에게 불편함을 느낄 수 있다는 점도 고려해야 할 것입니다. 외국인 이주자들의 정체성과 신념이 존중되어야 하는 만큼, 다른 종교나 문화에 노출되는 것에 불편과 두려움을 느끼는 주민의 입장도 존중받을 필요가 있으니까요. 이들과 함께 살아가는 이웃 주민의 어려움을 해결해 주지 않아서 주민들이 이 지역을 빠져나간다면, 결국 다문화 공간에는 외국인들만 남게 되어 다양한 문화가 어우러져 공존하는 이 지역의 기능도 발휘되기 어렵습니다. 그 결과 외국인들이 다른 주민들과 분리되어 '게토'[8]처럼 되어 버린다면 또 다른 사회적 문제가 야기될 우려가 있

8 소수 인종이나 소수 민족, 또는 소수 종교집단이 거주하는 도시의 한 구역을 칭하는 말이다. 중세 유럽에 나타났던 유대인 강제 격리 거주지역을 칭했던 것에서 유래하며, 소수 집단에 대한 사회·경제적 압력 때문에 열악한 거주 여건과 사회생활 전반에 걸친 불균등이 집중적으로 나타나기도 한다.

습니다. 따라서 외국인 이주자와 주민이 함께 어울려 살아가기 위해서라도 기존 주민의 어려움을 합리적으로 해결하기 위한 노력이 필요합니다.

한국인 — 그 불편이 타당한지 구분해서 보아야 할 것 같습니다. 그 불편이 타당하지 않은 선입견과 차별적인 시선에서 출발한 것이라면, 우리 사회가 이를 설득해 나가는 과정이 필요하다고 생각합니다. 그게 아니라면 문화적 차이로 인해 발생하는 불편함도 현실적으로 고려해야 할 요소인 것은 분명합니다. 다만 이 경우 문화적 차이에 대해 서로가 이해할 수 있도록 지역 단위에서 상호 이해의 계기를 확대할 필요가 있습니다. 이웃에 대한 이해 정도가 높아져야, 차이가 갈등이 되지 않을 수 있으니까요. 일례로 서울의 한 다문화 공간에서 쓰레기 배출 문제를 두고 갈등이 빚어진 사례를 들 수 있습니다. 외국인 이주자들이 자신이 살던 곳의 쓰레기 버리는 방식에 익숙하다 보니, 우리나라에서는 쓰레기를 '종량제 봉투'에 담고, 정해진 시간과 장소에 분리 배출해야 한다는 점을 잘 몰라 아무렇게나 배출하여 주민들 사이에 갈등이 빚어졌습니다. 지역의 행정기관에서 기존 주민의 불편 사항을 알게 되었고, 외국인 이주자와 소통하면서 그들이 쓰레기 배출 방식에 대해 자세히 모르고 있

▲ 금천구에서 사용되는 쓰레기봉투, 한국어와 중국어가 병기되어 있다.

었던 것이 큰 원인이라는 점을 알게 되었죠. 지역 행정기관에서는 이 갈등을 해소하기 위해 다양한 언어로 쓰레기봉투를 제작하고, 안내판도 여러 언어로 표기하여 게시하였습니다. 이러한 노력이 이루어지자 이 지역에 터를 잡는 외국인 주민들도 하나둘 쓰레기 배출 방법에 대해 이해하게 되면서 자연스레 갈등이 완화되었죠. 이처럼 문화적 차이에 따른 갈등이 필연적이라면, 이를 완화하기 위해 서로를 이해할 수 있는 계기를 다양한 방식으로 마련하는 것이 중요합니다. 외국인 이주자가 많은 지역에서 '다문화 축제'를 열어 다양한 문화를 접할 계기를 확대하는 것도 좋은 사례라고 생각합니다.

마무리 발언

사회자 — 지금까지 외국인 이주자의 증가가 우리 사회에 끼친 영향에 대해 알아보고, 이와 같은 변화를 대비하는 우리 사회의 현실에 대해 진단해 보았습니다. 또 외국인 이주자의 증가로 인해 형성되는 다문화 공간을 둘러싼 갈등에 대해서도 살펴보았습니다. 지금까지 나눈 이야기에 대해 더 하실 말씀이 있나요?

한국인 — 지금까지 살펴본 바와 같이, 외국인 이주자가 늘어나며 우리 사회에 다양한 측면의 변화가 나타나고 있습니다. 긍정적인 면도 있고 부정적인 면도 있을 것입니다. 그러나 외국인 이주자가 우리 사회에 정착해 뿌리내리는 과정에 대해 우리가 잘 준비하고 있는지에 대해 아쉬움이 많이 남습니다. 외국인 이주자에 대해 편견을 가진 경우도 많고, 미국이나 유럽에서 온 백인 이주자들에게 보이는 관대함을 동남아시아 등의 개발도상국에서 온 이주자들에게는 보이고 있지 않은 것도 우리의 현실입니다. 이런 맥락에서 정부의 역할뿐만 아니라, 시민사회 전반의 고민이 필요합니다. 다양한 문화적 배경을 지닌 우리의 이웃을 열린 마음으로 대하는 자세를 지니도록 노력해야 하며, 그 사람의 배경이 아닌 존엄한 한 인간으로서 공평하게 존중하려는 태도도 필요합니다. 아울러 우리가 세계화 시대를 선도하는 국가로 발돋움하고 있는 만큼, 우리나라가 지닌 국제적 위상에 열광하기만 할 것이 아니라 그 지위에 맞는 바람직한 자세가 무엇인지 진지하게 고민하여 성숙한 세계 시민으로서의 자세를 가질 수 있도록 해야 할 것입니다. 우리는 한국인이기도 하지만, 세계에 살아가는 시민의 한 사람이기도 하니까요. 한국인으로서의 정체성만큼이나 세계 시민으로서의 정체성도 지녀야 합니다. 마지막으로, 우리의 역사와 전통에 대한 오해를 거두는 일도 필요합니다. 우리나라는 과거부터 단일한 문화와 전통만을 가지고 있지 않았습니다. 우리의 역사를 살펴보면 다양한 이주민을 포용하며 발전해 온 바 있습니다. 외국인 이주자들을 포용하고 이들과 함께 우리 사회를 발전시켜 역사와 전통을 이어 나가야 합니다.

나대한 —— 외국인 이주자가 늘어나며 다양한 형태의 갈등이 나타나는 것은 어찌 보면 자연스러운 일입니다. 우리보다 먼저 외국인 이주자가 유입되었던 유럽 국가들도 이와 같은 진통을 겪었던 바 있으니까요. 그래서 이를 극복하고 발전적으로 나아갈 수 있도록 노력해야 한다는 점에는 동의합니다. 그러나 외국인 이주자가 급격하게 늘어나며 우리 사회가 겪어야 할 진통이 있다면, 그것이 주는 부정적 영향을 완화하기 위해 외국인 이주자를 받아들이는 과정도 신중하고 조심스럽게 이루어져야 할 필요가 있습니다. 외국인 이주자들이 한국 사회에 뿌리내리는 과정에서 기존 주민과 외국인 이주자 모두에게 보탬이 되는 정책과 제도 마련이 필요하고, 외국인 이주자가 우리의 고유한 정체성과 문화적 전통을 존중하며 한국 사회에 적응할 수 있도록 지원하는 노력도 필요합니다. 아울러 외국인 이주자도 함께 한국의 법과 문화, 역사와 전통에 대해 존중하는 태도를 견지해 나가야 할 것입니다. 이들이 한국 사회에 잘 적응하고 법과 제도, 역사와 문화에 대해 올바르게 이해할 수 있도록 지속적인 지원과 교육을 제공하는 것도 꼭 이루어져야 하고요. 이를 토대로 외국인 이주자와 기존 주민 모두 평화롭게 살아갈 수 있기를 희망합니다.

사회자 ── 두 분 말씀 잘 들었습니다. 지금까지 긴 논의를 살펴보며, 외국인 이주자의 유입에 따른 사회적·공간적 변화를 이해하셨을 것 같습니다. 지금까지의 논의를 잘 살펴보시고 의견을 정리하셨으면 좋겠습니다. 오늘 토론은 여기서 마치도록 하겠습니다. 감사합니다.

주제
넓히기

서울에서 세계 여행하기,
서울시 용산구 이태원동

▲ 서울 곳곳에 설치된 세계도시 이정표

출처: 서울시

　서울에서 세계 여행하는 방법을 알고 있나요? 많은 사람이 이미 잘 알고 있는 '이태원'이 그곳입니다. 서울시 용산구 이태원동 일대를 칭하는 '이태원'은 다양한 문화가 어우러진 장소로 유명합니다. 조선시대에 이곳에 있었던 이태원利泰院이라는 역원驛院[9]에서부터 유래한 지명이지요. 이태원을 포함한 용산에는 외국군이 주둔하기도 했고, 외국 공관도 다수 이곳에 자리 잡고 있어, 이곳을 찾는 수많은 외국인을 위한 다양한 상점과 편의시설이 마련되어 왔습니다. 외국인을 위한 호텔이나 음식점, 상가가 늘어나면서 이태원을 찾는 사람들도 점차 늘어났지요. 1997년에는 정부가 '이태원 관광특구'로 지정하기도 하였습니다. 지금은 이태원의 이슬람교 사원과 그 인근에 형성된 모슬렘 거리에서 양고기 음식을 맛볼 수 있고, 베트남 퀴논길을 따라 베트남식 쌀국수를 맛볼 수도 있습니다. 또 이태원 시장에서 신장이 큰 외국인들이 즐겨 입는 큰 옷들을 구할 수도 있지요. 대표적 다문화 공간인 이태원에서 세계 여행을 떠나 볼까요?

조선시대에 중앙 정부와 지방을 효율적으로 연결시키기 위해 설치한 교통 및 통신 시설과 관원들을 위해 설치한 숙박 시설을 통칭하는 말이다.

늘어나는 외국인, 우리 삶의 공간에서는 어떤 변화가 나타날까

1. 외국인 이주자 유입에 따른 사회 및 공간 변화에 관한 토론 내용을 보고, 각 주장에 대한 근거를 정리해 적어 보세요.

늘어나는 외국인, 우리 삶의 공간에서는 어떤 변화가 나타날까?

한국인   나대한

외국인 이주자의 증가는
우리 사회에 어떤 영향을 끼치는가?

다문화 사회를 맞이하는 우리의 현실은?

다문화 공간은 어떻게 이해해야 할까?

2. 내가 생각하는 '외국인'은 누구일까요? 자신의 생각을 써 봅시다.

· 쟁점 6 ·

불평등과 개발

Inequality & Development

— 공간 불평등은 정말 해소해야 하나

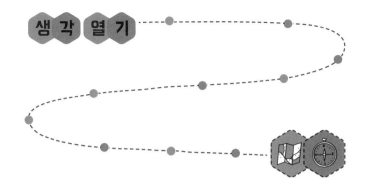

생 각 열 기

"사회적 차별은 오직 공익에 바탕을 둘 때만 가능하다."

불평등 문제를 연구하는 파리경제대학 교수 토마 피케티는 그의 저서 『21세기 자본』에서 1789년 프랑스 혁명 당시의 '인간과 시민의 권리에 관한 선언 제1조'를 인용합니다. 책은 자본주의 체제 자체를 비판한 것이 아니라 민주주의의 가치를 심각하게 저해하는 부의 불평등에 대한 해소가 필요하다는 내용을 담고 있으며, 국가란 본질적으로 공익을 위해서만 불평등을 허용하는 보편적인 사회적 국가가 되어야 한다고 주장합니다.

이처럼 불평등은 21세기의 주요 논쟁 주제이자 현재를 살아가는 이들과 밀접하게 닿아 있는 주제입니다. 더 나아가 미래 세대를 이끌 MZ세대[1]의 주요 관심사이기도 하고요. 불평등은 수없이 다양한 분야에서 나타납니다. 주거, 환경, 의료, 교육, 에너지 등이 대표적이지요. 지리학에서는 우리가 살아가는 공

1980년대 초~1990년대 초 중반 출생한 밀레니얼 세대와 1990년대 중후반~2000년대 초 출생한 Z세대를 통칭하는 말이다.

간에서 나타나는 다양한 불평등을 논의합니다.

공간 불평등은 우리가 인식하는 사회적 불평등을 공간적 차원으로 옮겨 놓은 개념입니다. 지금으로부터 약 2,500년 전인 B.C 400년경에도 공간 불평등은 존재하였습니다. 고대 그리스의 대표적 철학자인 플라톤은 "도시는 크기에 상관없이 언제나 둘로 나뉜다. 바로 가난한 자들의 도시와 부유한 자들의 도시다"라고 하였죠. 빈부 격차와 경제력의 차이가 불평등을 가져오고, 이는 도시의 빛과 그림자로 갈린다는 해석입니다. 물론 빈부의 차이에 의한 불평등 문제는 여전히 존재하며, 경제적 차이 외에도 정보 격차, 학습 기회의 차별 등과 같은 격차 문제도 나타나고 있습니다.

공간 불평등은 더 나아가 부의 불평등, 사회적 혜택의 불평등을 가져오며 다른 한편으로는 대중의 인식 범위를 제한하기도 합니다. 우리의 눈에서 보이지 않는다고 해서 불평등이 사라진 것은 아니니까요. 달동네가 눈앞에서 사라진다고 해서 그곳에 살았던 사람들이 사라진 것은 아닙니다. 눈에 보이지 않는 쪽방, 고시원, 비닐하우스 등지에 그들은 여전히 살고 있습니다.

도시에서 벗어나 좀 더 넓은 범위에서 공간 불평등을 찾아보겠습니다. 바로 지역 간 불균형 문제입니다. 인구 분포의 지니계수[2] 변화로 본 국토불균형 지수는 시도 단위에서 0.2732(1960년) → 0.6402(2019년), 시군구 단위에서 0.4387(1960년) →

빈부 격차와 계층 간 소득의 불균형 정도를 나타내는 수치로, 소득이 어느 정도 균등하게 분배되는지를 알려 주며, 계산식을 변형하여 인구 집중도를 측정할 수도 있음. 지니계수는 0부터 1까지의 수치로 표현되는데, 값이 '0'(완전평등)에 가까울수록 평등하고 '1'(완전불평등)에 근접할수록 불평등하다는 것을 나타낸다.

0.7809(2019년)로 심화되었으며, 앞으로
도 더욱 심해질 것으로 예측됩니다. 특히
수도권과 비수도권 간의 불균형 문제가
심한데 2021년 기준 국토의 약 11.8%
에 불과한 수도권에 전체의 50%가 넘는
인구가 집중되어 있습니다. 압축적 경제
성장 추진과정에서 발생한 수도권 집중
및 과밀화 문제를 해결하기 위한 다양한
정책이 지속적으로 추진되었지만 수도권
으로의 집중이 더욱 심해지면서 지방의
인구가 유출되고 지방 소멸까지 우려되
고 있습니다.

▲ 달동네의 모습. 도시에서의 불평등은 대표적인 공간 불평등의 사례이다.

　　비단 수도권과 비수도권 간의 문제만
있는 것은 아닙니다. 그 외에도 대도시와 중소도시 간, 도시와
농촌 간 불균형 등 공간 범위와 대상에 따라 다양한 공간 불평
등이 존재하지요. 지역 간 불균형 문제가 심화되면 저개발 지
역은 성장 잠재력을 상실하고 개발 지역은 과밀로 인한 외부
불경제가 발생하여 성장 효율성이 떨어지게 됩니다. 이뿐만 아
니라 사회적 형평성 저하, 개발 정도의 차이가 있는 갈등 확대
로 인한 통합 저해 등의 문제도 나타나기 때문에, 지역 갈등의
해소, 효율적인 자원 배분, 국가 경쟁력 확보, 지속가능한 발전
등의 차원에서 균형 발전이 더욱 요구되고 있습니다.

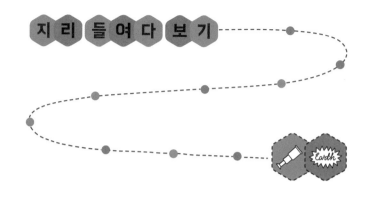

▲ 앨버트 허시먼Albert O. Hirschman, 1915~2012

공간 불평등이 지역 개발로 인해 해결되기도 하지만, 반대로 지역 개발로 인해 공간 불평등이 확대되기도 합니다. 지역 개발은 각 지역이 갖는 발전 잠재력을 살려 국토의 생산성을 높이고 지역 주민의 삶의 질을 높이기 위한 다양한 활동을 의미합니다. 지역 개발 이론은 크게 세 가지로 구분되는데, 균형 성장 이론과 불균형 성장 이론, 그리고 앞의 두 이론을 절충한 이론입니다.

불균형 성장 이론은 지역의 발전을 위하여 모든 부분을 발전시킬 수 없으니 가장 경쟁력 있는 지역을 우선으로 발전시켜 주변 지역으로 그 파급 효과를 기대합니다. 우리나라에서는 1960년대 이후의 개발 정책과 1972년부터 시작된 제1차 국토 종합 개발 계획이 이 이론에 근거하여 추진되었습니다. 불균형 성장 이론의 대표적 학자로는 허시먼이 있습니다.

그는 경제학자이면서도 불균형 성장 이론을 공간 지리학적인 측면에서 조명하고 그 정책적 의미를 설명한 학자입니다. 전통적인 균형 발전 이론을 비판하고 새로운 개발 전략으로 불균형 성장 이론을 제안했지요. 그리고 더 나아가 어떻게 경제 성장이 한 지역으로부터 다른 지역으로 파급되는지를 검토하였습니다. 그러면서 한 국가의 경제가 더 높은 소득 수준에 이르려면 그 경제 자체 내에 한 개 혹은 몇 개의 경제력 집중 지역을 개발하여야 함을 강조하였죠. 즉, 경제 발전 과정에서 성장 거점growth poles[3]을 출현시켜야 한다는 것입니다. 허시먼은 경제 성장의 국제적 및 지역적 불균등이 성장 그 자체에 불가피하게 수반되는 요인이자 성장의 조건이기 때문에 지리적 의미에서 경제 성장은 불균형 성장일 수밖에 없다고 주장하였습니다.

경제 활동의 기반이 잘 구축되어 있어 자본과 기술을 집중 투자하였을 때 성장 가능성이 높은 지역을 말한다. 성장 거점 개발 방식에서 우선적으로 집중 투자되는 곳이다.

균형 성장 이론은 모든 부분을 발전시키자는 개념이며, 대표적 학자로는 로젠스타인 로단P. Rosenstein Rodan과 경제학자 넉시R. Nurkse가 있습니다. 모든 부분의 발전을 통해서만 빈곤의 악순환을 끊고 고른 지역 발전을 이룰 수 있다는 이론입니다. 로단은 저소득 – 저소비 – 저투자 – 저고용 – 저소득으로 이어지는 소위 '빈곤의 악순환vicious circle of poverty'에 처해 있는 대다수의 개발도상국은 정부 주도의 종합적인 공업화 정책을 통해 이러한 악순환의 굴레에서 벗어날 수 있다고 했습니다. 넉시는 한 나라에서 동원할 수 있는 자원을 여

▲ 로젠스타인 로단Paul Narcyz Rosenstein-Rodan, 1902~1985

러 산업에 동시에 투자해 각 산업이 고르게 발전하도록 하는 개발 전략을 내놓았는데요. 빈곤의 악순환을 벗어나기 위해 상호보완적인 광범위한 산업들을 동시에 개발해야 하며, 이를 통해 각 산업은 서로의 수요를 창출하여 경제 발전의 균형 성장이 이루어진다는 이론을 주장합니다.

고등학교 한국지리 교과서에는 앞서 언급한 지역 개발 이론을 단순화하여 제시하고 있습니다. 지역 개발의 방법을 목표와 방식에 따라 성장 거점 개발 방식과 균형 개발(불균형 개발) 방식으로 크게 구분한 것인데요. 먼저 성장 거점 개발 방식은 앞서 살펴본 불균형 성장 이론에 따른 개발 방식으로 개발의 주체 또는 계획 입안 측면에서 볼 때 하향식 개발 방식(위로부터의 개발)⁴에 해당합니다. 성장 거점 개발 방식은 투자 효과가 크고 경제 활동의 기반이 잘 구축되어 있는 지역을 성장 거점으로 선정하여 해당 지역에 이용가능한 자본과 기술을 집중 투자하고, 개발의 효과가 주변 지역으로 확산되는 파급효과를 기대하는 개발 방식을 말합니다. 성장의 공간적 파급 효과가 나타나면 주변 낙후 지역 및 전체 지역의 성장이 가능하며 한정된 자본과 자원으로 단기간에 개발 효과를 극대화할 수 있지요. 따라서 개발해야 할 지역은 많고 자본이나 재정 능력이 부족한 개발도상국에서 주로 채택하는 개발 방식입니다. 그러나 성장 효과가 기대했던 것만큼 공간적으로 확산되지 않을 경우, 오히려 주변 지역에서 성장 거점으로 자본 및 인구가 집중되어 지

하향식 개발 방식은 중앙 정부와 이에 준하는 기관에서 개발 정책을 입안하고 지방 정부(광역 및 기초자치단체)에 해당하는 하위 개발 지역의 세부 지침까지 마련하여 개발 계획을 시행하는 것을 말한다.

역 격차가 더욱 심해질 수 있습니다. 우리나라에서는 1972년부터 시작된 제1차 국토 종합 개발 계획에서 이 개발 방식을 채택하였는데, 지역 간 격차 심화, 환경 오염 등의 문제점이 나타났습니다.

다른 방식으로는 균형 개발 방식이 있습니다. 균형 성장 이론에 따른 방식으로 개발의 주체 또는 계획 입안의 측면에서 보면 상향식 개발 방법에 해당합니다. 상향식 개발(아래로부터의 개발)은 개발 계획을 지방 자치 단체 또는 관련 기관에서 지역 주민의 욕구와 참여를 기초로 수립하는 것을 말합니다. 균형 개발 방식은 경제 활동 기반이 미약한 낙후 지역을 우선적으로 개발하여 식생활과 주택 및 지역 사회의 서비스 공급 등 주민 생활의 기본 수요를 직접 충족시켜 주고 다른 지역과의 격차를 줄임으로써 지역 간의 균형 발전을 추구하는 개발 방식입니

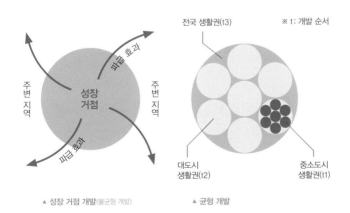

▲ 성장 거점 개발(불균형 개발)   ▲ 균형 개발

다. 균형 개발은 효율성보다는 형평성을 추구하며, 성장의 속도
가 다소 늦어지더라도 지역의 실질 성장을 기할 수 있기 때문
에 경제력이 뒷받침되는 선진국에서 주로 채택하는 개발 방식
입니다. 하지만 개발도상국에서도 낙후된 농어촌 지역의 삶의
질을 개선하기 위해 균형 개발을 실시하기도 하는데요. 이처럼
균형 개발은 지역의 특성을 살리는 자생적 잠재력의 개발 측면
에서 긍정적으로 평가받고 있습니다. 그러나 자원의 효율적 배
분과 투자 효율성이 낮아질 수 있다는 문제점이 있으며, 자본
과 기술이 부족할 경우 실효를 거두기가 어렵고 경제성장이 다
소 둔화되기도 합니다.

구분	불균형 개발	균형 개발
추진 방식	주로 하향식	주로 상향식
채택 국가	주로 개발도상국	주로 선진국
개발 방법	투자 효과가 큰 지역을 선정하여 집중 투자	낙후 지역에 우선적으로 투자
개발 목표	경제 성장의 극대화 경제적 효율성 추구	지역 간 균형 발전 경제적 형평성 추구
장점	자원의 효율적 투자 가능	지역 간 균형 성장 지역 주민의 의사결정 존중
단점	파급 효과보다 역류 효과가 클 경우 지역 격차 심화 지역 주민의 낮은 참여도	투자의 효율성이 낮음 지역 이기주의가 초래되기도 함

▲ 불균형 개발과 균형 개발

최근 지속가능한 발전이 강조되고 있다. 이에 따라 공간 불평등의 해결 혹은 완화를 위해 지역 개발은 어떤 방식으로 진행되어야 할지, 개발의 과정 또는 개발의 결과로서 나타나는 지역 격차, 환경 문제 등과 같은 불평등은 어떻게 해결해야 할지 등에 대한 논의가 활발하다. 이에 '99분 토론'에서는 패널과 함께 이야기를 나눠 보기로 하였다.

사회자 ── 도시화의 역사가 길어지고 인권 강화, 사회권 강화에 따른 복지 확대 등이 보편화됨에 따라 인간의 정주 여건을 개선하는 지역 개발이 더 활발해지고 있습니다. 하지만 지역 개발 과정 및 결과에 따른 문제점도 늘고 있는 것이 사실입니다. 오늘은 두 분의 패널을 모시고 이에 대한 다양한 의견을 들어 보도록 하겠습니다.

이격차 ── 지역은 각 지역의 고유한 성질인 지역성을 가지고 있습니다. 여기에는 전통적인 생산요소인 토지, 노동, 자본 등도 포함되어 있지요. 이러한 특성 차이를 없애는 것은 사실상 불가능하기도 하며,

예산과 시간이 한정되어 있으므로 모든 지역을 동등한 수준으로 개발하는 것은 불가능합니다. 즉, 공간 불평등은 자연스러운 현상이며, 필연적으로 존재할 수밖에 없습니다.

김평등 — 모든 지역이 같을 수는 없으므로 차이가 존재한다는 말에는 동의합니다. 하지만 자연스럽게 나타나는 '지역 차이'가 아닌 국가의 지역 개발 정책 과정에서 나타나는 '지역 격차'는 공간 불평등의 속성에 해당합니다. 개인이나 지역의 의지와는 상관없이 격차가 발생하고 이러한 현상이 유지된다면 부의 불평등 및 사회적 계층이 대물림되고 고착화되는 문제로 확대될 수 있으므로 불평등은 해결되어야 하며, 국가가 그 역할을 제대로 수행해야 한다고 생각합니다.

이격차 — 균형은 모두를 편하게 하지만 모두를 행복하게 만들지는 못한다는 말이 있습니다. 같은 맥락에서 모든 지역을 편하게 만들 수 있을지는 모르겠지만 국가 전체를 행복하게 만들 수는 없습니다. 자연스럽게 나타난 현상이라면 어느 정도 용인이 되어야 하고, 이러한 현상 속에서 발전을 이루어야 하지 않을까요?

김평등 — 어느 한쪽으로 치우치기보다 균형을 이루는 것이 필요하다고 생각합니다. 편안함과 행복은 충분히 공존 가능하며 지역의 발전과 국가의 발전 역시 마찬가지이므로, 그 사이에서의 균형점은 존재할 수 있습니다. 특히 공간 불평등은 지역 개발의 과정 및 결과로 인해 나타나는 경우가 많습니다. 특정 지역에서 태어났거나 거주하고 있다는 이유만으로 불이익을 받는다면 저는 그러한 격차가 자연스럽다는 말에 동의하기 어려울 것 같습니다. 그렇다면 격차 문제는 당연히 해결해야 할 문제가 아닐까요?

이격차 — 글쎄요. 말씀하신 지역 격차가 곧 지역 차이 아닐까요? 지역이 모두 같아진다면 그 지역만의 고유한 특색은 어디서 찾아야 하는 거죠? 지역 간의 차이는 물론이거니와 지역 간 불평등이 만약 존재한다고 하더라도 전체적인 국가 발전을 먼저 생각해 봐야 하지 않을까요? 또 우리나라는 공간 불평등을 해결하기 위한 다양한 정책과 방안을 계속 내놓고 있습니다. 예를 들면, 세종특별자치시의 건설이나 혁신 도시, 기업 도시의 건설 등도 이에 해당하지요. 이러한 노력이 계속된다면 말씀하신 우리나라의 공간 불평등 문제는 어느 정도 해결이 되지 않을까요?

김평등 — 물론 정부가 노력하지 않는다는 말은 아닙니다. 다만 우리는 그 과정과 결과에 대해 좀 더 고민할 필요가 있습니다. 세종특별자치시의 건설이 의미는 있지만, 수도권의 연담화[5]는 아닐까요? 공공 기관이 이전한 혁신 도시는 과연 성공적인 정책일까요? 일부 지역을 제외한 나머지 광역자치단체에 한 개씩 건설하였는데, 광역자치단체가 많은 영남권에는 무려 다섯 개가 건설되었고, 이에 반해 호남권은 공동 혁신 도시 포함 두 개만이 건설되었습니다. 혁신 도시가 건설된 지역에서의 신시가지와 구시가지 간 갈등도 마찬가지입니다. 단순히 나누는 기계적인 평등은 또 다른 공간 불평등을 가져옵니다. 불평등을 해소하는 과정에 대한 고민이 좀 더 필요할 때라고 봅니다.

이격차 — 그 점이 큰 문제는 아닌 것 같습니다. 예산은 한정되어 있고

5
도시 연담화란 중심도시의 팽창과 시가화의 확산으로 인하여 주변 중소도시의 시가지와 서로 달라붙어 거대 도시가 형성되는 현상이다.

지역 주민의 의견 역시 무시할 수는 없지 않나요? 과거에 비해 행복 추구권, 안전권, 환경권 등이 강조됨에 따라 많은 정책이 펼쳐지고 있습니다. 사회적 약자에 대한 불평등이 있다면 지원이 필요한 것도 맞지만 과도한 국가의 개입은 또 다른 불평등을 낳을 수 있다는 사실을 잊지 말아야겠습니다.

사회자 — 네, 두 분 말씀 잘 들었습니다. 서로 입장의 차이가 있었지만 지역 차이와 지역 격차의 차이점, 불평등 사례 등에 대한 간단한 개념을 들을 수 있는 좋은 시간이었습니다. 이번에는 정해진 주제를 가지고 조금 더 심화된 토론을 해 보도록 하겠습니다.

주제 1
수도권 집중은 해결해야 할 문제일까

사회자 — 지역 격차 문제를 공간 불평등 사례 중 하나로 본다면 우리나라 각 지역에서 발생했거나 진행 중인 공간 불평등 문제는 굉장히 다양하다고 볼 수 있겠습니다. 영남과 호남 지역 간의 불평등, 도시와 농촌 간의 불평등 문제도 널리 알려져 있지만, 최근에는 수도권과 비수도권 간의 갈등 문제를 대중이 가장 관심 있게 보는 것 같습니다. 2021년 한 여론기관이 실시한 지역 불균형에 대한 인식 설문 조사에서 무려 90%가 우리나라는 수도권 집중 및 지역 불균형이 심각하다는 의견을 제시하였습니다. 이에 대한 두 분의 의견을 듣고자 합니다.

김평등 —— 한국은행과 통계청이 발표한 '2021년 국민대차대조표'에는 우리나라 17개 광역자치단체별 토지자산 규모가 나타납니다. 토지자산은 쉽게 말하면 땅값이라고 할 수 있는데, 어느 지역이 높고 어느 지역이 낮게 나타났을까요?

이격차 —— 글쎄요. 땅값이라고 하니 아무래도 도시 지역이면서 면적이 넓은 지역이 높지 않을까요? 경기도, 서울특별시가 최상위권에 해당할 듯하고, 광역시도 상위권에 있지 않을까 싶습니다.

김평등 —— 네, 서울이 2천 778조 원으로 전체의 28.6%, 경기가 2천 449조 원으로 전체의 25.2%를 차지하였습니다. 그 뒤를 경남 527조 원(5.4%), 경북 485조 원(5.0%)이 잇고 있습니다. 반대로 가장 낮은 곳은 세종 111조 8천 615억 원으로 전체의 1.1%, 광주는 125조 3천 192억 원으로 1.2%, 대전은 171조 1천 278억 원으로 1.8%를 차지했습니다. 이를 권역별로 살펴보면 수도권이 약 58.6%, 영남권이 약 21.2%, 충청권이 약 9.1%, 호남권이 약 6.4%, 강원권이 약 2.6%, 제주권이 약 2.1%로 나타납니다.

이격차 —— 일부 지역의 차이가 눈에 들어오지만, 지역별 인구 구성 비율과 비교해 볼 때 큰 차이가 나지 않는 듯 보입니다. 그러면 크게 문제가 없는 것 아닐까요?

김평등 —— 우리나라 인구의 절반 이상이 좁은 수도권에 몰려 있다는 것은 그만큼 많은 문제점이 발생할 수 있음을 의미하는 것입니다. 국토 면적의 약 11.8%에 불과한 수도권이 약 58.6%의 토지자산을 가지고 있다는 것은 공간 불평등을 보여 주는 중요한 사례라고 생각합니다. 최근 부동산 문제와 관련하여 청년 세대가 겪는 어려움도 이와 연관되어 있지요. 좁은 지역에 많은 인구가 집중되어 있는 문제를 해결해야 청년 주거, 결혼 더 나아가 저출산 문제를 해결할 수 있을 것입니다.

이격차 ── 어느 국가나 수도를 중심으로 개발이 이루어지고 있습니다. 해당 국가의 정치, 경제, 사회, 문화의 중심지이며 산업과 인구가 발달한 곳이므로 당연히 발전이 집중될 수밖에 없습니다. 수도권의 경쟁력이 곧 국가의 경쟁력으로 이어질 만큼 중요하기 때문에 수도권 집중이 크게 문제라고 생각하지는 않습니다. 일본의 한 연구소가 발표한 세계 도시 종합경쟁력 순위Global Power City Index: GPCI[6]에 따르면 우리나라는 2017년 6년 연속 6위에 올랐지만, 2019년 7위에 이어 2020년에는 8위로 떨어졌습니다. 규모의 경제를 갖추는 것이 곧 경쟁력으로 이어지는 만큼 수도권의 역량 강화는 오히려 긍정적인 모습이 될 수 있습니다.

김평등 ── 한 기관이 발표한 자료에 따르면 2018년 서울의 도시 경쟁력이 6위였던 반면, 대한민국의 국가경쟁력은 26위였습니다. 이는 수도권의 경쟁력이 반드시 국가 전체의 이익과 연결되는 것은 아님을 보여 줍니다. 어떤 글로벌 컨설팅 업체가 발표한 '글로벌 도시 전망' 보고서에서 서울은 128개 도시 중 39위를 차지했고, 다른 글로벌 컨설팅 그룹이 발표한 '삶의 질 순위'에서는 서울이 76위를 차지했습니다. 도시의 경쟁력은 조사 방법과 항목에 따라 순위가 달라진다고는 하지만, 질적 성장 없는 양적 성장이 얼마나 의미가 있을지 다

2008년부터 매년 조사·발표하는 연차 보고서로, 경제, 연구·개발, 문화·교류, 주거, 환경, 교통·접근성 등 6개 항목 70개 지표를 적용해 종합경쟁력을 평가한다.

시 한번 생각해 보아야 합니다.

이격차 — 말씀하신 대로 지표에 따라 순위가 달라지는 것은 맞습니다. 하지만 계량화하기 어렵고 주관적인 지표들에 비해 숫자로 확실하게 나타나는 양적 지표가 더 객관적인 상태를 나타내지 않을까요? 서울과 수도권의 집중이 심각해 보일 수도 있으나 국토의 면적이 좁아 나타나는 착시 효과일 수 있습니다.

김평등 — 일본의 한 경제평론가는 1993년 국경 없는 글로벌 경제시대에는 기존의 국가the nation states 대신 지역 국가the region states가 세계 경제를 조직화하는 새로운 경제적 단위로 부상할 것이라 주장하였고, 그의 통찰은 정확히 오늘날 세계의 메가시티 경쟁을 예고하는 것이었습니다. 단순한 도시의 확장이 아닌 도시들의 네트워킹을 통한 메가시티가 21세기 경쟁력의 또 다른 원천이 되었지요. 영국은 광역 맨체스터 연합기구, 일본은 간사이 광역 연합 등을 조직하여 지역 경쟁력을 확보하고 있으며, 우리나라의 지방자치단체 차원에서 추진 중인 부울경 메가시티도 이에 해당합니다. 수도권의 확장이 곧 국가 경쟁력의 향상이라는 기존의 시각을 넘어 지역의 다양한 도시권역을 육성하고 네트워크로 연결하는 과정을 통해 지역 균형 발전과 국가 경쟁력 확보라는 목표를 모두 잡을 수 있습니다. 우리나라도 단순히 수도권의 확장이 경쟁력을 갖출 수 있다는 기존의 시각을 넘어 다양한 도시권역을 육성하고 네트워크로 연결하는 과정을 통해 국가 경쟁력을 키울 수 있어야 합니다.

이격차 — 제 말이 그 말입니다. 단순히 서울이 아닌 서울 – 경기 – 인천의 수도권이 메가시티 개념으로 더 확대 성장해야 세계의 메가시티들과 경쟁이 가능하지 않겠습니까?

사회자 —— 네, 두 분의 의견을 듣고 나니 치열한 국제 경쟁 속에서 수도권의 경쟁력 확보와 국토의 전반적인 불평등 해소 간 조화가 필요하다는 생각이 듭니다. 설문 조사에서도 나타난 국민 다수의 의견인 만큼 해결 방안이 조속히 마련되었으면 합니다. 그러면 다음 주제로 넘어가 보겠습니다.

주제 2
우리가 매일 타는 지하철에도 공간 불평등이 존재할까

사회자 —— 이번에는 우리의 일상생활에서 찾아볼 수 있는 공간 불평등을 주제로 두 분과 대화를 이어 나가도록 하겠습니다. 두 분 말씀 들어 보도록 할까요?

김평등 —— 네, 제가 먼저 말씀드리겠습니다. 우리는 평소에 다양한 교통 수단을 이용하여 통근·통학을 하고 있습니다. 특히 지하철을 눈여겨볼 필요가 있지요. 지하철은 건설에 대규모 투자가 수반되며 비용은 공공에서 조달하는 경우가 대부분입니다. 한번 건설된 지하철 관련 시설은 다른 목적으로의 전환이 어렵기 때문에 지하철 네트워크가 가지는 영향력은 다른 대중교통 수단에 비해 오래 지속되는 특징을 가집니다. 또 서울 지하철의 경우 서울시 전체 통행의 약 40%를 차지하는 만큼 대도시의 통근·통학 수요를 크게 담당함과 동시에 이동의 편의성을 보장해 주고 있습니다. 그렇기에 부동산 가격과도 밀접한 관련이 있지요. 서울은 크게 다섯 개의 권역(도심권, 서북권, 동북권, 서남권, 동남권)으로 나뉘는데 이들 간에도 큰 공간 불평등이 존재합니다.

사회자 — 흥미로운 부분이지만 쉽게 와닿지는 않는데 구체적으로 말씀해 주실 수 있으실까요?

김평등 — 네, 첨부된 지도를 함께 보시죠. 어떤 생각이 드시나요?

▲ 서울 내 권역별 지하철역 수

이격차 — 일부 지역에 지하철역이 집중되어 있기는 하네요. 그런데 업무 및 상업 기능이 집중된 도심과 강남 지역에 교통이 집중된 것은 당연한 현상 아닌가요? 상대적으로 일자리가 적은 주변(외곽) 지역에 비해 지하철역이 많아야 할 것 같은데 말이죠.

사회간접자본(Social Overhead Capital: SOC)이란 재화와 서비스의 생산에 직접 사용되기보다 간접적으로 생산활동을 지원하며 촉진시키는 데 필수적인 자본을 말한다. 일반적으로 정부가 소유하거나 개인이나 기업이 소유하더라도 정부의 규제를 받는 사회적 성격을 띤 자본이다.

김평등 —— 도시 내부 구조 이론을 살펴보면 그럴 수도 있지만 형평성 차원에서 보면 그 치우침이 크다고 볼 수 있습니다. 이런 현상이 나타나게 된 주요 배경 중 하나는 1999년에 도입된 예비타당성 제도입니다. 사회간접자본[SOC][7] 사업에 대한 우선순위, 적정 투자 시기, 재원 조달 방법 등 타당성을 검증해 국가 예산 낭비를 막는 제도인데, 경제성 평가가 핵심입니다. 강남 지역을 통과하는 경우 수익성과 유동인구 측면에서 유리하기 때문에 2001년 이후 동남권을 지나는 35개의 역이 신설되었습니다. 같은 기간 서북권은 단 3개의 역이 신설되었고요.

이격차 —— 그렇네요. 그렇다고 해서 수요가 없거나 경제성이 떨어지는 모든 지역에 지하철을 건설해야 할까요? 정부 예산은 국민의 세금으로 충당되고 한정적이므로 효율성을 생각하는 것은 당연합니다. 다만 대중교통에 대한 접근성을 꼭 지하철에 한정해서 볼 필요는 없다고 생각합니다. 간선 및 지선 버스 노선이 잘되어 있고, 큰 도로가 없거나 접근성이 떨어지는 지역은 마을버스를 배치함으로써 지하철과의 연계성을 높이면 자연스럽게 해결되는 문제로 보입니다.

김평등 —— 교통수단 중 지하철은 중요한 위상을 가지고 있습니다. 버스는 도로 교통 상황에 따라 유동적이며 통근 거리가 길수록 도착 시간의 불확실성이 크지만, 지하철은 장거리 이동에도 도착 시간의 예측이 가능하다는 장점이 있습니다. 서울의 과밀화를 완화시키기 위해 건설 중인 신도시에도 광역철도의 건설을 강하게 요구하는 이유이기도 하지요. 한 연구에 따르면 서울의 지하철 네트워크는 인구 및 대중교통 의존 계층의 공간 분포보다 고용자 분포를 고려하고 있음이 나타났습니다. 한정된 예산 때문에 어쩔 수 없다는 경제적 논리보다 대중교통 의존도가 높은 계층이나 접근성이 떨어지는 지역에도 사람들이 이용할 수 있는 질 좋은 교통수단을 배치하는 것이 앞으로의 바람직한 방향성이라 생각합니다.

사회자 — 우리가 매일 이용하는 지하철로 이렇게 토론할 수 있다는 사실이 흥미롭습니다. 저도 출퇴근할 때 지하철을 많이 이용하는데 지하철 노선이나 역의 분포에 대해서는 사실 깊게 생각해 보지 못한 것 같습니다. 생각해 보니 오늘 다룬 지하철 외에 버스도 관련 문제가 있을 듯합니다. 교통 약자들이 이용할 수 있는 저상 버스 노선이라든가 배차 간격 등도 깊이 생각해 보면 비슷한 문제가 있을 것 같아 추후에 다루어 보면 좋겠습니다.

주제 3
환경과 재난에도 공간 불평등이 있을까

사회자 — 수도권과 비수도권으로 대표되는 지역 격차, 우리가 통근·통학을 통해 일상적으로 이용하는 지하철에서도 공간 불평등을 찾아볼 수 있었습니다. 이뿐만 아니라 우리의 삶 속에서 나타나는 공간 불평등 사례도 많다고 하는데요. 구체적으로 어떤 사례가 있을까요?

김평등 — 통합사회 교과서에서 안전하고 쾌적한 환경에서 살아갈 권리를 배웁니다. 헌법 제34조에는 안전권이 언급되어 있고요. 기후 위기가 심각해지면서 우리나라에 기록적인 폭우와 폭염이 잇따르고 있습니다. 여러 통계는 재난이 결코 평등하지 않음을 잘 보여 줍니다. 한국환경정책평가원이 발간한 「2020 폭염영향보고서」를 보면 2018년 기준 고소득층(건강보험료 상위 20%)의 온열질환 발병률은 1만 명당 7.4명인 반면 저소득층에 해당하는 의료급여수급자는 21.2명이 온열질환을 앓아 약 3배의 차이가 나타났습니다.

 이격차 —— 기후 위기에 따라 취약계층의 피해가 커지고 이에 대한 사회 안전망의 확보가 필요하다는 의견에 동의합니다. 그래서 주민센터나 공공시설을 중심으로 무더위 쉼터를 마련하고 대피 시설을 확충하는 것 아니겠습니까? 시간이 지나면 차츰 나아질 것이라 생각하는데 아닌가요?

김평등 —— 앞서 통합사회 교과서의 안전권을 언급하였는데, 같은 단원 내용 중에는 헌법 제35조의 환경권 내용도 있습니다. 산림청의 발표에 따르면 2019년 말 기준 1인당 평균 생활권도시숲[8] 면적이 3.3㎡(1평)보다 좁은 시군구가 13곳이라고 합니다. 나이나 건강 상태, 경제적 여건과 관계없이 모두에게 열려 있는 녹지가 일부 지역에는 매우 한정적이라는 의미입니다. 세계보건기구(WHO)는 1인당 평균 최소 9㎡의 생활숲 조성을 권고하고 있으나, 우리나라의 기초지방자치단체(228곳) 중 31%에 달하는 71곳은 이 기준에 미치지 못하는 것이 현실입니다. 산림청에서 1인당 평균 생활권도시숲을 조사한 다음 자료를 함께 보시죠.

8
주거지 옆 근린공원이나 틈새 녹지·가로수 등을 의미한다.

시도	시군구	1인당 생활권도시숲 면적	시도	시군구	1인당 생활권도시숲 면적
서울	관악구	1.08㎡	부산	수영구	1.31㎡
	금천구	1.78㎡		북구	3.24㎡
	성북구	2.28㎡	인천	미추홀구	2.32㎡
	동대문구	2.45㎡		부평구	3.00㎡
	노원구	2.73㎡	경기	광명시	2.93㎡
	구로구	3.26㎡		광주시	3.14㎡
				안양시	3.17㎡

▲ **1인당 평균 생활권도시숲**(면적이 1평 이하 시군구)

출처: 산림청

이격차 — 보여 주신 자료를 보니, 도시화율이 높은 지역의 1인당 도시숲 면적이 좁은 것 같네요. 여기서는 낮은 지역만 나타나 확인이 어렵지만, 주변에 산이 많거나 도시화율이 낮은 지역은 상대적으로 녹지 비율이 높지 않을까요?

김평등 — 그렇게 자료를 해석하셨을 수 있겠지만, 생활권도시숲 개념은 교통수단을 이용해야 닿을 수 있는 산이나 대공원은 제외한 개념입니다. 자세히 보면 개발제한구역이 없거나 거의 존재하지 않는 중구, 마포구 등이 개발제한구역의 비율이 높은 관악구, 노원구 등보다 훨씬 높게 나타나고 있습니다. 자치구의 예산뿐만 아니라 대규모 아파트 단지의 조경도 한몫하고 있습니다. 재개발 과정에서 녹지 면적 자체

도봉 4.36
노원 2.73
강북 6.69
은평 5.43
성북 2.28
중랑 3.72
종로 16.54
동대문 2.45
서대문 3.32
중구 11.94
강서 7.30
마포 10.58
성동 3.94
광진 3.66
강동 9.08
용산 3.54
양천 4.06
영등포 6.87
구로 3.26
동작 5.91
서초 37.34
강남 8.37
송파 8.41
금천 1.78
관악 1.08

▲ **서울 자치구별 1인당 생활권도시숲 면적**(단위: ㎡)

출처: 산림청

는 늘어나지만, 대부분 아파트 내부 조경 녹지와 기부채납[9] 공원 등의 폐쇄적인 녹지가 증가하므로 재개발 과정에서 도시숲의 접근성이 낮아지는 것은 흔히 있는 일입니다.

김평등 —— 기후 위기 시대에 도시숲의 확보는 어쩌면 생존의 문제일지도 모릅니다. 폭염에 맞서 온도를 낮춰 줌은 물론 미세먼지를 막고 탄소흡수원의 역할도 합니다. 코로나19가 유행일 때는 시민들의 스트레스를 해소하는 공용 공간으로서의 역할도 수행했고요.

이격차 —— 여가의 공간으로 작용할 수는 있겠지만, 생존의 문제까지 확대 해석하는 것은 너무 과장된 것이 아닐까요? 폐쇄적인 아파트 단지의 조경 녹지도 존재하지만, 기부채납 공원 등은 공개 용지로서 충분히 기능하고 있다고 생각합니다. 개발할 공간이 한정적인 서울이나 대도시의 경우 주거 문제 해결을 위해 일정 부분은 감내해야 할 부분일 수도 있습니다.

김평등 —— 도시의 많은 부분에서 불평등이 나타나고 있는데, 도시숲조차 불평등에 시달리고 있습니다. 노인 인구 비율이 높고 경제 수준과 교육 수준이 낮은 읍면동일수록 공원 서비스 면적 비율과 질적 수준이 낮았다는 조사 결과도 있지요. 새로 조성되는 도시숲은 아파트 등 공동주택에 사유화되는 경우도 많으며, 서민들의 거주지 주변 도시숲은 개발 논리에 밀려 사라지기도 합니다. 공원과 무성한 가로수조차 부유함의 상징이 된 한국 사회의 모습이 어떻게 보면 참 슬프기도 합니다.

이격차 —— 정부가 2020년 「도시숲 등의 조성 및 관리에 관한 법률」(도시숲법)」을 제정하지 않았습니까? 지방자치단체에도 의무가 있는 만큼 여러 노력을 기울이고 있고, 10년 단위로 '공원녹지기본계획'을 수립하고 이행하는 노력도 하고 있습니다. 그 결과 서울 전체의 도시숲 면적은 지속적으로 늘고 있다고 합니다.

김평등 —— 단순한 면적이 중요한 것이 아닙니다. 단순히 도시숲의 총량을 늘리는 것이 중요한 것이 아니라 거주민의 수, 도보 접근성, 주민 건강 영향, 생물다양성 등의 질적 측면까지 고려한 '도시숲총량제' 도입이 필요합니다. 이미 영국과 미국 등은 사회·환경적 지위를 반영한 '공원결핍지수' 등을 산정해 예산 단계부터 반영하고 있다고 합니다. 우리도 다양한 계층과 지역을 고려하는 숲 관리 체계를 갖출 필요가 있습니다.

사회자 —— 두 분 말씀 잘 들었습니다. 당연하게도 공간 불평등이라고 생각했던 수도권과 비수도권의 격차 문제뿐만 아니라 지하철, 도시숲 등에서도 공간 불평등이 나타난다는 사실에 놀랐습니다. 아마 두 분이 언급하지 않은 더 많은 공간 불평등 문제가 있을 것 같은데요. 우리 모두 관심을 가질 때 문제 해결에 한걸음 더 다가설 수 있으리라 확신합니다.

마무리 발언

사회자 —— 다양한 분야에서 나타나는 공간 불평등 문제를 두 분의 토론을 통해 살펴봤습니다. 우리나라 헌법 제11조 제1항을 보면 "모든 국민은 법 앞에 평등하다. 누구든지 성별·종교 또는 사회적 신분에 의하여 정치적·경제적·사회적·문화적 생활의 모든 영역에 있어서 차별을 받지 아니한다."라고 되어 있습니다. 저는 두 분의 말씀을 들으면서 이 조항의 내용이 떠올랐는데요. 자연스럽게 존재하는 차이가 경제·사회·환경 등의 다양한 원인에 의해 큰 격차로 이어지는 경우 어느 순간부터는 차별로 이어질 수 있다고 생각합니다.

김평등 —— 동의합니다. 특히 공간에서 나타나는 차별은 개발 과정에서 발생하는 경우가 많은 만큼 적극적으로 국가가 개입하여 불평등을 해소해야 하지 않을까요? 저와 의견이 조금 다르기는 했지만, 사회적 약자나 소외된 계층에 대한 지원의 필요성 등에 대해서는 이 교수님도 공감해 주신 만큼 경제적 논리를 떠나 인권적 차원에서 시급하게 접근해야 할 것 같습니다.

이격차 —— 네, 무조건적인 평등이나 기계적으로 지역 수준을 맞춰야 한다는 데는 분명히 반대 의견을 던졌지만, 과도한 차별에 대해서는 저도 김 교수님의 의견에 동의하는 바입니다. 다만 부분과 전체 중 어느 부분에 좀 더 우선순위를 두어야 하는지 우리 모두 고민이 필요해 보입니다.

사회자 —— 대한민국 국민 모두가 우리 삶의 지리적 공간에 관심을 가지고 적극적으로 참여함으로써 불평등의 해소와 지역 개발의 방향이 더 나은 쪽으로 바뀌었으면 하는 바람입니다. 모두 수고 많으셨습니다.

주제 넓히기

의료 서비스를 받을 권리는 동등한가

웰빙이라는 단어가 유행한 지도 상당한 시간이 흘렀습니다. 실제로 웰빙 문화가 널리 퍼지기도 했지만 반대로 건강 불평등이라는 단어가 만들어지고 확산되고 있는 것도 사실입니다. 건강 불평등이란 건강이 거주하는 지역이나 재산의 크기에 따라 차이가 발생함을 지칭하는 용어이지만, 공간적인 문제 역시 빼놓을 수 없습니다. 대부분의 의료 시설이 '효율과 수익성'의 원리에 따라 인구가 많은 대도시에 집중되어 있기 때문인데요. 2017년 농촌 내 의료기관은 7,591개소로 도시의 12.9% 수준에 불과합니다. 종합병원 병상 수는 더 격차가 큽니다. 농촌은 약 9,000개로 도시의 6.5% 수준이지요. 이러한 의료기관의 차이는 사망률에도 영향을 주고 있습니다. 보건복지부 자료를 보면 2019년 치료가능 사망률[10]은 충북(46.95명)이 가장 높았으며, 서울(36.36명)이 가장 낮았습니다. 또 2017년 같은 자료에 따르면 서울 강남구는 29.6명이었지만, 경북 영양군은 107.8명에 달할 정도로 지역 격차가 상당합니다. 그나마 다행히도 지난 5년간 전국의 치료가능 사망률은 조금씩 낮아지는 추세이며, 지역 간 격차 역시 조금씩 줄고 있습니다.

하지만 각종 사망 관련 지표에서 수도권과 비수도권, 대도시와 촌락 간의 격차는 여전합니다. 누구에게나 동등한 생명의 가치가 지역 간 의료 서비스의 차이로 인해 달라질 수 있다는 것은 큰 문제가 아닐까요? 지역 간 의료 불평등 문제를 인식하고 해결하기 위한 우리 모두의 관심이 필요하겠습니다.

의료적 지식과 기술을 고려할 때 치료(의료 서비스)가 시의적절하게 효과적으로 이루어졌을 때 발생하지 않을 수 있는 조기 사망을 의미하며, 10만명당 발생하는 조기 사망자 수로 표현한다.

마무리
하기

공간 불평등은 정말 해소해야 하나

1. 공간 불평등과 지역 개발에 관한 토론 내용을 읽고, 각 주장에 대해 정리해 봅시다.

공간 불평등은 정말 해소해야 하나?

긍정적이다   부정적이다

수도권 집중은
해결해야 할 문제일까?

우리가 매일 타는 지하철에도
공간 불평등이 존재할까?

환경과 재난에도
공간 불평등이 있을까?

2. 지역 개발은 공간 불평등의 해결 방안 중 하나일지 본인의 생각을 적어 보세요.

· 쟁점 7 ·

토지 이용 갈등 Land Use Conflict
– 도시 개발과 토지 이용 갈등은
어떻게 풀어야 하나

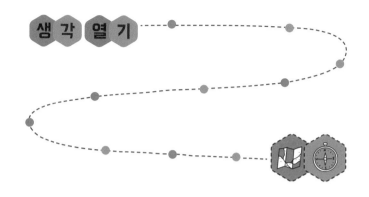

"당신은 어디에 살고 있습니까?"

대한민국이라고 답을 해야 하나, 혹은 자신이 살고 있는 지역 명칭을 이야기해야 하나 의문이 들죠? 그럼 이렇게 물어볼게요. 여러분은 도시에 살고 있나요? 아니면 촌락에 살고 있나요?

아마 도시에 살고 있다는 답변이 훨씬 많을 것입니다. 우리나라 통계상의 도시화율(2020년 통계청 기준)은 91%가 넘기 때문입니다. 10명 중 9명은 도시에 살고 있다는 이야기지요. 우리나라의 도시화율은 1960년대 이후 지속적으로 급격히 상승하여 90%대로 진입하였으며 앞으로도 일정 수준까지는 완만한 증가 추세로 도시화가 진행될 것으로 예상됩니다.

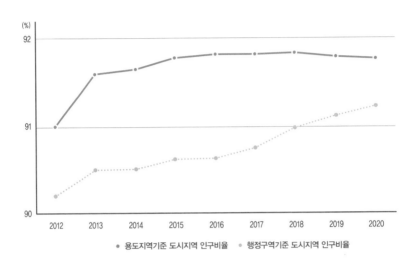

(%)

92

91

90

2012 2013 2014 2015 2016 2017 2018 2019 2020

● 용도지역기준 도시지역 인구비율　● 행정구역기준 도시지역 인구비율

▲ 도시지역 인구비율 추이 현황

　　다른 나라는 어떨까요? UN의 세계 도시화 전망World Urbanization Prospect 2018 통계에 따르면 세계 인구의 도시화율은 54%로 역사상 최고 수치이며, 이처럼 지구의 도시화는 가파르게 진행 중입니다. UN 통계에 따르면 1950년대에는 전 세계 인구 중 약 30% 미만의 사람들이 도시에 거주했던 것으로 추정하고 있습니다. 지금은 전 세계인의 절반 이상이 도시에 거주하고 있으며, 도시와 촌락이라는 이분법적 접근으로 볼 때 우리나라는 물론이고 다수의 사람이 살아가는 공간이 '도시'인 것은 틀림이 없습니다. 2050년 정도에는 인류의 2/3가 도시에 거주하리라는 세계은행의 전망이 나오는 것을 보면, 우리가 살고 있는 지금과 미래는 '도시의 세기'라고도 할 수 있겠습니다.

▲ 좁은 면적에 비해 많은 인구가 거주하고 있는 곳을 도시라고 볼 수 있다.

　이런 도시의 특징을 간략히 정리해 볼까요? 도시는 많은 인구가 정착해 살고, 다양한 직업을 가진 사람들이 있으며, 정치·경제·사회·문화의 중심지로서 기능합니다. 또 외형적으로도 높은 건물들이 즐비하고, 편리한 교통 체계와 다양한 공공시설을 갖추고 있지요. 도시의 여러 특징 중 가장 주목하고 싶은 부분은 많은 사람이 산다는 것입니다. 하지만 많다는 개념은 상대적인 개념인데요. 그래서 좀 더 정확하게 표현하자면, 좁은 면적에 비해 많은 인구가 거주하고 있는 곳으로 바라봐야 합니다. 우리나라의 수도 서울이 대표적인 사례이지요. 서울의 면적은 약 605km² 정도이고, 전라북도 무주군은 서울보다 조금 더 넓은 약 632km² 정도의 면적으로 비슷합니다. 반면에 서울의 인구는 약 950만 명(2022년 기준)이고, 전라북도 무주군의 인구는 약 2만 4천여 명(2022년 기준) 수준으로 큰 차이를 보입니다. 서울의 면적이 더 작음에도 불구하고 약 400배 규모의 거주 인구를 유지하고 있는 것이죠. 이를 통해 도시의 토지 이용은 매우 집약적[1]일 것이라고 추측할 수 있습니다. 이런 도시에는 많은 사람이 살고, 그 많은 사람은 각기 다른 욕망이 있는데, 이러한 욕망이 공간적으로 실현되는 과정, 즉 도시 개발 과정에서 서로 다른 갈등이 일어날 소지가 매우 큽니다.

도시의 규모를 줄여서 학교에 대입해 보면 쉽게 와닿습니다. 학교에 매점이 있나요? 요즘은 매점이 없는 학교도 많은데, 학교 내에 매점의 위치를 정한다면, 나름대로의 이해관계가 충돌합니다. 매점 운영자는 학생들이 오기 편한 곳과 물건을 받기 쉬운 곳을 원하고, 학교 교장 선생님 같은 분들은 학생들이 접근하기 쉬운 곳에는 더욱 중요한 교육시설을 만들고 싶어 할 것입니다. 물론 학생들은 매점이 가까운 것을 원하는 경우가 더 많겠지만, 일부 선생님들은 매점이 너무 가까우면 소음이 발생해 이를 꺼리기도 합니다. 학교의 생활지도부장 선생님 같은 분은 매점과 학교 교사가 떨어져 있으면, 이동 동선 곳곳에 쓰레기가 발생하는 등의 이유로 가까운 곳을 선호할 수도 있습니다. 학교 매점의 위치를 정하는 것에도 다양한 구성원 간의 이해관계가 상충하는데, 학교를 전면 리모델링이라도 한다면 얼마나 많은 이해관계가 충돌할까요?

집약적인 토지 이용을 한다는 것은 한정된 토지를 보다 많은 사람이 이용하는 것을 의미한다.

도시는 이보다 다양하고 복잡한 이해관계가 연속적으로 충돌하는 장입니다. 동네에 아주 작은 마을 도서관이 들어서는 것부터 낙후지역의 전면적인 재개발, 지하철 공사, 도로 건설, 산업단지 조성 등 대규모 사회간접자본의 조성 과정에는 갈등이 존재합니다.[2] 이렇게 개발된 도시의 각 부분은 나름대로 각자의 기능이 형성되어 특정한 토지 이용 패턴이 발생하지요. 그리고 이러한 토지 이용은 각기 서로 경쟁을 하며, 시간의 흐름과 사람들의 요구에 따라 그 기능이 변화됩니다. 그러한 변화의 과정을 도시 개발 행위가 주도하는 경우가 많고요. 이러한 순환을 통해 도시는 변화하며 진보합니다.

갈등에는 긍정적인 기능도 있다. 갈등을 해결하는 과정에서 최선의 과정을 학습하거나, 더 높은 효율을 추구하게 되기 때문이다. 그러한 갈등을 해결하거나 중재한 결과가 지금 우리가 보고 있는 도시의 모습이라고 할 수 있다.

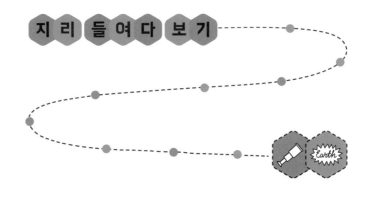

도시는 상업, 공업, 주거 등 다양한 기능을 수행하는데, 도시
가 성장할수록 비슷한 성질의 기능이 모여서 하나의 지역을 형
성합니다. 이를 도시 내부의 지역 분화라고 합니다. 인구가 증
가하고, 교통이 발달하면서 도시 내부의 지역 분화는 더욱 심
화되지요. 그래서 큰 도시일수록 여러 기능지역이 존재하고, 이
러한 기능지역끼리 계층적 구조를 형성하여 도시체계를 이룹
니다.

도시 내부의 지역 분화가 일어나는 중요한 원인은 접근성
과 지대의 차이입니다. 접근성은 지리적인 위치와 교통 편의성
에 따라 달라지는데, 일반적으로 도시의 중추적인 기능을 수행
하는 도심일수록 접근성이 높지요. 접근성이 높다는 말은 많은
사람이 오가기 편리하다는 뜻이고, 이는 상대적으로 그 땅이
다른 땅보다 더 매력적이고 가치가 있음을 나타냅니다. 접근성
이 높을수록 지대地代[3]도 높아집니다. 접근성이 높으면 많은 사

토지 사용의 대가로 토지 소
유자에게 지급하는 금전이나
그 외의 물건, 즉 땅을 이용하
여 얻을 수 있는 기대 이익을
일컫는다.

람과 기업이 재화와 서비스의 도달 범위 내에 들어올 수 있지요. 경제 활동을 위한 잠재 고객이 늘어나는 셈입니다.[4]

지리학에서는 이를 배후지가 넓다고 표현한다.

땅을 사용하는 사람이나 기업은 그 비용인 지대를 지불해야 하는데, 이를 지불할 사람이나 기업의 지대 지불 능력은 각기 다릅니다. 상업 기능이나 업무 기능은 지대 지불 능력이 높아 도심에 입지하지요. 도심은 비록 지대가 높지만, 수요가 많아 집약적인 토지 이용이 발생합니다. 즉, 고층 건물이 즐비한 경관이 나타나는 것입니다. 상대적으로 지대 지불 능력이 낮은 공업 기능은 상업 지역 외곽에 위치하고, 가장 지대 지불 능력이 낮은 주거 기능은 도시의 외곽에 위치하는 게 일반적인 도시의 구조이지요. 도시의 최외곽에는 도시의 무분별한 확산을 방지하기 위한 개발제한구역이 설정되기도 합니다.

도시 성장 초기에는 이러한 지역 분화가 일어나지 않고, 여러 기능이 혼재되는 경우가 많습니다. 그래서 도시가 비효율적인 체계를 갖게 되는데, 도시가 성장할수록 도시 내부 구조와 기능에 변화가 나타나고 이에 따라 토지 이용도 달라집니다. 이 과정에서 도시의 특정 지역에 특정 기능을 발달시키기 위한 도시계획이 적용됩니다. 도시계획은 도시 생활에 필요한 모든 환경을 효과적으로 배치하기 위한 계획인데요. 도시의 바람직한 미래상을 그리고, 이를 시행하는 일련의 과정을 의미합니다. 도시계획에 의해 시행되는 많은 사업을 흔히 지역 개발이라고 부르며, 이러한 행위에 따라 도시는 체계적으로 변화합니다.

도시계획에 의한 변화는 지향점이 분명하지요. '개발'이라는 행위를 통해 인간의 삶이 더욱 편리하게, 경제성장에 따라 풍요로운 삶을 뒷받침해 줄 수 있도록 공간이 변하고 있습니다. 최근에는 생태적 환경을 조성하고, 도시 내의 양극화를 줄이는 것도 도시계획의 주요 목표입니다. 즉, 도시계획을 통해 질적 변화와 양적 성장을 다 추구하고 있는 것이죠. 다만 이러한 변화를 위한 개발 행위가 이루어질 때는, 토지의 주인이나 개발 행위자의 이해관계, 정부의 정책, 지역 거주민 손익 등 다양한 주체의 요구가 투영되기 때문에, 그 진행 과정에서 다양한 갈등이 나타나기도 합니다.

다양한 갈등은 사례마다 다 다르지만 이를 조금 더 들여다보면, 대부분의 갈등 원인은 경제적 이해와 정체성 차이로 수렴됩니다. 도시계획의 추진에 따른 변화에 따라 누군가는 이익을 얻고, 누군가는 손해를 보게 될 수도 있습니다. 또 그 개발의 방향에 동의하거나 동의하지 않는 집단이 분명 존재하지요. 이 과정에서 님비현상[5] 같은 지역이기주의가 나타나기도 하고, 공익의 추구 과정에서 소수의 피해자가 양산되기도 합니다.

이러한 도시 개발이나 토지 이용에서 일어나는 갈등의 근원은 무엇일까요? 이는 토지의 유한성 때문입니다. 이 유한성에는 토지의 위치에 따른 대체 불가능성도 포함되어 있지요. 토지는 자연을 상징할 수 있는 단어이기도 합니다. 우리가 자연에서 얻는 수많은 자원은 토지를 통해 얻는 경우가 많지요.

'not in my backyard'의 줄임말로, 마약중독자, 장애인 아파트나 재활원, 산업폐기물, 쓰레기 등의 수용·처리시설의 필요성에는 근본적으로 찬성하지만, 자기 주거지역에 이러한 시설물이 들어서는 데는 강력히 반대하는 현대인의 자기중심적 공공성 결핍증상을 일컫는 단어이다.

▲ 도시 개발이나 토지 이용에서 일어나는 갈등의 근원은 토지의 유한성 때문이다.

교과서에 자원의 유한성이라는 개념이 나옵니다. 토지는 그 대
표적인 사례이자 자원을 총칭할 수 있는 대명사입니다.

도시 개발과 토지 이용 갈등은 어떻게 풀어야 하나

　　우리가 살고 있는 도시는 우리의 삶을 포함하여, 다양한 토론거리가 집적되어 있는 곳이다. 우리가 살고 있는 주변 지역의 변화에 주목하면서, 각 토지의 기능이 어떻게 변화되는지 살펴보아야 한다. 또 이에 따라 우리의 삶은 어떻게 변하며, 그 과정에서의 이해관계 충돌은 어떻게 풀어야 할지 한번 고민해 볼 때이다. 이에 〈99분 토론〉에서는 '도시 개발과 토지 이용 갈등은 어떻게 풀어야 하나?'를 주제로 토론을 진행하였다.

사회자 ── 지금은 바야흐로 도시의 세기입니다. 많은 사람이 도시에 살고, 그들이 미래를 준비해 가는 보금자리가 도시입니다. 도시가 살기 좋아서 또는 도시에 가야만 살 수 있어서 사람들의 도시 집중 현상이 나타나는데요. 일단 도시는 편리하죠? 다양한 공공시설과 편리한 교통, 다양한 서비스, 활력 있는 경제, 풍요로운 여가를 위한 공간 등 도시의 매력은 무척 많습니다. 하지만 도시의 삶이 그렇게 아름답기만 한 것은 아닙니다. 환경문제를 비롯해 높은 지가에 따른 주택문제. 교통량 증가와 사고에 따른 교통문제 등 다양한 도시문제를 일상에서 경험하고 있지요. 도시가 매력적인 이유는 다양한 사람이 있어서라고 할 수 있는데. 거꾸로 도시문제의 원인도 사람이 많아서라고 할 수 있습니다. 이 도시에는 많은 사람이 모여 있다 보니 다양한 이해관계가 얽히고설켜 있습니다. 한정된 재화에 해당하는 토지의 이용 때문에 일어나는 갈등은 무척 많습니다. 보통 이러한 갈등을 토지 이용 갈등이라고 하지요. 오늘은 서울의 한가운데 반환되는 미군기지의 토지 이용과 관련한 갈등을 짚어 보겠습니다.

오늘 토론의 전문가로 개발대학교 도지주 교수님과 도시시민연대 나시민 대표님을 모셨습니다. 그럼 패널들께서는 인사와 모두 발언을 해 주시기를 부탁드립니다.

도지주 — 안녕하세요. 개발대학교 도지주 교수입니다.

나시민 — 반갑습니다. 도시시민연대 나시민 대표입니다.

사회자 — 먼저 토론에 앞서 진행 상황에 대한 공유할 필요가 있어 보입니다. 제가 정리한 내용이 있으니, 한번 읽어 드리겠습니다.

· 용산민족공원 추진 경과 ·

2004년 한미 용산기지 이전 협상을 타결하고, 용산공원의 역사성을 강조하며 2007년 용산공원 내 주택을 지을 수 없도록 하는 내용을 담은 용산공원 특별법을 제정하였습니다. 그간 정부는 오랜 기간 외국군 주둔의 역사를 가진 용산기지를 시민 품으로 돌려주는 것을 용산공원 조성 사업 의의로 제시하였으며, 수차례 논의를 거쳐 용산공원의 규모를 기존 계획보다 약 20% 늘어난 300만㎡로 확정하였습니다. 2022년 기준 전체 부지의 10% 정도가 반환된 상태입니다. 기지 최종 반환 시점으로부터 7년 이내 용산공원을 조성하여 개방하겠다는 것이 현재의 기본 계획이며, 국가사업으로 진행되는 최초의 국가공원입니다.

사회자 — 제가 요약한 경과에 대해서 이견 없으시죠? 그리고 편의상 용산민족공원은 '용산공원'으로 줄여서 이야기히도록 하겠습니다.

도지주 — 네, 추진 경과에 대한 요약 감사합니다.

나시민 — 네, 방청석에 있는 분들께 토론 관전을 위해 도움이 되었다고 생각합니다.

사회자 — 용산공원 사업 추진 과정 중 서울의 부동산 가격이 급상승하면서 서울 내의 주택 수요가 급증하자, 당시 정치권 일부에서는 용산공원 부지의 일부를 활용한 주택 공급안을 제시하였습니다. 결국 도시 내 공공용지를 주택용지로 전환하자는 이야기인데요. 용산공원 일부에 아파트를 공급하자는 주장에 대해서 양측의 입장을 들어 보겠습니다. 두 분은 어떻게 생각하시나요?

도지주 — 저는 아파트 공급을 반대합니다. 공공용지의 공익적 활용을 위해 제대로 된 용산공원을 만들어, 그 편익을 온 국민이 누릴 수 있어야 한다고 생각합니다. 아시다시피 현재 용산에는 미군부대가 잔류해 있고, 단계적으로 이전 중입니다. 역사적으로 외세의 침입이 있을 때, 침략군이 용산에 주둔했던 역사적 사례가 매우 많았습니다. 그래서 해방 및 한국전쟁 이후에도 미군부대는 자연스럽게 용산에 주둔하게 되었지요. 현재는 미군부대의 평택 이전 계획으로 반환

된 부지를 '용산민족공원'으로 탈바꿈하기로 특별법이 제정되어 그 계획이 진행 중에 있습니다. 우리 국민의 역사 정체성 확립을 위해 외세의 손을 많이 탔던 장소를 제대로 된 민족공원으로 만들어, 역사 앞에 당당한 국가가 되었으면 좋겠습니다.

나시민 ── 저 역시 용산공원의 완성에 힘을 보태고 싶은 사람입니다. 하지만 동시에 주거 불안정이 높아진 서울의 아파트 가격을 보며, 한숨을 쉬는 평범한 시민이기도 하지요. 공원을 만드는 것도 좋지만 공원 용지 일부를 전용하여서 주택을 공급하면, 서울뿐 아니라 수도권의 집값 안정, 주거 불안 해소에 도움이 됩니다. 이에 공원 용지 일부에 대규모 주택 공급해 주거 불안정 문제를 우선적으로 해결하자는 입장입니다. 즉, 시민들을 위한 주택, 아파트는 반드시 공급되어야 합니다.

도지주 ── 서울에는 이미 많은 주택이 공급되어 있습니다. 외세의 흔적 위에 오늘날의 당당한 역사를 그려 가는 행위가 제대로 된 '용산민족공원' 만들기에서부터 시작한다고 생각합니다. 조선 개국 이후 임진왜란 때는 왜병의 병참기지, 병자호란 때는 청군의 병참기지였습니다. 근대 일제 강점기 때는 일본군의 주둔지였고, 한국전쟁 이후에는 미군부대가 자리 잡게 되었습니다. 그 아픈 역사를 품고 있는 곳이 용산 미군기지이지요. 자주적인 장소 만들기가 필요한 곳에 흔하디 흔한 아파트를 공급한다는 것은 근시안적인 도시 정책입니다.

나시민 ── 저 역시 당당한 역사 만들기를 위한 공원 조성 사업에 반대하지 않습니다. 하지만 겉으로는 제대로 된 공원 만들기를 주장하면서, 은근히 도시 내 주택 공급을 제한하려는 세력들이 있습니다. 그들은 역사 정체성을 핑계로 기존 주택 가격의 하락을 방지하기 위해 주택 공급을 막는 정책을 추진하는 것이 아닌지 의심됩니다. 도시에서 공원의 중요성은 알고 있습니다. 용산의 역사성도 이해하고요. 그러나 두 다리를 뻗고 편히 쉴 수 있는 보금자리를 마련해 주는 주거 정책 역시 필요합니다.

사회자 — 역시 이래서 갈등이구나 싶습니다. 갈등은 한자로 칡갈葛 자와 등나무등藤 자를 쓴다고 하죠? 칡뿌리와 등나무가 얽히고설켜 풀어내기 쉽지 않은 것이 갈등입니다. 이러한 사례와 관련해서는 지역 주민이거나 이해 당사자가 아니면 내 일이 아니라고 나 몰라라 할 수도 있습니다. 그러나 이러한 문제는 어디에서든지 일어날 수 있는 일이므로, 그 과정을 살펴보고 갈등의 실마리를 찾아 해법을 탐구할 필요가 있다고 생각합니다.

오늘 토론이 팽팽할 것 같은 느낌이 드는데, 이 토론을 통해 각자의 입장을 이해하고, 사고의 폭이 확대되는 경험을 얻기를 기대해 봅니다. 그럼 쟁점 토론을 시작하겠습니다.

주제 1
서울의 도심부 용산에 필요한 것은 공원인가, 주택인가

사회자 — 미군기지로 활용되던 땅을 국가가 돌려받은 뒤, 이를 공원화하여 국민들의 품으로 돌려주겠다는 것이 '용산국가공원 사업'의 큰 뜻으로 해석됩니다. 수차례 논의 끝에 주택 공급은 하지 않고, 공원화 결정을 한 배경에 대해서 토론자들께서는 어떻게 생각하는지 그 입장을 들어 보고 싶습니다.

도지주 ── 저는 현재의 추진 과정이 바람직하다고 생각합니다. 1953년 이후 미군기지로 활용하던 땅을 국가 입장에서는 돌려받게 된 것인데요. 해방과 한국전쟁 이후 서울은 국제적인 도시로서 엄청난 발전을 거듭해 왔습니다. 즉, 엄청난 가치가 있는 국공유지를 국가가 반환받게 된 것이지요. 국가 입장에서는 이를 민간에 분양하는 방식으로 이익을 취할 수도 있지만, 국공유지 상태로 유지하면서 국가가 직접 관리하는 공원을 만들겠다는 계획을 추진 중입니다. 이는 해당 지역의 역사성을 복원하고, 시민들의 공공 복지를 높이는 방향이라고 생각합니다.

나시민 ── 전체적인 방향은 옳습니다. 반환 토지를 공원화하는 것은 이미 우리 사회가 합의하였고, 특별법을 제정하여 이를 추진하고 있는 실정입니다. 다만 현재 부동산 가격의 상승으로 어려움에 처한 사람들이 많아졌으니, 공원 용지 일부를 할애하여 아파트를 공급하자는 의견을 피력합니다. 용산공원 부지는 원칙적으로 용도 변경이 불가하지만 주택가격 안정화를 위해 해당 부지의 일부를 주택공급 용도로 활용하도록 법이 개정되어야 합니다. 공원 없이는 살 수 있어도 집 없이 살 수는 없는 노릇이니까요. 법은 시대의 가치와 필요에 맞게 고쳐 쓰면 되는 것이기 때문에, 사회적 합의만 있다면 개정은 문제가 없다고 봅니다.

사회자 — 두 분의 입장을 확인했습니다. 자, 그렇다면 도시계획적으로 반환 부지를 어떻게 활용하는 게 좋을지 원론적인 토론을 해 보도록 하겠습니다. 잘 아시다시피 용산공원의 위치는 행정구역상 서울의 한가운데에 해당하며, 남산 이남과 한강을 연결하는 곳입니다. 이런 곳에 공원을 조성하는 것이, 혹은 일부 지역을 아파트로 용도 전환을 하는 것이 최선인가요? 일단 용산공원의 위치를 잘 모르시는 분들을 위해서 용산공원의 입지를 설명할 수 있는 지도를 한 장 준비했습니다.

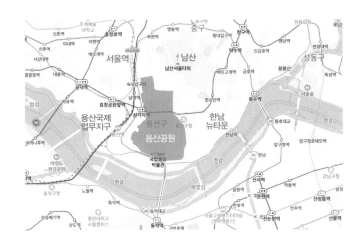

도지주 — 도시 운영을 위해서는 공원이 꼭 필요합니다. 쾌적한 도시환경을 유지하고, 시민들의 건강과 휴양, 정서생활을 향상시키는 데 공원은 필수이지요. 1인당 도보생활권 공원 면적(㎡) 통계를 인용해 드리겠습니다. 도보생활권 공원은 걸어갈 수 있는 거리 내 공원을 말하는 것으로, 일상적인 삶의 영역 내에 위치한 공원을 거주민 수로 나누어 그 면적을 산출한 통계입니다. 최근의 통계(2020년)를 확인해 보면, 서울의 1인당 도보생활권 공원 면적은 5.49㎡입니다. WHO에서 권장하는 1인당 공원 면적 최소 기준인 9㎡의 절반을 상회하는 수준이며, 그나마 점진적으로 늘어나 이 정도입니다. 런던(27㎡), 밴쿠버(23.46㎡), 뉴욕(14.12㎡), 파리(13㎡) 등 세계 주요 도시와 비교해 봐도 매우 좁지요. 결국 대한민국 수도 서울 녹지 환경이 그리 좋다고 보기는 어렵습니다. 이러한 상황이니 반환부지를 공원 용지로 확정하고, 이를 통한 공간복지를 실현하려는 것이 사회적 합의 아니겠습니까?

나시민 ── 도 교수님께서 오해를 하시는 것 같아요. 원론적인 공원 부지로 활용하는 것은 동의합니다. 다만 그 부지의 규모가 크다 보니 공원을 디자인하면서 주택 공급이 가능한 지역을 지정하여서, 공원 부지의 일부에 아파트를 공급하여 주거난을 해소하자는 취지입니다. 전체를 아파트로 도배하자는 의견이 아니라는 점을 분명히 말씀드립니다. 도 교수님이 제시한 통계는 결국 글로벌 대도시에 비해 공원 면적이 좁다는 것 아닙니까? 그렇다면 서울이라는 도시가 다른 어떤 도시들보다 거주비가 많이 들어가는 곳이어서 주거난이 심각하다는 의견 역시 잘 아실 것입니다. 2017년부터 2019년까지 3년 동안의 서울 도심 아파트값 상승률이 세계 주요 도시의 도심 중 가장 가파르고, 가격도 홍콩, 싱가포르, 런던에 이어 네 번째로 비싸다는 통계 자료가 있습니다. 미국 뉴욕, 프랑스 파리, 일본 도쿄 등 세계적인 도시로 평가받는 곳들을 모두 앞질렀습니다. 상황이 이렇다 보니 반환부지의 용도를 일부 변경하여서 주택을 공급하자는 것입니다.

사회자 —— 서울은 글로벌 도시에 비해 공원 용지가 부족한 것은 사실이지만, 최근 들어 아파트값의 급등으로 시민들의 주거난이 계속되고 있는 것도 사실이지요. 용산지역은 서울 도시계획상 국제업무지구 조성이 추진 중인 곳입니다. 도시지리학적으로 도심 및 부도심의 기능을 하는 곳이어서 그렇습니다. 이러한 국제업무지구 부근에 용산공원이 들어선다는 것인데, 기존 도시계획과의 연계성에 대해서 어떻게 생각하시나요?

도지주 —— 용산은 교통이 발달해 있고, 지리적으로 서울의 중심부에 해당하여 사통팔달한 곳입니다. 서울의 성장과 더불어 국제업무지구가 조성되고, 근처에 공원이 조성되는 것은 국제적인 트렌드이죠. 모두가 잘 아는 뉴욕에는 센트럴파크가 있습니다. 뉴욕의 센트럴파크는 1873년 16년의 공사 끝에 완공된 미국 최초의 대형 도시공원인데요. 150년의 역사를 가지며 현대 도시공원의 시발점이자 대명사라고 평가받고 있지요. 101만 평의 장방형 부지에 숲(16만 평)과 녹지(연못 및 저수지 18만 평, 잔디밭 30만 평)가 대부분을 차지하고 있어 자연공원에 가깝습니다. 센트럴파크는 집약적으로 개발된 도심에 자연 속의 휴식공간을 제공함으로써 도시의 허파와 같은 역할을 하고 있습니다. 센트럴파크가 없는 뉴욕은 상상할 수 없지요. 앞으로 제대로 된 용산공원이 조성된다면 서울도 뉴욕의 센트럴파크를 부러워할 필요가 없을 것 같습니다.

나시민 ── 도 교수님 의견에 동의합니다. 그 센트럴파크 주변은 어떤지 잘 알고 계시리라 생각합니다. 사진을 같이 한번 보실까요?

▲ 뉴욕 센트럴파크의 전경

출처: Shutterstock

공원 주변으로 고밀도 개발이 이루어져 있습니다. 다시 서울로 넘어와서, 용산공원에 접근하기 쉬운 지하철역만도 9개가 넘습니다. 서울 인근의 경기도에 신도시를 개발하려면, 도로부터 지하철까지 다양한 사회간접자본을 투자해야 하지만, 용산공원 부지는 이런 사회간접자본의 중복 지출을 방지할 수 있는 훌륭한 택지입니다. 용산에

업무지구가 개발된다는 것은 일자리를 조성하겠다는 것이죠. 일자리 가까운 곳에 주택을 공급하여 시민들의 만족도를 높이자는 것이 무엇이 문제인지 모르겠습니다. 접근성이 높으면 지대도 높습니다. 용산공원은 그런 땅이지요. 그런 땅을 공원으로만 방치하기에는 아깝다는 생각이 듭니다.

도지주 ── 그렇죠. 말씀하신 대로 지대가 높은 곳이기는 하지만, 지대가 높다는 것은 그 땅을 이용한 기대이익이 높다는 뜻입니다. 지대가 높은 곳에 주거용 시설을 짓는 것도 일반적인 도시계획은 아닙니다. 보통 주거지역은 지대가 낮은 도시 외곽에 입지하는 것이 일반적이니까요. 지대가 높다면 이를 분양하여 업무지구나 상업지구를 개발해야 한다는 것인데, 국가가 반환 부지를 민간에 분양하는, 이른바 땅장사 역할을 하는 것이 과연 바람직할까요?

나시민 ── 만약 주택 공급이 필요하다면, 그 주택을 건설하기 위한 비용을 마련해야 하고, 그 비용을 마련하기 위해 일부 지역을 민간에 분양하는 것도 고려할 수 있습니다. 국가가 땅을 팔고, 그 수익으로 국민의 주거 복지를 실현한다는데 그게 큰 문제가 될까요? 사고를 유연하게 하셨으면 좋겠습니다. 반환부지를 전부 민간에 분양하자는 것도 아니고, 토지 분양을 통해 거둔 수익을 바탕으로 주거 복지를 위한 사회주택을 만들어 국가가 이를 관리한다면 어떨까요? 주거약자에 해당하는 청년이나 신혼부부 등에게 저렴하게 양질의 주택을 공급한다는 게 큰 잘못일까요? 그렇게 주택을 일부 공급하는 일이 공원의 역사성에 엄청난 훼손이 가해지는 것인지 정말 궁금합니다. 합리적인 토지 이용이 필요한 때입니다.

주제 2
역사적 정체성 회복이 중요한가, 시민의 실리가 중요한가

사회자 — 앞선 토론에서 결국 이 쟁점은 토지 이용 갈등이라는 이야기가 나왔습니다. 도시 내 공급되는 토지는 한정적인 데 반하여, 이를 활용하고자 하는 개인 및 집단의 욕망은 다양하니, 이를 조정하는 과정이 필요할 테죠. 결국 역사적 정체성을 회복하는 공간으로 온전히 조성하느냐, 아파트도 공급하는 실리까지 두 마리의 토끼를 잡느냐가 문제인 것 같습니다.

도지주 — 아파트 공급은 당연히 반대입니다. 특별법까지 만들어서 추진하는 국가사업인데, 공원의 설립 취지를 훼손하는 주택 건립은 있을 수 없습니다. 아파트 공급 논쟁은 1990년대부터 간간이 제기되어 온 해묵은 논쟁입니다. 이를 해소하기 위해 특별법을 발의하고 입안하였는데, 이를 또 어기다뇨? 일단 현행법 체계 내에서는 불법으로서 이루어질 수 없는 계획입니다. 설령 법 개정을 통해 일부 아파트를 공급한다 하더라도 주거의 질과 도시계획은 전혀 고려하지 않은 졸속한 발상이라고 생각합니다.

나시민 — 용산공원의 설립 취지는 우리 나라의 역사를 이해하고 사랑하는 사람으로서 충분히 공감합니다. 다만 오늘날 서울에 살고 있는 사람들의 높은 주거비용을 해소하기 위한 방편으로 공원 부지 내 일부 지역에 아파트 공급은 충분히 검토해야 할 논의의 대상이라고 생각합니다. 일단 이를 추진하기 위해서는 절차적으로 특별법의 개정이 필요한 부분은 맞고요. 아파트 건설 필요성에 대한 여론이 높아지면, 자연스럽게 법은 개정될 수 있으리라 전망합니다.

도지주 — 한 국회의원은 부지의 20%에 해당하는 60만㎡에 8만 가구를 공급하겠다는 의견을 냈습니다. 이렇게 되면 엄청나게 높은 과밀 개발, 경관 훼손이 명약관화합니다. 아파트 병풍으로 둘러싸인 이도 저도 아닌 이상한 국가공원이 만들어지는 것이죠.

나시민 — 병풍 아파트를 말씀하셨는데 공원을 둘러싸고 아파트 단지를 조성하는 것이 아닌, 일부 지역에 주거지를 조성한다면 병풍 아파트 논란은 과장된 발언이 아닌가 싶습니다. 그리고 용산공원 부지는 서울의 핵심 지역이어서 개발 압력도 높고, 교통 편의시설도 잘 갖추어져 있습니다. 개발 압력이 높은 곳, 즉 이미 스카이라인이 높은 곳 근처 일부를 주거용지로 전환하는 것은 큰 문제가 아니라고 생각합니다. 앞서 뉴욕의 센트럴파크 사진도 보셨잖습니까?

용산공원의 면적은 300만㎡입니다. 그 면적이면 흔히 비교하는 여의도 면적(294.7만㎡)보다 큰 규모인데, 이를 일부 주거용지로 용도 전환을 하는 것은 충분히 검토해 볼 만한 사항입니다.

도지주 — 용산공원 계획은 반환된 미군기지를 공공용지로 지정함으로써 공원을 조성하여 많은 시민이 이용할 수 있도록 진행 중인 국가 주도의 지역개발 사업입니다. 서울에 입지한 공원이지만, 제1호 국가공원으로서 서울시민만이 아닌 국가의 상징과 정체성을 담아 조성되어야 하는 국가적 사업이지요. 오랜 기간 우리에게 금단의 땅이었던 곳의 역사적 의미가 상당합니다. 현재 집중해야 할 것은 어떻게 하면 그런 역사성을 더 발현할 수 있는 설계를 할 수 있을지이지, 일부 구석에 아파트를 짓겠다는 논의는 가당치 않습니다. 이곳은 국가공원 부지입니다. 서울 시민들의 주거 안정만을 목적으로 아파트를 짓겠다는 것은 이기적인 조치입니다.

나시민 —— 공원은 가까운 곳에서 걸어 다닐 수 있어야 유용합니다. 용산 공원이 국가공원으로 만들어진다고 해서 국민 전체가 실질적으로 그 편익을 누리는 것은 아닙니다. 용산공원 인근 주민 입장에서 공원의 조성은 삶의 쾌적성을 제공받을 뿐 아니라, 인근 지역의 부동산 소유주는 자산 가격의 상승까지 기대할 수 있는 대규모 개발 행위이지요. 반면에 아파트 공급은 수요공급의 법칙에 의해 부동산 가격의 하락 요소로서 작용될 수 있으니, 이를 꺼리는 것 아닌가요? 공원은 환영하나, 아파트 공급을 반대한다는 논리는 전형적인 핌피현상[6]과 님비현상을 동시에 보여 주고 있는 모습입니다. 더군다나 임대 아파트 공급에 대해서는 결사적으로 반대하는 모습을 보여 주었는데, 이는 전형적인 사회적 약자에 대한 차별이며 혐오입니다. 저는 공원 부지 내 아파트 공급을 반대하는 사람들은 역사적 정체성을 표면적으로 내세우며, 자신의 기득권을 유지하려는 표리부동한 세력이라고 생각합니다.

도지주 —— 토론에서 의견 충돌은 이해하겠지만, 반대 의견을 개진하는 사람들을 싸잡아서 표리부동한 인물로 취급하는 것은 성급한 일반

6
'Please In My Front Yard' 의 약자로, 수익성이 있는 사업을 내 지역에 유치하겠다는 일종의 지역이기주의 현상을 말한다.

화의 오류이자, 인신공격의 오류입니다. 혹, 일부 그런 속내를 가진 사람들이 있을 수도 있겠지만, 국가와 국토의 장기적인 관점에서 온전한 국가공원의 추진이 필요할 뿐입니다. 저명한 역사학자 아놀드 토인비의 말을 인용하겠습니다. "인류에게 가장 큰 비극은 지나간 역사에서 아무런 교훈도 얻지 못한다는 데 있다." 우리는 이 역사적 공간의 정체성을 확립하고, 이를 바탕으로 더 당당한 오늘을 살아가야 할 것입니다.

나시민 ── 다소 과한 표현은 사과드립니다. 다만 분명히 그런 사람들이 적지 않다는 점도 인정해 주셨으면 합니다. 이익을 추구하는 행위가 자본주의 시대를 살아가는 사람들의 생리이지만, 사익의 보전을 위해 도시의 진보를 반대하는 많은 사례가 있습니다. 서울의 ○○대학교에서 기숙사를 건립하려 했는데, 그 지역 주민들이 반대를 했지요. 그들은 대학가에서 원룸 등을 운영하는 지역 유지들이었고요. 기숙사가 공급되면, 원룸의 공실이 발생하거나 월세가 하락하리라고 예견했던 것이죠. 그래서 지방 정부를 압박하여 착공 반대 민원을 넣었고, 그 과정에서 자신의 민낯을 드러내지 않기 위해 환경보호를 위한 기숙사 건립 반대를 외쳤습니다. ○○대학교의 기숙사 건립 예정지는 그 학교가 소유하고 있는 산능성이의 숲이었기 때문이죠. 2013년부터 추진하려 했던 기숙사 건립은 2022년에도 답보 상태에 있습니다. 우리 사회 기득권층의 부끄러운 모습입니다. 어쩌면 이 이슈도 그와 크게 다르지 않을 수도 있겠다는 생각이 들어서 말씀드렸습니다.

역사를 중요시하시니 저 역시 역사학자의 말씀을 옮겨 보겠습니다. 칼 베커라는 역사학자는 "역사는 항상 새롭게 쓰이며, 따라서 모든 역사는 현재의 역사이다"라고 했습니다. 용산 지역이 역사적인 공간임은 분명하지만, 오늘을 살고 있는 시민들이 미래의 역사를 만들어 가는 주역입니다. 그들을 위한 공간적 배려가 절실합니다.

사회자 — 열띤 토론이네요. 용산공원의 정체성을 유지하자는 주장과 시민의 주거부담 완화를 위한, 어찌 보면 경제적 손익에 근거한 주장의 대립이라고 정리할 수도 있겠습니다. 아직 용산공원에 대해서 더 토론할 내용이 많을 것 같은데, 3부에서는 좀 더 장기적인 관점에서의 용산공원 토지 이용 방안에 대해 살펴보겠습니다.

주제 3
장기적이고 거시적인 관점에서 용산공원의 토지 이용 방안은

사회자 — 지역개발에 대한 찬반의 입장을 따져 보면, 정체성의 충돌과 경제적 손익 관계에 따른 대립이 많습니다. 앞선 토론이 그러했다고 봅니다. 하지만 이 외에도 다양한 입장의 차이가 있으리라 생각합니다. 미처 다하지 못했던 용산공원과 관련한 토론을 계속 이어 가겠습니다. 다만 이번에는 장기적이고 거시적인 관점에서 용산공원의 토지 이용 방안에 대해 말씀해 주시기 바랍니다.

나시민 — 국가가 국가를 구성하는 국민의 주거 안정을 위한 노력을 하는 것은 당연한 일입니다. 2020 제4차 가족실태조사 결과에 따르면, 가구당 평균 가구원 수는 2.3명이며, 1인 가구의 비율은 전체 가구의 30.4%로 2015년 21.3%에 비해 크게 늘었습니다. 그런데 그 1인 가구가 정부에 바라는 지원으로 선택한 1순위(50.1%)는 주택 안정 지원 정책이었으며, 1인 가구로 살면서 가장 부담되는 항목 1순위 주거비(35.7%)였습니다. 이는 전국 평균 수치이고, 가장 주거비 부담이 높은 서울에서의 현실은 이보다 더 심각할 것으로 추정됩니다. 즉, 오늘날 도시에서 살아가고 있는 많은 사람이 높은 주거비용으로 고통을 받고 있다는 사실을 인식해 주십시오.

도지주 ── 나시민 대표님이 말씀하신 주거 안정도 중요한 정책 고려 요소입니다. 하지만 더 길게 봅시다. 현재 부동산 시장이 과열되어 주거비 부담이 늘어난 것은 사실입니다. 그러나 현재 가격이 급등한 만큼 시장의 피로감도 존재하고, 향후 금리 인상 등으로 자연스러운 시장의 하향 안정화를 예상하는 분들도 많습니다. 2022년 하반기 미국발 금리 상승은 이미 부동산 시장을 얼어붙게 만들었고, 급등했던 아파트값은 오히려 급락하기 시작했습니다. 금리 인상은 통화량 유동성을 흡수하기 때문에 부동산으로 몰리는 뭉칫돈을 거둬 들일 수 있습니다. 아주 기본적인 경제원리이지요. 언제까지나 부동산과 같은 자산이 상승할 수는 없습니다. 산이 높으면 골이 깊다고 했습니다. 급격한 상승에 따른 급락이 있을지도 모릅니다.

나시민 ── 아파트 건설을 전제로 공급량과 관련한 의견을 드립니다. ○만 호 공급 등의 다양한 의견 제시가 있습니다. 중요한 일은 공급을 통해 부동산 가격을 안정화하겠다는 것이지, 구체적인 물량은 아닌 것 같습니다. 8만 호이든 혹은 그보다 적은 규모이든 그 공급량은 용산공원의 경관을 훼손하지 않는 범위 내에서 조절 가능합니다. 경관을 훼손하지 않고 공원 설계를 진행한다면, 용산공원의 정체성 훼손도 없으리라 생각합니다.

서울 내 핵심 지역에 대규모의 주택 물량 공급은 장기적으로 서울 부동산 시장의 하향 안정화에 도움이 되리라 예상합니다. 말씀하셨던 것처럼 금리 상승에 따른 부동산 가격의 하향 안정화가 진행되고, 그와 더불어 서울 핵심지에 아파트 공급을 늘린다면, 서울의 아파트 가격은 매우 안정될 것이며, 이는 서민들의 주거 안정에 큰 도움을 줄 것입니다. 그리고 서울의 부동산 안정화는 장기적으로 우리나라 전체의 부동산 시장의 양극화를 완화하고, 국토 전반에 번진 부동산 과열을 진정시키는 효과를 유발하여 국민 전체의 이익으로 환원될 수 있다고 생각합니다.

도지주 — 장기적인 관점에 대한 토론이니, 저 역시 장기적 관점으로 인구 구조에 대해서 이야기하지 않을 수 없군요. 통계청의 「장래인구추계: 2020－2070(2021년)」에 따르면 2020년 우리나라는 이미 인구 최댓값인 정점을 찍었고, 저출산의 여파로 2030년부터 매년 10만 명씩 인구가 감소하면서 그 감소폭이 더욱 확대될 것이라고 전망됩니다. 학자에 따라서는 그 감소폭이 더욱 크다고 주장하는 분들도 있고요. 그렇게 되면 서울의 인구는 지속적으로 줄어들 것입니다. 어찌 보면 아파트 공급을 통해 거주할 수 있는 인구 규모만큼 십수 년 내의 인구 감소가 이루어질 수도 있는 것이지요. 현재 서울시 내의 초등학교 중 폐교를 고민하는 학교가 한두 곳이 아닙니다. 2022년 서울 도봉구의 한 인문계 고등학교는 인근 학교와 통폐합 절차를 밟으며 2023년부터 신입생을 받지 않기로 했습니다. 이처럼 급격한 인구 감소기에 서울 시내 주요 입지에 대규모 아파트를 공급하겠다는 것은 너무나 근시안적인 정책이라고 생각합니다. 장기적인 관점에서 오히려 막아야 할 계획입니다.

나시민 ── 네, 장기적인 인구 전망도 도시계획에 반영되어야 할 주요 요소입니다. 그래서 이렇게 제안하고 싶습니다. 용산공원에 짓고자 하는 아파트 부지를 민간 건설사에 분양하지 말고, 해당 부지에 정부 주도의 공공임대주택을 보급하면 어떨까요? 토지의 소유를 민간에 넘기는 것이 아니라, 정부가 토지를 보유한 상태에서 저소득층 및 서민 가구에 안정적인 주택을 공급하는 것입니다. 아파트를 짓고 나서 30~40년이 경과하면 재건축에 대한 논의가 활발한 일은 더 잘 아시리라 생각합니다. 현재 공원 설계 단계에서 주거용지 지정을 서두르고, 용산공원 공사와 아파트 건설을 병행하면, 주택 공급을 통해 수도권의 주거 안정에 크게 기여할 수 있습니다. 수십 년 후 이 아파트가 낡고, 인구 감소로 서울의 도시계획이 수정될 때, 이 아파트를 철거하고 재공원화 사업을 추진하면 됩니다.

우리나라의 공공임대주택 재고율(2021년 기준)은 약 8% 정도로 추산하고 있습니다. 최근 들어 늘어난 것이기는 하지만 네덜란드 34%, 오스트리아 26%, 덴마크 22% 등에 비하면 많이 모자라지요. 무주택 임차가구의 주거 안정과 주택 시장의 안정을 위해서는 양질의 공공임대주택 공급이 절실한 실정입니다. 또 공공주택의 입지도 외곽이 많은데, 좋은 위치에 양질의 임대주택을 공급하면, 사회적으로 확산되어 있는 임대주택에 대한 부정적인 이미지도 일거에 혁신할 수 있습니다.

도지주 —— 공공주택의 필요성에는 일부 동의합니다. 하지만 그 공공주택이 용산공원 부지여야 한다는 것은 동의할 수 없습니다. 또 소수의 사회적 약자에 대한 배려로 도심 부근의 핵심적 위치에 임대주택을 공급하겠다는 것인데, 이는 오히려 평범한 중산층에 대한 역차별 아닐까요? 노력하며 자산을 키워 좋은 입지의 집에 살고 싶은 욕망은 도시민 누구에게나 있을 것입니다. 대부분의 시민이 살고 싶어 하는 곳에, 주거 안정 혜택을 받은 소수가 마치 개인 정원처럼 용산공원을 누린다면, 이는 다수의 사람이 용납할 수 없는 불공정한 행위라고 생각합니다. 용산공원은 국가공원으로 조성되기에 향후 유지비는 정부에서 모두 부담해야 합니다. 그러나 그 이익은 걸어서 접근할 수 있는 주변 소수에게 대부분 돌아가겠지요.

나시민 —— 용산공원을 공공임대아파트 주민이 사유화하는 것처럼 말씀하셨는데, 정확하게 표현하면 입주할 아파트 주민과 기존 주민이 동일하게 누린다는 점으로 바로잡고 싶고요. 접근성이 좋으니 더 많은 사람이 공원을 누릴 수 있는데, 마치 소수가 이를 독점할 것이라는 예측은 옳지 않습니다. 앞서 말씀드린 뉴욕 한가운데 자리 잡은 센트럴파크도 빌딩 숲에 둘러싸여 있습니다. 대규모 공원을 활기차고 안전하게 만들려면 주변에 주택이 많아야 합니다. 주변에 주택이 없으면 공원은 우범지대로 전락할 가능성이 높습니다. 혹자는 농담으로 그런 얘기를 하더군요. 세계에서 가장 밤늦게까지 안전하고 저렴하게 맥주 한 캔 마실 수 있는 곳이 어디냐고요. 어딘지 아실까요? 바로 한강공원입니다. 한강공원을 둘러싸고 있는 병풍 같은 아파트들이 심리적으로 감시 역할을 하고 있는 것이죠. 실제 거주민들이 많이 이용하고 있는 것도 사실이고요.

사회자 ── 양측의 입장이 정말 팽팽하군요. 공원의 공공성 강화를 위해 주변에 아파트를 공급하는 것이 옳은지 옳지 않은 일인지 쉽게 판단하기가 어렵습니다. 아울러 장기적인 인구 추계에 따른 토지 이용 측면을 거론해 주신 부분과 그에 대한 반론 역시 논리적 타당성이 있어 보입니다. 이제 토론을 마무리해야 할 것 같습니다.

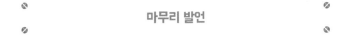

마무리 발언

사회자 ── 용산공원 부지를 어떻게 활용할지는 대표적인 토지 이용 갈등입니다. 우리 도시에는 이와 비슷한 갈등이 많지요. 오늘 토론이 용산공원 부지와 관련된 문제뿐 아니라 이와 비슷한 사례에 대한 접근에 큰 도움이 되었을 것이라고 생각합니다. 양측 다 여러 관점에서 다양한 의견을 주셨는데요. 끝으로 더 하고 싶은 말씀이나 본인의 주장을 간략히 요약해 주셨으면 합니다.

나시민 ── 즐거운 토론이었습니다. 미처 생각하지 못했던 부분도 있어서 토론의 필요성을 절감하였습니다. 용산공원 부근의 교통은 이미 완성 단계입니다. 주택 공급을 하더라도 별도의 교통 인프라를 설치할 필요가 없지요. 또 사람들이 직장과 주거지가 가까워져 출퇴근과 같은 이동거리가 줄어들기 때문에 탄소 배출도 줄일 수 있습니다. 서민 주거 안정, 공원의 안정적 운영, 국토 전체의 부동산 시장 과열 방지, 탄소 배출 감소 등 다양한 효과가 있습니다. 공원 한 켠에 주거 안정을 위한 공간이 마련되기를 희망합니다.

도지주 ── 저 역시 이번 토론을 통해 많이 배웠습니다. 탄소 배출에 대해 언급하셔서 저 역시 한 말씀 보태려 합니다. 저탄소 정책을 시행하려면 도시 내에 많은 녹지를 마련하는 것이 오히려 더 상식적이지 않을까요? 녹지를 통해 발생된 이산화탄소를 흡수하는 것은 초등학생들도 배우는 개념이지요. 녹지는 탄소의 흡수원으로 도시 열섬 현상을 완화하는 데도 크게 기여하고 있으며, 이는 도시 공원의 가장 근본적인 역할이기도 합니다.

또 서울의 주택 공급이 늘면, 그 압축도시를 수도권의 인구가 이주해 메울 것이고, 그 빈자리는 지방에서 이주한 사람들이 메울 것입니다. 그렇게 서울과 서울 주변 지역, 수도권과 비수도권의 인구 경쟁이 지속되다 보면, 서울로의 인구 집중 현상은 인구 감소기와 맞물려 지방의 소멸을 가속화하는 자충수가 될 수 있습니다. 우리 국토 전체의 양극화를 줄이기 위해서라도 지나친 서울 집중 현상을 가속화하는 지역 개발 사업은 지양되어야 합니다. 즉, 멀리 보는 것과 동시에 넓게 이 문제를 바라봐야겠습니다.

사회자 ── 마무리 발언까지 열띤 토론이었습니다. 용산공원이라는 공공용지의 토지 이용에 대해 주고받은 많은 의견을 참고하여, 우리 도시가 지향해야 할 바를 정해야겠군요. 이제 공은 우리 시민들에게 넘어온 것 같습니다. 여러분의 생각은 어떠신가요? 용산공원 내 아파트를 지어야 할까요? 아닐까요? 이상으로 오늘의 토론을 마치겠습니다.

다양한 욕망의 용광로, 복합시설

주제 넓히기

여러분이 살고 있는 곳에 빈 땅이 있다면 어떤 시설이 들어오면 좋을까요? 공원, 농구장, 수영장, 도서관, 보건소, 피트니스 클럽, 육아지원센터 등 저마다의 의견이 있겠죠? 그런데 땅은 분명히 한정적입니다. 그러면 지금처럼 주민대토론회를 해야 할지도 모르겠군요. 실제로 이런 일은 많이 있습니다. 소규모 신도시를 조성하면서

▲ 성동구 왕십리 제2동 공공복합청사의 조감도

출처: 성동구

한정된 토지에 주민들의 다양한 희망 사항을 반영하다 보면 갈등이 발생하지요. 그래서 최근에는 공공복합청사를 만들어 다양한 기능과 시설을 한 곳에서 수용하기도 합니다.

서울의 성동구에 조성된 한 공공복합청사에는 글로벌 체험센터, 도서관, 구립 어린이집, 치안센터, 동주민센터, 어르신을 위한 데이케어센터, 보건소, 치매안심센터, 노인복지시설 및 어르신 휴게 공간 등 다양한 시설을 한곳에 모았습니다. 도시인이 품고 있는 다양한 욕망은 여러 공간으로 표출됩니다. 그러나 그 공간을 조성할 수 있는 토지는 한정적이어서 이러한 공간을 놓고 갈등하는 경우가 많지요. 한정된 토지를 최대 다수의 최대 만족을 위한 공리주의적 공간 디자인을 통해 어느 정도는 해결하고 있는 것입니다.

도시 개발과 토지 이용 갈등은 어떻게 풀어야 하나

1. 용산민족공원 일부에 아파트를 공급하는 것에 관한 토론 내용을 보고, 각 주장에 대한 근거
를 정리해 적어 보세요.

도시 개발과 토지 이용 갈등은 어떻게 풀어야 하나?

용산 지역의 역사성에 기반한 제대
로 된 민족공원을 만들어야 한다.

공원 일부 지역에 주택을 공급해서
주거 불안정을 해소해야 한다.

서울의 도심부 용산에
필요한 것은 공원인가?
주택인가?

역사적 정체성 회복이
중요한가?
시민의 실리가 중요한가?

장기적이고
거시적인 관점에서
용산공원의 토지 이용
방안은?

2. 역사학자, 기존 용산 주민, 서울의 무주택 청년, 환경운동가, 도시계획가, 수도권 외 지방 거주
자 등의 역할을 정하고, 각각의 입장을 정리해 보세요.

· 쟁점 8 ·

하천 River

— 하천은 개발해야만 할까

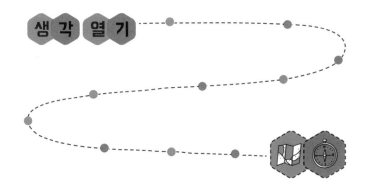

생각 열기

　물은 인간에게 없어서는 안 될 매우 중요한 자원입니다. 물이 없으면 사람은 살아갈 수 없지요. 그래서 인류가 출현한 이후 인간은 항상 물을 얻기 위해 노력해 왔습니다. 그렇다면 사람들은 물을 어디에서 얻을까요? 대부분은 하천을 통해서 얻고 있습니다. 처음에는 흐르는 물을 그대로 사용했는데 시간이 지나면서 흐르는 물을 그대로 사용하지 않고 한곳에 모아서 사용하는 지혜를 발휘하게 되었습니다. 과거에는 인구가 적었고 산업의 규모도 작다 보니 물의 이용량이 적었습니다. 그런데 산업화가 진행되고, 인구가 폭발적으로 증가하다 보니 더욱더 많은 양의 물이 필요하게 되었죠. 그래서 최근에는 국가적 차원에서 대규모 하천 개발 사업을 통해 물을 안정적으로 공급하고 있습니다. 그런데 물을 많이 이용하다 보니 이용하는 과정에서 입장 차이에 따라 여러 가지 문제가 발생하고 있습니다.

　우리나라는 강수량이 풍부해서 물이 부족한 나라는 아닙니

▲ 영주댐을 철거하라는 시민 단체의 입장

다. 다만 특정 시기에 특정 지역에서 물 부족 현상을 겪는데요. 그중 대표적인 곳이 낙동강 상류 지역입니다. 낙동강 상류 지역은 고질적인 물 부족 현상을 해결하기 위해 낙동강 상류의 내성천을 막아 영주댐을 건설하였지요. 영주 시민들은 영주댐 건설로 물 부족 현상이 어느 정도 해결되었기 때문에 댐 건설에 대해 매우 고맙게 생각하고 있습니다. 반면에 모래톱의 성지라고 부르는 내성천의 모래가 사라지고 있고, 모래가 있던 자리에 자갈이나 식생이 자라면서 멋진 경관이 사라지고 있어 걱정입니다. 그리고 모래무지, 흰꼬리수리, 검독수리, 솔부엉이, 소쩍새 등과 같은 많은 생물이 멸종 위기에 처하면서 환경 단체에서는 당장 영주댐을 철거하라는 주장을 하고 있지요.

이렇듯 물의 이용을 둘러싼 논쟁이 뜨겁게 일어나고 있는데요. 여러분은 혹시 한반도 대운하 사업에 대해 들어 보신 적 있으신가요? 처음 들어 보는 말인가요? 그럼 4대강 사업에 대해서는 들어 보셨나요? 한반도 대운하는 낙동강과 남한강을 가로막는 소백산맥을 뚫어 부산에서 인천까지 물길로 이어지게 하는 내륙 운하 사업인데요. 결국은 여론의 반대에 부딪혀 백지화되고 4대강(한강, 금강, 영산강, 낙동강) 정비 사업이 추진되었습

교과서 토론 | 지리

니다.

　유럽의 라인강이나 미국의 오대호 연안에서는 운하를 쉽게 볼 수 있습니다. 산업에 필요한 물자를 나르기도 하고, 유람선이 다니기도 하지요. 항공 교통이 발달하기 전에 운하는 산업 혁명을 주도하던 교통로이기도 합니다. 운하가 발달하지 못한 우리나라에서 유럽의 운하는 부러움의 대상이었습니다. 그렇다면 왜 우리나라에서는 운하가 발달하지 않았을까요? 그것은 우리나라의 기후 특성 때문입니다. 우리나라는 사계절 중 봄, 가을, 겨울에는 강수량이 적고, 여름철에 비가 집중적으로 내립니다. 그래서 하천의 유량 변동이 매우 심하지요. 따라서 수운 교통이 발달하기에 불리하고, 물을 안정적으로 이용하기도 어렵습니다.

　수운 교통이 발달하려면 하천의 유량이 일정하게 유지되어야 하는데요. 유량 변동을 나타내는 지표 가운데 '하상계수'[1]라

하천의 최소 유량에 대한 최대 유량의 비를 말한다. 사막의 하천과 같이 평소에 물이 흐르지 않던 하천에 홍수가 난 경우의 하상계수는 무한대가 된다. 주요 하천의 하상계수를 보면 템스강 8, 라인강 14, 센강 34, 양쯔강 22, 미시시피강 119이고, 한국의 경우 낙동강 372, 한강 393, 섬진강 715로 비교적 큰 편이다.

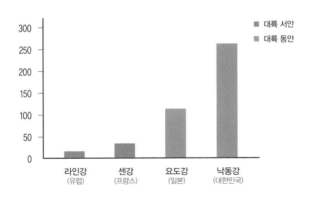

▲ 세계 주요 하천의 하상계수

출처: 물의 미래

는 것이 있습니다. 유라시아 대륙 서안의 유럽에 위치한 라인강이나 센강은 계절별 강수량 변동이 적어 하상계수가 작은 반면, 유라시아 대륙 동안의 요도강이나 낙동강은 강수량의 계절적 변동이 커서 하상계수가 매우 큽니다. 따라서 우리나라는 수운 교통이 발달하기가 어렵지요. 또 우리나라는 여름철에 내린 많은 비의 상당 부분이 하천을 통해 바다로 흘러 나갑니다. 즉, 많은 양의 물이 활용되지 못하고 바다로 나가 버리는 것이지요. 그러다 보니 생활에 필수적인 물을 안정적으로 공급받기가 매우 어렵습니다. 그래서 과거부터 우리 조상들은 안정적인 물 공급을 위해 많은 노력을 기울여 왔습니다.

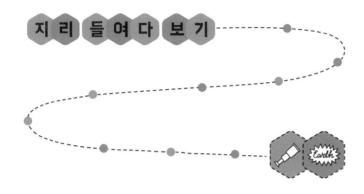

지리 들여다 보기

　　하천 개발에 대한 논쟁에 앞서 하천이 무엇인지에 대해 알아보도록 하겠습니다. 하천은 간단히 말하면 물이 흐르는 물길을 말합니다. 지표상의 수분이 증발하여 구름이 되고, 비를 통해 지표면으로 다시 내리게 되는데요. 그렇다면 비는 어떤 과정을 통해 생성되는 것일까요?

　　비는 구름에서 내립니다. 이 구름은 지표면에서 증발된 수증기가 모여 형성되지요. 수증기가 만들어지기 위해서는 물방울들이 모여야 합니다. 이 물방울들을 모이게 하는 것이 먼지인데요. 먼지를 통해 물방울들이 모이고, 수증기가 상승하여 응결되면 비로 내리는 것입니다. 이렇게 내린 빗물은 높은 곳에서 낮은 곳으로 흐르게 됩니다. 비가 오면 빗물은 지하로 스며들고, 지하에 스며들고도 남은 부분은 지표에 노출되어 흐릅니다. 이렇게 흘러서 내려가는 물길이 하천이지요. 그러니까 우리가 눈으로 보고 있는 하천은 그 모습이 전부가 아닌 것이지요.

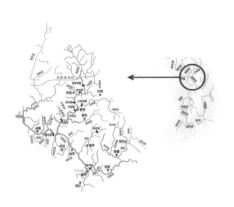

▲ 한강 유역과 수계

계곡은 능선보다 고도가 낮은 움푹 파인 공간을 말한다. 이것은 하천의 힘으로만 생길 수도 있지만, 대부분은 지구 내부에서 작용하는 힘에 의해 땅이 갈라진 후, 갈라진 틈 사이로 물이 모이고, 모인 물들이 흐르면서 하천 바닥을 깎는 침식 작용이 동반되면서 만들어진다.

지구를 덮고 있는 껍데기를 말하며, 대부분 암석으로 이루어져 있다. 대륙 지각의 두께는 35㎞, 해양 지각은 5㎞ 정도이다.

즉, 지하에도 많은 양의 물이 저장되어 있고, 다량의 지하수가 높은 곳에서 낮은 곳으로 흐르고 있는 것입니다.

일반적으로 큰 강의 주 유로(물길)를 본류라고 하고, 그 본류로 유입하는 많은 작은 하천을 지류라고 부릅니다. 물의 양이 적은 작은 물줄기를 '천'이라고 부르는데, 주로 지류 하천에 해당한다고 볼 수 있습니다. 반면, 많은 지류가 모여 많은 양의 물이 흐르는 큰 물줄기를 '강'이라고 부릅니다. 그러니까 작은 하천들이 모여 하나의 큰 강을 이룬다고 할 수 있습니다.

하천은 상류에서나 하류에서나 대부분 굽이굽이 흐릅니다. 이것을 곡류하천이라고 하는데요. 하천이 구불구불 곡류한다고 하여 붙여진 이름입니다. 하천 상류는 대부분 해발고도가 높은 산지로 이루어져 있습니다. 물은 낮은 곳으로 모이게 되니까 산의 능선에 떨어진 빗물은 상대적으로 고도가 낮은 계곡으로 모이게 되고, 이렇게 모인 빗물이 계곡[2]을 따라 내려가면서 새로운 물길을 만들게 됩니다. 이것이 바로 지류이지요.

지구 내부의 힘이 작용하는 대표적인 예가 지진인데요. 지구 내부에서 힘이 발생하면 지각[3]에는 많은 틈이 생깁니다. 그 틈으로 자연스럽게 물이 흐르면서 침식이 진행되지요. 그리고 다시 지진이 발생하면 틈은 더욱더 벌어지고 물이 더 많이 유입되어 물에 의한 침식도 더 활발해집니다. 그러다 보니 하천 상류에서는 하천이 산지에 발달한 지각의 틈을 따라 굽이굽이 곡류하면서 흐르게 되지요. 이렇게 수십, 수백, 수천 킬로미터를 굽이굽이 흐르다 보면 해발고도가 낮은 평탄한 곳, 하천 하류에 다다릅니다.

하천 하류는 대부분 해발고도의 차이가 작은 평탄면을 이루는데요. 이곳은 상류에서 내려온 많은 양의 물이 모이기 때문에 홍수가 빈번하게 발생합니다. 홍수가 발생하면 모래와 점토 같은 물질들이 하천 주변에 쌓이게 됩니다. 이는 물이 부유 물질들을 실어 나르기 때문입니다. 비가 오면 하천의 물 색깔이 어떤가요? 평상시에는 맑던 물이, 비만 오면 누리끼리한 흙탕물로 변하지요? 이는 비가 올 때 암석이나 모래가 침식되면서 떨어져 나온 물질들이 유수에 의해 이동하기 때문입니다. 비가 많이 오는 집중 호우 시에는 그 양이 더 많아지지요.

그렇다면 하천은 우리에게 어떤 역할을 하고 있을까요? 우리가 생활하는 데 반드시 필요한 생활용수, 농업용수, 공업용수를 제공해 줍니다. 하천이 잘 발달하지 못하는 사막과 같은 건조한 지역에서는 지하수를 이용하기도 하지요. 이렇듯 하천은 인간의 삶에 반드시 필요한 존재입니다. 본격적으로 하천 개발에 대한 토론을 시작해 볼까요?

하천은 개발해야만 할까

그동안 하천 개발에 대한 찬반 논의가 뜨거웠으며, 지금도 하천 개발을 둘러싼 논쟁은 꾸준히 일어나고 있다. 우리나라에는 수십 개의 댐이 건설되어 있는데, 댐 건설을 둘러싸고도 많은 논쟁이 있어 왔다. 특히 1990년대 동강댐 건설을 둘러싸고 큰 논쟁이 있었다. 동강댐 건설 예정지가 강원도 내륙 산간 지역이다 보니 특정 시기에 지속적인 물 부족 현상으로 어려움을 겪었다. 그래서 댐을 건설하려고 했으나 그 지역의 기반암[4]이 석회암이어서 댐을 건설하면 산지가 붕괴될 위험이 컸고 전문가와 시민 단체의 반대 여론이 거세지면서 사업이 백지화되었다. 그렇다면 왜 이렇게 하천 개발을 둘러싸고 많은 논쟁이 나타날까? 나아가 하천은 반드시 개발되어야만 하는 것일까? 최고의 권위를 가진 공중파 KBC 방송의 '99분 토론'에서 긴급 편성 토론을 열게 되었다.

4
해당 지역의 퇴적층 하부에 존재하는 암석

사회자 ── 하천은 인간이 살아가는 데 필요한 물을 제공한다는 측면에서 이용할 수밖에 없다는 것에는 동의하리라 생각됩니다. 하지만 하천을 이용하는 데 있어서의 방법적인 측면과 개발의 규모에 대해서는 생각이 조금 다를 것으로 예상되는데요. 실제로 우리나라에서 산업화가 진행되면서 물의 이용이 많아지다 보니 국가 정책적으로 다목적댐을 건설하기도 했고, 4대강 사업과 같은 대규모 하천 개발 사업이 진행되었습니다. 이와 관련하여 의견이 다른 두 전문가를 모시고 '99분 토론'을 진행하고자 합니다. 자, 그럼 하천 개발에 대한 토론자의 생각을 들어 보겠습니다.

김개발 ── 저는 하천 개발에 대해 적극적으로 찬성하는 입장을 가지고 있습니다. 인간이 물을 안정적으로 공급받기 위해서는 하천 개발이 반드시 필요하고, 하천 이외에는 물을 안정적으로 공급받을 다른 방법이 거의 없습니다. 특히 우리나라처럼 물을 이용하기에 기후적으로 매우 불리한 환경에서는 더욱더 적극적으로 하천을 개발해야 한다고 생각합니다. 개발을 통한 이익이 개발로 인한 환경 피해보다 더 크다고 봅니다.

이보전 ── 저는 하천 개발에 대해 반대합니다. 하천은 인간에게 물을 제공해 주는 공급처라는 것에는 동의합니다. 그래서 개발은 해야겠지요. 그렇지만 국가 정책적으로 그것도 대규모로 무분별하게 개발되는 것에는 강력하게 반대합니다. 왜냐하면 지나친 자연 훼손은 결국 자연재해를 통해 인간에게 되돌아오기 때문입니다. 그리고 생태 시스템을 파괴시켜 생태계에 교란이 생깁니다. 그러면 결국은 인간을 포함한 생태 시스템에 영향을 주게 되어 돌이킬 수 없는 매우 심각한 상황에 직면하게 될 수도 있습니다.

김개발 — 우리나라에는 많은 댐이 건설되어 있습니다. 특히 인구의 절반이 모여 있는 수도권의 경우 물 이용량이 매우 많을 수밖에 없는데요. 그나마 한강 유역에 여러 개의 다목적댐이 건설되어 물을 안정적으로 공급하고 있습니다. 그리고 댐의 수위를 조절하면서 홍수 피해도 예방하고 있고요. 댐이 없다면 현재 수도권이 많은 인구를 지탱할 수 있을까요?

이보전 — 네, 그 의견에 동의합니다. 그렇지만 댐 건설로 인해 댐 주변에서 발생하는 기후 변화에 대해서도 생각해 보셨는지요? 자연환경이 훼손되면서 환경 피해가 심각해지고, 생물 종 다양성에도 문제가 발생하고 있습니다. 환경을 고려한 최소한의 개발, 친환경적 개발이 필요하다고 생각하지는 않으시는지요?

사회자 — 잠시만요! 지금은 모두 발언 시간입니다. 자세한 이야기는 이어질 주제 토론에서 구체적인 논의를 이어 가도록 하겠습니다.

김개발, 이보전 — 네, 알겠습니다.

주제 1
하천의 댐 건설은 반드시 필요한가

사회자 — 우리나라의 하천에는 댐이 많이 건설되어 있는데요. 이러한 댐 건설이 인간에게 어떠한 영향을 주고 있는지에 대해 말씀해 주시기 바랍니다.

김개발 — 댐은 용수 확보, 홍수 방지, 전력 생산을 위해 반드시 필요합니다. 우리나라는 여름철에 강수가 집중하는 기후 특성으로 인해 물을 안정적으로 공급받기 어렵습니다. 따라서 댐을 건설해서 농업용수와 생활용수로 이용해야만 하지요. 그렇지 않고서는 용수를 확보할 수 있는 방법이 없습니다. 그리고 댐은 물을 가둘 수 있기 때문에 홍수 방지에도 도움이 됩니다. 또 댐은 우리의 생활에 꼭 필요한 전력을 생산하기 때문에 전력 소비가 많은 우리나라에서는 반드시 있어야 합니다.

이보전 — 네, 김개발 님의 말씀에 동의합니다. 그런데요. 댐이 대규모로 개발되고 있는 것이 문제입니다. 특히 댐을 설치하다 보니 하류로 물이 원활하게 공급되지 못하면서 수질이 악화되고 있습니다. 수질이 악화되다 보니 용수로 이용하는 데도 어려움이 있고요. 하지만 무엇보다 중요한 것은 기후적인 측면과 환경적인 측면에서 매우 큰 문제를 발생시킬 수 있다는 것입니다.

사회자 — 그 문제가 무엇인지 자세히 설명해 주실 수 있을까요?

이보전 — 네, 자세히 설명해 드리겠습니다. 댐을 건설하고 나면 주변 지역에 많은 부정적인 많은 변화가 나타납니다. 댐 주변 지역은 모인 물 때문에 안개 일수가 증가하게 되는데요. 안개 일수가 증가하면 농사에도 좋지 않은 영향을 주게 되어 농가에 많은 피해를 주게 됩니다. 또 댐을 기준으로 상류와 하류 지역이 단절되면서 물고기들이 상류와 하류를 자유롭게 이동하지 못하게 되어 어류 생태계에도 나쁜 영향을 줄 수 있습니다. 보통 물고기들이 번식기 때 상류로 올라가 수초 옆에 알을 낳는 경향이 있습니다. 그런데 인간이 댐을 건설하면서 그것을 방해하는 무지를 범하고 있는 것이지요. 하지만 무엇보다 걱정되는 일은 자정 능력이 높은 모래톱이 사라지고 있다는 것입니다. 우리나라는 화강암[5]이 많이 분포하기 때문에 하천 변에 모래톱이 잘 발달되어 있습니다. 그런데 댐 건설로 인해 상류의 모래가 하류로 공급되지 못하면서 모래톱이 사라지고 있습니다. 특히 최근에 영주댐이 건설되면서 내성천의 모래가 침식되고 있는 것이 큰 사회적 문제가 되었지요. 모래는 물 저장 능력이 매우 높습니다. 뿐만 아니라 모래는 오염 물질을 정화해 주는 기능을 합니다. 영주댐이 있는 내성천은 우리나라에서 모래톱이 가장 잘 발달된 지역이고, 그 모습이 매우 아름다운 곳인데요. 영주댐 건설로 모래가 공급

화강암은 석영, 장석, 운모로 이루어져 있기 때문에 풍화되면 대부분 모래를 이루게 된다.

2009년

2021년

◀ 영주댐 건설 전과 후의 회룡포 경관

출처: KBS 환경스페셜 〈지금부터 강이 들려줄 이야기〉

되지 못하면서 모래가 있던 자리에 식생이 자라거나 자갈들이 쌓이면서, 모래가 사라지고 흉물스럽게 변하고 있습니다. 또 이 지역에 많았던 모래무지와 같은 1급수 어종이 아예 사라지는 등 생태계에 부정적인 영향을 주고 있지요. 따라서 댐을 해체하여 모래가 이동할 수 있도록 길을 열어 주어야 한다고 생각합니다. 제가 가져온 왼쪽의 사진을 봐 주시기 바랍니다.

사회자 ─ 사진을 보니 모래톱이 많이 사라졌군요. 이보전 님의 의견에 대한 김개발 님의 생각은 어떠신지요?

김개발 ─ 이보전 님의 의견이 이해는 됩니다. 그런데요. 영주댐을 왜 건설해야만 했을지 생각해 봤으면 합니다. 환경적인 변화는 저도 안타깝습니다. 그런데 그 환경적인 변화와 경제적인 이득 중에 어떤 것이 인간에게 더 유익할까요? 저는 경제적인 이득이 더 크다고 생각합니다. 영주댐을 건설한 이후 낙동강 상류 지역인 영주 지역의 물 부족 현상은 많이 해결되었습니다. 즉, 개발 효과가 상당히 크다고 할 수 있지요. 물론 댐 건설 이후에 상류로부터 공급되는 모래 양이 감소되어 내성천의 아름다운 모래톱이 줄어들고 있어 안타깝지만, 물이 부족한 지역에 물을 원활하게 공급할 수 있다는 것이 이 지역 주민들에게는 더 합리적인 선택 아니었을까요?

주제 2
보를 유지할 것인가

사회자 ─ 우리나라의 하천에는 수중보가 많이 설치되어 있는데요. 이 수중보는 옛날 우리 조상들이 농사를 짓고 생활에 이용하려고 물을 모아 두기 위해 선택했던 지혜로운 하천 이용 방법 중 하나입니다. 그런데 4대강 정비 사업으로 16개 보를 건설하면서 이를 해체할 것이냐, 유지할 것이냐를 두고 큰 논쟁이 일고 있습니다. 이번에는 이 쟁점에 대해 집중적으로 토론해 보고자 합니다. 먼저, 김개발 님부터 말씀해 주시지요.

김개발 — 보는 댐과 마찬가지로 용수 확보, 홍수 방지를 위해 반드시 필요합니다. 우리나라는 여름철에 강수가 집중하는 기후 특성으로 인해 물을 안정적으로 공급받기 어렵습니다. 따라서 보를 건설해서 농업용수와 생활용수로 이용해야만 합니다. 그렇지 않고서는 안정적으로 용수를 확보할 방법이 딱히 없습니다. 댐을 건설하는 데 많은 비용이 들어가고 시간도 오래 걸리기 때문에 댐보다는 규모가 작은 보를 설치하는 것이 매우 합리적인 선택이라 생각됩니다. 그리고 보를 설치하면 물을 가둘 수 있어서 홍수 방지에도 큰 도움이 되지요.

이보전 — 네, 김개발 님의 말씀에 동의합니다. 그런데요. 4대강 사업처럼 대규모 토목 개발 사업은 득보다는 실이 훨씬 큽니다. 4대강 사업이 진행되면서 전국에 16개의 보를 설치하였는데요. 보를 설치하다 보니 물이 하류로 원활하게 흘러가지 못하고 고이면서 수질이 악화되고 있습니다. 수질이 악화되다 보니 용수로 이용에도 어려움이 많고요. 녹조 현상 또한 심해지고 있습니다.

김개발 — 제 생각은 조금 다릅니다. 수질이 다소 안 좋아졌을 수도 있겠지만, 4대강 보의 수문을 열면서 보 인근 지역의 주민들이 수문을 다시 닫아 달라고 매우 거세게 요구하고 있다는 것에 주목했으면 합니다. 이는 이 물을 농업용수나 생활용수로 사용하는 데 있어서 수질이 큰 문제가 되지 않고 있다는 근거이기도 하지요. 그리고 보를 열면서 보에 담아 둔 물의 양이 적어져 농업에 이용할 용수가 부족해졌기 때문에 수문 개방에 대해 거세게 저항하는 것입니다.

이보전 ─ 모든 농민이 수문 개방을 반대하는 것은 아닙니다. 보를 만들어 물을 모아 두면서 하천 변의 지하수위는 덩달아 상승하게 됩니다. 하천은 물이 지하로 스며들고 남은 부분이 지표에 노출되는 것이므로, 하천의 수위와 나란하게 지하수위가 형성되어 있다고 할 수 있지요. 그러다 보니 하천 변의 농지가 질퍽질퍽해지면서 보를 건설한 이후 농작물에 피해가 심해졌다고 하소연하는 농민들도 많이 있습니다.

사회자 ─ 정리하자면 보 건설 이후에 득을 보고 있는 농민들도 있고 피해를 보는 농민들도 있다는 이야기군요. 참 아이러니하네요. 같은 농민인데, 주장이 엇갈리는군요.

주제 3
하천 수변 공간은 개발해야만 하는가

사회자 ─ 두 분의 토론이 팽팽하고 재미있게 진행되고 있는데요. 그럼 마지막으로 최근에 많은 이슈가 되고 있는 하천 수변 공간의 개발에 대해 논의해 보고자 합니다. 하천 수변 공간의 활용을 이야기하기에 앞서서 하천 수변 공간이 어떤 곳인지 간략히 말씀드리자면, 하천 수변 공간은 하천 양안의 공간을 말합니다. 대부분 하천과 인공제방 사이에 사력퇴[6]로 이루어진 공간입니다. 이 공간을 최근 들어 많이 개발하고 있는데요. 이에 대해 김개발 님부터 말씀해 주시

6
하천 바로 옆에 모래와 자갈이 퇴적된 공간으로 대개 10m를 넘지 않는다.

겠습니까?

김개발 ─ 사회자 님과 이보전 님! 혹시 한강시민공원에 가 보신 적 있으신가요?

사회자, 이보전 ─ 네, 많이 가 봤죠.

김개발 ─ 한강시민공원에 가서서 무엇을 하셨는지요?

사회자 ─ 꽃 구경을 했습니다.

이보전 ─ 우리 아이들과 공놀이도 하고, 자전거를 타기도 하였습니다.

김개발 ─ 네, 그렇습니다. 한강시민공원은 시민들이 꽃 구경도 하고, 캠핑도 하고, 자전거도 타고, 아이들과 공놀이도 할 수 있도록 시민들에게 휴식처를 제공하고자 조성한 것입니다. 이른바 시민이 낸 세금을 시민에게 다시 돌려주는 복지 사업인 것이지요. 또 하천 수변 공간은 안 그래도 좁은 도시 공간에서 공간 효율성을 높일 수 있는 유익한 공간이기도 합니다. 시민들의 휴식처인 공원뿐만 아니라 주차장, 캠핑장, 자전거도로, 산책로, 농촌에서는 농경지로도 이용되어 인간에게 매우 유익한 영향을 주고 있습니다.

이보전 ─ 김개발 님 의견에 전적으로 동의합니다. 그런데요. 이번에는 김개발 님께서 강조하시는 경제성 논리로 반박해 보고자 합니다. 김개발 님께서 강조하셨듯이 우리나라는 계절에 따른 강수량의 차이가 큽니다. 그래서 강수량이 많은 여름철에 홍수가 많이 발생하지요. 특히 하천 유로의 바로 옆인 하천 수변 공간은 여름철 집중 호우로 인해 침수 피해가 자주 발생하는 공간입니다. 물이 범람하면 어떻게 될까요? 많은 비용을 들여 개발해 놓은 수변 시설들이 다 망가

지겠죠? 그럼 다시 세금을 들여 공사해야 할 것입니다. 그런 식으로 아까운 세금이 낭비될 것이라고는 생각하지 않으십니까?

김개발 ── 그건 너무 비약적인 논리인 것 같습니다. 옛말에 '구더기 무서워 장 못 담글까?'라는 말이 있습니다. 홍수가 무서워서 수변 공간을 이용하지 말아야 할까요? 우리나라 대부분의 도시는 인구압이 높기 때문에 집약적으로 토지가 이용되고 있습니다. 그래서 도시 내부에 공원이나 주차장을 만들 공간이 많지 않지요. 있다고 하더라도 비용이 많이 들고요. 그래서 하천의 수변 공간은 그야말로 공간을 효율적으로 이용할 수 있는 대표적인 사례라고 할 수 있습니다. 또 우리나라는 하천 상류에 댐이 건설되어 있기 때문에 하천 수위를 조절할 수 있어서 본류 변 홍수 빈도도 많이 줄어들었습니다. 홍수로 인한 피해와 시민들에게 주는 만족감 사이에 어떤 것이 합리적인 선택일까요? 유럽의 라인강변을 가 보세요. 유람선을 타고 가다 보면 정말 아름답고 잘 정돈된 수변 공간을 볼 수 있습니다. 우리나라도 여가를 즐길 수 있는 공간이 많아져야 하지 않을까요?

이보전 ── 김개발 님께서 말씀하신 라인강이 있는 서부 유럽은 서안해양성기후지역[7]이기 때문에 강수량이 1년 내내 일정하게 유지되는 지역입니다. 즉, 수변 공간을 개발해도 추가 비용이 크게 안 들고 문제가 될 만한 것들이 별로 없습니다. 하지만 우리나라는 다르지요. 여름철에 많은 강수가 내리기 때문에 매년 여름마다 홍수의 가능성이 있어요. 그리고 수변 공간을 개발하면서 하천 변에 시멘트나 자갈 같은 것을 인공적으로 쌓는 경우가 많기 때문에 모래가 사라지기

대륙 서안의 해양성기후가 나타나는 지역으로 강수량의 계절적 변화가 작은 연중 습윤한 기후 지역을 말한다.

도 합니다. 이전 주제에서도 말씀드렸다시피 하천을 개발하면 모래
가 사라집니다. 모래가 생태계에 주는 긍정적인 영향이 매우 크기
때문에 개발을 하더라도 인공적인 개입을 최소화해야만 합니다.

마무리 발언

사회자 ─ 하천 개발에 대한 두 분의 말씀 정말 잘 들었습니다. 하천이
인간의 삶에 반드시 필요한 공간이고, 이것을 어떻게 이용해야 할
지에 대해 앞으로 진지하게 고민해야겠다는 생각이 들었습니다. 이
러한 기회를 제공해 주셔서 정말 감사드립니다. 그러면 마무리 발언
한마디씩 들으면서 이번 토론을 마치도록 하겠습니다.

김개발 ─ 네, 사회자 님께서 앞으로 하천을 어떻게 이용해야 할 것인지
에 대해 많은 고민을 해야 한다고 하셨는데요. 저도 이보전 님과 토
론하면서 경제적인 관점에서 적극적인 개발을 해야 한다는 시각에
대해 조금은 고민이 필요하겠다고 생각했습니다. 그래서 앞으로는
국가적 차원에서 대규모로 개발을 할 때 많은 전문가의 의견을 수렴
하고, 국민적 공감대를 얻는 노력이 필요할 것 같고요. 환경적인 측
면을 고려하면서 친환경적 관점에서 하천 개발을 진행하는 것이 좋
겠다는 생각을 하게 되었습니다. 좋은 의견 주신 이보전 님과 사회
자 님께 진심으로 감사드립니다.

이보전 ─ 네, 저도 김개발 님의 좋은 말씀 잘 들었습니다. 제 의견 역시
하천 개발을 무조건 반대하는 것은 아닙니다. 생태 시스템을 최대

한 고려하고, 경제적으로 이득이 좀 적더라도 인간과 자연이 조화롭
게 살아갈 수 있도록 최소한으로 개발되어야 한다는 의미입니다. 그
리고 앞서 개발된 많은 사업을 처음부터 찬찬히 검토해서 복원할 수
있는 것은 복원하고, 보완할 수 있는 것은 보완해서 인간과 자연이
함께 숨 쉬고 살아가는 환경이 되기를 진심으로 바랍니다.

석촌호수는 원래부터 호수였을까

대한민국의 수도 서울은 한강이 지나가면서 만들어 놓은 공간에 발달한 도시입니다. 한강 변을 동서로 가로지르는 강변북로와 올림픽대로를 자동차를 타고 지나갈 때면 한강의 아름다운 모습과 건물들이 우리의 마음을 사로잡습니다. 이렇게 아름다운 한강은 원래부터 이런 모습이었을까요?

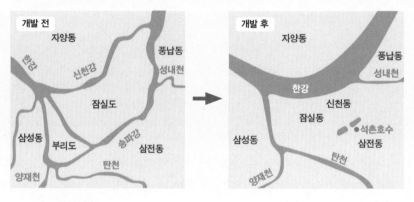

▲ 석촌호수의 과거와 현재

출처: 서울시사편찬위원회

석촌호수는 서울 시민의 휴식공간으로 매력적인 곳입니다. 우리나라에서 가장 높은 빌딩인 ○○ 타워를 끼고 발달한 도심 속의 오아시스, 그곳이 석촌호수인데요. 이렇게 아름다운 석촌호수는 원래부터 호수였을까요? 정답은 '아니다'입니다. 석촌호수는 원래 한강을 지나는 유로(물길)였습니다. 그런데 하천 직강화 공사를 하면서 유로가 절단되면서 호수가 되었지요.

자연적인 상태에서 하천의 유로는 시간이 지나면서 유수에 의한 침식과 퇴적으로 곡류하게 됩니다. 그런데 우리나라 하천을 가 보면 직선화된 하천구간이 많은데요. 이는 하천 유로를 직강화하였기 때문입니다. 하천 직강화 공사는 주로 도시화의 압력을 버티기 힘든 도시에서 토지를 확보하고 홍

▲ 석촌호수 전경

수를 예방하기 위해 이루어집니다. 서울은 1960년대부터 진행된 산업화의 압력이 매우 거세게 작용하던 곳으로, 1980년대에 이르러서는 도시가 포화 상태를 넘어 땅을 구할 수 없을 만큼 활용 공간이 부족했습니다. 그래서 궁여지책으로 한강 변을 직강화하여 토지를 확보하고 준설[8] 작업을 통해 용수를 확보하는 정책을 시행하였습니다. 그래서 잠실 부근을 지나던 한강의 유로 일부가 막히면서 호수가 되었지요. 이곳이 바로 석촌호수입니다.

하천 밑바닥에 쌓인 물질을 퍼내는 것을 말한다.

하천은 개발해야만 할까

1. 하천 개발에 관한 토론 내용을 보고, 각 주장에 대한 근거를 정리해 적어 보세요.

하천은 개발해야만 할까?

긍정적이다 　　　　　　　　 부정적이다

하천의 댐 건설은 반드시
필요한가?

보를 유지할 것인가?

하천 수변 공간은
개발해야만 하는가?

2. 하천 개발에 관한 본인의 입장을 정리해 보세요.

· 쟁점 9 ·

기후Climate

― 기후변화, 이대로 괜찮은가

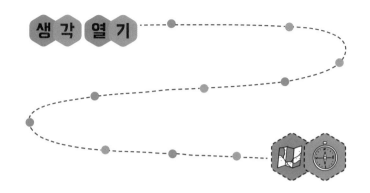

생 각 열 기

2021년 3월의 마지막 주말, 코로나19의 확산세에 따른 정부의 자제 요청에도 불구하고 벚꽃 명소라면 어디든지 벚꽃을 찾는 상춘객이 북적였습니다. 이는 3월임에도 때 이른 벚꽃이 만개하였기 때문이었는데요. 기상청은 서울의 벚꽃이 4월 1일에 개화할 것으로 예보하

▲ 지구 온난화로 인해 벚꽃의 개화 시기가 점점 빨라지고 있다.

였으나 예상보다 1주일 빠른 3월 24일에 개화하였지요. 이는 1922년 서울에서 벚꽃 관측을 시작한 이래 가장 빠른 것이었습니다. 2020년까지 개화 시기가 가장 빨랐던 2020년(3월 27일)보다도 3일 더 빨랐으며, 기후평년값[1](4월 10일)보다는 17일이나 빨랐습니다.

사실 이른 개화가 벚꽃에만 한정된 것은 아닙니다. 최근 30년

기후평년값은 '0'으로 끝나는 해의 최근 30년간의 누년평균값으로 정의된다.

사이에 벚꽃뿐만 아니라 개나리, 진달래 등 대표적인 봄꽃들의 개화일이 앞당겨졌습니다. 2~3월의 평균기온이 상승하면서 그 경향에 따라 1980년대에 비해 2011~2020년의 봄꽃 개화일이 4~6일이 앞당겨진 것이죠.

아울러 봄꽃의 개화일뿐만 아니라 계절의 시작일과 계절 길이의 변화에서도 기후변화 사례를 찾아볼 수 있습니다. 기상청이 본격적으로 기상관측을 시작한 1912년 이후 30년(1912~1940년) 대비 최근 30년(1991~2020년)의 계절 변화를 비교해 보면, 여름은 20일 길어지고 겨울은 22일 짧아졌습니다. 계절 기후를 표현하는 24절기에도 변화가 나타나, 겨울과 봄에 해당하는 절기의 기온 상승 폭이 커지고 있으며, 특히 이제는 가장 추운 절기인 '대한'과 '소한'에서도 전국 평균기온이 영상 기온을 보이기까지 하고 있습니다. 이는 지구 온난화에 따른 지속적인 기온 상승 추세로, 이전 평년(1981~2010년)과 비교하여 신 평년(1991~2020년)의 전국 평균기온이 0.3℃ 상승한 결과를 반영한 것입니다. 또 우리나라는 연대별 전국 평균기온도 10년마다 0.3℃씩 꾸준히 상승하고 있습니다. 그 결과 2010년대의 평균기온은 1980년대에 비해 0.9℃가량 상승하였습니다.

기후변화는 우리 생활 전반에 영향을 미치고 있습니다. 그렇기에 기후변화가 과연 문제인지에 대하여 사회 각계에서 많은 논의가 진행 중이지요. 현재 나타나고 있는 기후변화의 양상에 관하여 살펴보고 기후변화가 유발하는 인간 사회의 모습이 부정적일지 또는 긍정적일지 등 우리에게 어떤 영향을 미치게 되는지 모색할 필요가 있어 보입니다.

계절 시작일	봄	여름	가을	겨울
과거 30년	3월 18일	6월 11일	9월 17일	11월 29일
최근 30년	3월 1일	5월 31일	9월 26일	12월 4일
최근 30년~과거 30년	-17일	-11일	+9일	+5일

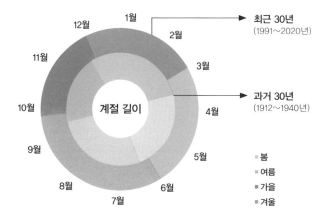

▲ 최근 30년과 과거 30년의 계절 길이 변화 추세

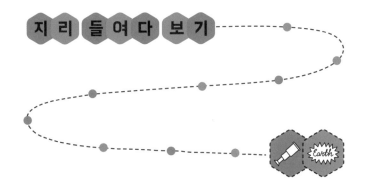

기후변화를 이해하려면 기후를 알아야 하는데, 이는 우리가 알고 있는 기상과는 차이가 있습니다. 이해하기 쉽게 우리 일상의 이미지로 설명한다면 기상은 지구의 기분이라고 할 수 있으며, 기후는 지구의 성격이라고 할 수 있습니다. 즉, 일반적으로 '매일의 날씨'라고 하듯이 짧은 시간, 시시각각으로 변하는 날씨를 '기상'이라 하고, 이와 같은 기상들이 긴 시간 동안 평균적으로 나타나는 현상을 '기후'라고 합니다. 다시 말해 기후는 어떤 지역에서 장기간에 걸쳐 나타나는 대기의 종합적인 평균 상태를 말하며, 일반적으로 30년 평균값을 사용합니다.

실제로 기후는 항상 일정한 것이 아니라 극한 기상현상의 빈도와 같은 변동성을 포함하기 때문에 좀 더 복잡하지요. 그렇기에 지금 논의되고 있는 기후변화와 기후변동은 구분할 필요가 있습니다. 기후변동이란 기후가 계속해서 긴 시간 동안 평균값에서 약간의 변화를 보이지만 평균값을 크게 벗어나지 않는 자연적인 움직임을 말합니다. 반면 기후변화란 자연적 기후변동의 범위를 벗어나 더는 평균적인 상태로 돌아오지 않는 평균 기후계의 변화를 말합니다.

기후는 다양한 원인에 의해 변화하는데, 크게 자연적 원인과 인위적 원인이 있습니다. 자연적 원인에 따른 기후변화는 판구조론이 설명하는 대륙과 해양의 재배치뿐만 아니라 지축의 기울기, 지구 궤도의 모양처럼 태양을 둘러싼 지구 궤

▲ 인간 활동으로 인해 발생하는 기후 변화로, 지구의 장기적인 기온 상승을 지구 온난화라고 한다.

도상의 변화와 관련되어 있습니다. 물론 단시간의 기후변화는 대규모의 화산 분화나 태양 활동의 미세한 변화와도 관련이 있지요. 인위적인 원인에 따른 기후변화는 산업화 이후 배출량이 늘어난 온실가스의 농도 증가와 관련이 깊습니다. 그리고 기존의 자연적인 기후변동의 범위를 벗어나 인간 활동으로 인해 발생하는 기후변화로, 지구의 장기적인 기온 상승을 지구 온난화라고 하지요. 그렇기에 기후변화는 지구 온난화를 포함하면서, 온난화에 의해 발생하는 광범위한 결과들도 망라합니다.

인간이 지구상에 등장해 살기 시작한 신생대 제4기 이후, 지구의 기온은 꾸준히 오르내림을 반복하였습니다. 하지만 1980년대 이후부터 지구의 기온은 꾸준히 상승하고 있습니다. 사실 지구의 기온은 태양에서 받는 에너지로 유지되지요. 태양으로부터 지구로 들어온 복사에너지는 단파 복사로, 이를 흡수한 지구 표면은 장파 복사를 우주로 방출합니다. 이와 같이 태양으로부터 받은 에너지를 지구가 우주로 내보내는 과정에서 대기 중의 수증기나 이산화탄소 같은 온실가스가 이를 흡수해 지구의 기온을 높이게 됩니다. 이를 온실효과라고 하는데요. 지구에 대기가 없다면 지구의 평균기온은 지금보다 33℃ 낮은 -18℃ 정도를 유지할 것입니다. 그러나 대기의 영향으로 지구의 평균기온은 15℃를 유지하지요. 이처럼 온실효과는 자연적으로 나타나는 현상입니다. 수증기는 자연적 온실효과에 가장 크게 이바지하며, 대류권에서의 대기 현상에 필수적인 역할을 합니다.

그렇지만 지금의 온난화는 산업화로 인해 화석 연료의 사용량이 많아지고 공기 중으로 배출되는 온실가스의 농도가 점차 높아지면서 발생하는 것입니다. 즉, 화석 연료는 연소하면서 공기 중으로 이산화탄소를 배출하고, 이산화탄소는 지표의 복사열을 붙잡아 온실효과를 유발하고 있는데, 이를 강화된 온실효과라고 합니다. 이처럼 지표에서 방출되는 지구 복사 에너지를 흡수해 지구 온난화의 원인이 되는 기체를 온실가스라고 하지요.[2]

기후변화에 따라 국제 사회는 교토 의정서(1997)나 파리 기후 협약(2015)과 같은 기후변화 협약을 통해 온실가스 배출량 감축을 위하여 노력하고 있습니다. 특히 파리 기후 협약에서는

2 교토 의정서에서 정하고 있는 6대 온실가스에는 이산화탄소(CO2)와 이산화탄소가 아닌 온실가스(Non-CO2 Greenhouse gases)로서 메탄(CH4), 아산화질소(N2O), 수소불화탄소(HFCs), 과불화탄소(PFCs), 육불화황(SF6)이 있다.

지구 평균기온 상승 폭을 산업화 이전과 비교해 1.5℃까지 제한하자고 합의하였습니다. 여기서 '산업화 이전'은 현대적인 관측 자료가 존재하는 1850~1900년을 기준으로 한 것입니다.

파리 기후 협약에 따르면 전체적으로 기후 관련 위험은 2100년까지 점진적으로 1.5℃ 온난화가 진행되어 안정화되는 경우보다, 최종적으로 1.5℃를 초과할 때 더욱 커진다고 합니다. 특히 정점 기온이 2.0℃ 이상으로 높아지면 그 위험이 더욱 커질 것입니다. 이는 일부 생태계 손실과 같은 영향을 미칠 것으로 예상됩니다. 또 1.5℃ 이상의 기온 상승은 다시 현재의 상태로 되돌릴 수 없는 비가역적인 기후변화를 초래할 수도 있다고 합니다.

그렇기에 파리 기후 협약은 지구 온난화를 완화하기 위하여 195개 협약 당사국 모두가 참여하여 2020년을 시작으로 2050년까지 지구촌 온실가스 배출량을 '0'으로 만들겠다는 목표를 세웠습니다. 이미 전 세계는 기후변화에 대한 적응과 완화를 위해 노력하고 있습니다. 앞으로 우리 인류가 다양한 부문에서 기후변화를 완화하는 전략의 이행을 확대하고 가속화한다면 미래의 기후 관련 위험을 감소시킬 수 있을 것입니다. 더불어 점진적이고 전환적인 적응 노력을 통하여 그 위험을 감소시킬 수 있으리라 생각합니다.

기후변화, 이대로 괜찮은가

최근 언론에서 우리나라의 아열대화를 우려하는 기사들이 여기저기 쏟아지고 있다. 동남아의 스콜을 연상시키는 국지성 호우가 내리거나 제주도뿐만 아니라 우리나라 곳곳에서 열대 과일의 재배가 성공했다는 소식을 통해 한반도의 기후가 아열대화되고 있음을 전하는 보도가 많다. 흔히 우리나라는 사계절이 뚜렷한 온대 기후 지역에 있어 살기 좋은 곳이라고 말한다. 그런데 최근 들어 평균기온이 상승하면서 점차 아열대기후로 변한다고 우려하는 목소리도 커지고 있다. 사실 기후의 변화는 의식주와 같은 인간의 생활양식까지 변화를 주기에 민감하게 받아들일 수밖에 없다. 이에 〈99분 토론〉에서는 한반도가 지구 온난화의 영향으로 아열대화되고 있는지 알아보는 시간을 가져 보기로 하였다.

사회자 ── 시청자 여러분, 안녕하십니까. 한반도가 지구 온난화의 영향으로 아열대화되고 있는 건지 우려의 목소리가 많습니다. 이에 대해 이야기 나누어 보고, 기후변화에 따른 우리 생활의 변화와 그에 대한 대책까지 다루는 시간이 되었으면 합니다. 기후와 기후변화를 연구하는 두 분의 패널을 모시고 이에 관한 여러 의견을 들어 보도록 하겠습니다. 먼저 우리나라의 아열대화에 관하여 김시후[3]님의 의견을 듣고, 다음으로 이지후[4]님의 의견을 듣는 순서로 진행하겠습니다.

김시후 — 우리나라는 가장 살기 적합한 온대기후 지역으로 알려져 있습니다. 보통 온대 지역이라고 하면 지리적으로는 남·북회귀선과 남·북극권 사이에 위치한 중위도 지방으로 사계절이 뚜렷한 것이 특징이죠. 그리고 아열대 기후라고 하면 남방의 동남아시아와 같이 무덥고 비가 많은 기후를 떠올리는데요. 최근 들어 우리나라 여름철에 폭염이나 폭우가 빈번해짐에 따라 아열대 기후로 가는 것이 아니냐는 우려가 나오고 있습니다. 특히 올해(2021년)는 남부 지방과 서울에서 벚꽃이 동시에 피어서 아열대화가 빠른 속도로 진행되는 것은 아닌지에 대한 우려가 더욱 커지고 있습니다. 지금과 같은 추세로 지구 온난화가 진행된다면 우리나라도 아열대 기후로 변화할 가능성이 있다고 봅니다. 최근에는 봄과 가을의 구분이 모호해지고, 제주도에서나 나던 한라봉이 전남 해안지방에서도 재배되거나 열대과일인 바나나가 서울에서도 열린다는 이야기가 나오는 만큼 많은 사람이 기온 상승으로 아열대화되고 있음을 느끼는 것이 사실입니다.

기후(氣候)는 24절기 72후에서 비롯된 말로 1년 전체의 때에 따라 비롯되는 대기 현상과 변화를 뜻한다. 이처럼 기후는 동양적인 의미에서는 지구상의 특정한 장소에서 매년 시간에 따라 반복되기에 시후(時候)의 뜻이 강하다. 따라서 토론자 중 한 사람을 '시후'라고 하였다.

영어의 climate는 경사 또는 기울기라는 뜻의 그리스어 klima에서 유래하였다. 이를 지구의 태양에 대한 경사라고 생각하면, 지구상의 위도에 따른 지리적 차이를 강조한 것으로 지후(地候)의 의미가 강하다. 따라서 토론자 중 한 사람을 '지후'라고 하였다.

이지후 —— 언론에서 자꾸 여름철마다 우리나라 기후가 아열대로 바뀌고 있다고 우려합니다만, 실제로 우리나라는 늘 여름철은 아열대기후였다고 말할 수 있습니다. 여름은 항상 기온이 높고 습해 무덥지 않습니까? 그리고 강수량도 많고요. 우리나라가 사실 지구 온난화의 영향으로 고온화 경향을 보인다고 해서, 이를 아열대화라고 말하기에는 아직 무리가 있을 것 같습니다.

김시후 —— 미국의 지리학자인 트레와다가 기존의 쾨펜 기후 구분이 대륙 동안에서 잘 맞지 않아 이를 일부 수정하면서 쾨펜이 사용한 C기후를 아열대Subtropical기후로 설정하였습니다. 그러면서 아열대 기후를 '1년 중 최한월 평균기온이 18℃ 이하이고, 월평균기온이 10℃ 이상인 달이 8개월 이상인 곳'이라고 하였지요. 이를 따른다면 이미 남해, 여수, 부산, 포항 등을 포함한 남해안 지역은 아열대기후가 됩니다.

이지후 —— 보통 기후를 나눌 때 일반적으로 언급되는 쾨펜의 기후 구분에서도, 아열대기후라는 구분은 없습니다. 그렇기에 우리나라도 쾨펜의 기후 구분을 따른다면 냉대기후와 온대기후로만 나눕니다. 아열대라는 말에 쓰는 '아亞'란 한자는 '버금간다'라는 뜻이기에, 사실 아열대는 열대에 버금가는 열대적인 여름이 나타나는 기후대라는 의미이지요. 일본의 지리학자 스이즈 이치로는 아열대를 열대와 같은 여름이 있으나 열대에는 없는 겨울이 있는 기후라고 말했습니다. 그렇다면 이미 우리나라는 폭염과 호우로 대표되는 여름과 혹한기가 있는 겨울도 있어 아열대라고 할 수 있겠지요. 우리나라가 아열대화되고 있다는 것은 사실 모호한 개념을 갖고서 하는 말장난에 불과하지 않을까요?

김시후 —— 그렇죠. 우리가 모호하게 쓰는 아열대라는 용어 때문에 혼란이 가중되는 측면도 있는 것 같습니다. 지구 온난화에 따른 기온 상승에 대해 경각심을 갖자는 차원에서 아열대화라는 말을 쓰는 것 같습니다만, 사실 아열대화와 관련된 오늘의 논의도 정의와 개념의 모호함에서 비롯되는 것이 아닌가 싶습니다.

주제 1
기후변화에 대한 진실은 무엇인가

사회자 —— 지금까지 우리나라의 아열대화에 대한 두 분의 모두 발언 잘 들었습니다. 두 분의 말씀을 들어 보니 우리나라의 아열대화가 지구 온난화의 결과인지, 아니면 용어상의 문제인지 의견 차이가 있는 것 같습니다. 21세기 최고의 화두는 아마도 인위적인 온실가스에 의한 전 지구적인 기후변화일 것입니다. 이처럼 관점에 따라 견해가 엇갈리는 주제는 없으리라 생각합니다. 특히 운송이나 냉난방 등에 투입된 에너지 소비가 온실가스 발생에 주 원인이 되는 까닭에 연관된 경제 분야와도 밀접하게 관련되어 있고, 또 향후 에너지 정책 수립 등 정치적인 의사결정과도 밀접한 관련을 맺고 있어 기후변화와 그 영향에 관한 과학적 평가는 중요한 정치적 의제로 떠올랐지요. 그럼 지금부터 기후변화에 대한 진실은 무엇인지 우리나라 사례를 중심으로 두 분의 의견을 들어 보겠습니다.

김시후 — 우리나라의 근대 기상관측은 1904년 인천 임시관측소를 시작으로, 이후 부산·목포·서울·대구·강릉이 추가되어 1912년에 6곳의 측후소에서 이루어지기 시작했습니다. 그래서 이들 지점에서 관측된 자료를 바탕으로 얼마 전에 기상청에서 장기간에 걸친 기후변화 추세를 발표하였는데요. 이를 보면 최근 30년(1991~2020년) 연평균기온이 과거 30년(1912~1940년)에 비해 1.6℃ 상승했습니다. 전 지구의 연평균기온이 0.8℃ 상승하는 동안에 우리나라의 연평균기온 상승은 두 배가량 더 높게 나타난 것으로, 우리나라의 온난화가 전 지구 평균보다 빠르게 진행되고 있음을 알 수 있지요. 우리나라뿐만 아니라 전 지구적으로도 온실가스 배출로 인한 기온 상승이 뚜렷하게 보입니다.

이지후 — 최근 들어 기후변화가 큰 위기라고 말하는 사람들이 많습니다만, 반대로 그 위기가 과장되었다고 말하는 사람들도 있습니다. 그리고 지구 온난화 같은 것은 존재하지 않는다고 극단적으로 말하는 사람들도 있습니다. 지역마다 차이는 있겠지만 지구는 분명히 더워지고 있으며, 인간의 활동 또한 다양한 측면에서 기후변화 추세에 영향을 미치는 것은 사실입니다. 다만 지구가 더워지는 동안에도 여전히 서늘하거나 심지어 과거보다 더 서늘해지는 지역이 존재할 수도 있지요. 이런 예외들을 보면 지구 온난화라는 지배적인 추세를 뒷받침하는 이론에 의구심을 갖게 됩니다. 온난화에 따라 2000년대 이후 북극 지역에서는 강한 기온 상승 경향과 해빙이 나타나

고 있으나 우리나라를 비롯한 동아시아 지역에서는 최근 2012년
과 2017년의 사례에서처럼 한파와 같은 겨울철 극한기후가 발생하
는 등 지역적 편차가 크게 나타나기도 하지요. 게다가 기후 최적기
climatic optimum라는 용어도 있습니다. 이는 신생대 제4기의 최종 빙기
(약 7만~1만 년 전) 이후 1만여 년간 계속되고 있는 후빙기 동안에 가
장 온난했던 시기로서 현재의 기온보다도 지역에 따라서 1~4℃ 높
았던 7,000~6,000년 전을 말합니다. 이때는 심지어 현재보다
3m에서 5m 정도 해수면이 높았다고 추측되기도 합니다. 그렇다면
20세기 이후 최근 100년이 지구 역사상 가장 더웠던 시기라고 단정
하기는 어렵지 않을까요? 아울러 지금은 1.5℃의 기온 상승이 파국
을 가져올 것이라 하니, 그때와 비교해 지금의 기온 상승이 왜 문제
가 되느냐는 의견입니다.

김시후 ── 맞습니다. 그러나 그때는 맞고 지금은 틀렸죠. 기후 최적기가
지구 공전궤도의 변동에 따른 태양에너지의 증가로 기후가 점차 온
난해진 자연적인 기후 변동이라면, 현재의 지구 온난화는 산업화에
따른 온실가스의 증가에 기인한 것으로 인위적이지요. 산업화가 진
행된 1800년대 이후 대기 중의 이산화탄소와 메탄의 농도는 기하급
수적으로 증가하였습니다. 지난 수십만 년 동안의 빙하 코어[5]에서
도 지금의 온실가스 농도는 찾아볼 수 없습니다. 그렇기에 파리 협
정에서도 전 지구의 기온 상승을 산업화 이전 수준과 비교하여,
21세기 내에 '2℃보다 훨씬 낮게 유지하고', '1.5℃로 제한하는 노
력'을 해 나감으로써, 기후변화의 위협에 전 지구적 대응을 강화하

땅속 깊은 곳에 숨겨져 있는
빙하 얼음을 뽑아내는 과정을
'빙하 시추'라고 말하며, 이를
통해 얻은 길쭉한 원통형 얼
음을 '빙하 코어'라고 한다.

자는 것이죠. 또 2℃ 이상 갑작스러운 기온 상승은 극심한 이상기후를 유발할 가능성이 커지므로 기후변화에 효과적인 적응을 위하여 2℃ 이내로 제한해야 합니다.

이지후 ── 그렇지만 여전히 기후변화에 회의적인 의견이 많은 것도 사실입니다. 우리나라의 경우 하루 동안 20℃ 이상의 일교차가 나타나는 경우가 허다합니다. 이에 비하여 19세기 말 이후 전 세계적으로 나타난 약 0.85℃의 기온 상승은 매우 사소한 것처럼 여겨질 수 있지요. 거기에 1998~2013년의 15년간은 온실가스의 지속적인 증가에도 불구하고 전 지구 평균기온의 상승 경향(0.05℃/10년)이 1951~2012년(0.12℃/10년)의 기간보다 작아, 온난화가 둔화 또는 '온난화 휴지기'가 아니냐는 의견도 있습니다.

김시후 ── 이 선생님 말씀도 일견 타당성이 있어 보이나 꼭 그렇지만은 않습니다. 스위스 베른대학 지리학연구소의 라파엘 노이콤 박사가 이끄는 연구팀은 나무 나이테와 호수 침전물, 산호, 빙하 코어 등 과거 기후변화를 파악할 수 있는 약 700개의 척도를 활용해 지난 2천 년간의 기후변화를 분석해 「네이처Nature」에 게재했는데요. 그 결과 지구 기온이 20세기 말처럼 거의 지구 전체에 걸쳐 급격히 상승한 경우는 전례를 찾을 수 없는 것으로 발표하였습니다. 이 연구에 따르면 지난 2천 년간 20세기 말에 벌어진 것처럼 지구 기온이 광범위한 지역에서 급속히 오른 적은 없었습니다. 이는 현재의 전 지구적인 기온 상승이 '지질시대를 통해 오르락내리락하며 반복돼 온 자연적인 기온 변화 과정의 일부로 심각한 것이 아닐 수도 있을 뿐만 아니라 인류가 만들어 낸 것도 아니다'라는 주장의 논거를 깨는 것으로 생각할 수 있지요. 또 이 연구에 따르면 지난 2천 년 사이 로마 온난기(250~400년)나 중세 온난기(800~1200년), 소빙기(1300~1850년) 등처럼 기온이 장기간에 걸쳐 상승하거나 하락한 시기가 분명히 존재했지만, 이때도 지구 절반 이상에 걸쳐 광범위하게 진행된 기후변화는 없었으며 특정 지역에 한정해서 기온 변화가 있었던 것입니다. 예컨대, 중세 온난기 때는 유럽의 40% 지역에서만 기온이 올랐으며, 소빙기 때는 동아시아에서는 15세기에, 유럽에서는 17세기에 절정을 맞는 등 지역적 차이가 있었지요. 그러나 20세기 말 온난화는 전 지구상 98% 이상의 지역에서 평균기온이 상승하며 온난화가 진행된 것으로 나타났습니다.

사회자 — 네. 지금까지 두 분 말씀 감사합니다. 기후변화의 진행이 지역별로 차별적으로 발생하는 것인지, 아니면 일반적으로 발생하는 것인지로 논의를 확대해 보았으면 합니다. 우리나라에서도 도시와 농촌 지역 간에, 그리고 같은 지역에서도 지표 피복에 따라 기후 민감도[6]는 다 다를 것으로 보이는데요. 이에 대해 계속해서 논의해 주시기 바랍니다.

대기 중 이산화탄소의 양이 갑절이 될 때 증가한 온실효과에 따라 기후가 얼마나 온난해지는지에 대한 추정치를 말한다.

주제 2
기후변화의 진행은 지역별로 어떤 차이를 갖는가

김시후 — 앞서도 이야기가 나왔지만, 우리나라에서 100년 이상 장기간의 관측자료가 존재하는 6개 지점(서울·인천·강릉·대구·목포·부산)의 평균기온은 1912년부터 2017년까지 106년 동안 1.8℃ 상승하여 지구 평균기온의 상층치보다 높았습니다. 앞서 언급한 주요 도시의 장기간 연평균기온 변화를 보면 상승 경향이 뚜렷하게 나타납니다. 특히 20세기 전반과 비교해 1980년대 이후 고온화가 뚜렷하지요. 물론 지점마다 상승폭이 차이가 있어 제시된 그림에서와 같이 서울과 대구에서 +0.24℃/10년으로 가장 크고, 목포는 +0.07℃/10년으로 비교적 작은 편입니다.

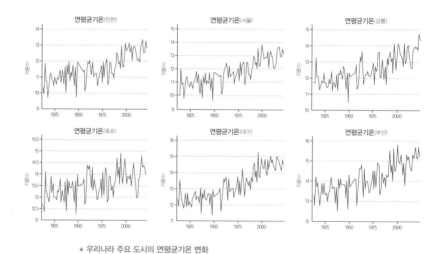

▲ 우리나라 주요 도시의 연평균기온 변화

이지후 ── 그렇습니다. 1973년부터 2020년까지의 국내 지점별 평균기온 변화율의 공간적 분포를 보면, 관측 지점에 따라 온난화 경향의 강도가 다르다는 것을 알 수 있습니다. 즉, 지점별 평균기온 변

교과서 토론 | 지리

화율을 보면, 원주 0.61℃/10년, 청주 0.56℃/10년, 수원 0.49℃/10년, 구미 0.48℃/10년 순으로 높았고, 문경 0.02℃/10년, 해남 0.09℃/10년, 고흥 0.1℃/10년, 추풍령 0.11℃/10년 순으로 낮았습니다. 이를 보면 온난화의 공간 분포 특성을 정확하게 규정하기는 어렵지만, 1970년대 이후 산업화가 진행된 구미나 포항과 같은 공업도시이거나 이촌향도에 따라 도시화가 진행된 청주, 수원, 인천 등의 도시들에서 온난화 추세가 더 강한 경향이 있습니다. 반면에 산업화와 도시화가 덜 진행된 내륙 산지의 문경이나 추풍령, 그리고 해안 도서의 해남과 고흥 등에서는 상대적으로 기온 상승폭이 작지요.

사회자 ── 그럼 이와 같은 우리나라 각 지역별 온난화 차이는 전 지구적인 경향의 온난화와는 다른 시그널도 있다는 말씀이신가요?

이지후 ── 물론 지구 온난화와 무관하다는 뜻은 아니고요. 우리나라 기온 상승 추세에 도시화의 효과가 일정 부분 기여하고 있음을 말씀드리는 것입니다. 건국대 지리학과 최영은 교수팀의 최근 연구에 따르면 1973~2014년 기간 동안 기온 상승의 약 30~45%를 도시화가 설명하는 것으로 조사되기도 하였지요. 물론 전 지구적인 온난화 경향이 뚜렷해지면서, 도시화 효과의 영향은 상대적으로 덜 중요해질 수 있습니다.

사회자 ── 아무래도 온난화에 가장 큰 영향은 온실가스에 의한 것이겠지요? 이에 대해서도 설명 부탁드립니다.

김시후 ── 우리나라 안면도에서 배경대기[7] 관측을 시작한 1999년의 이산화탄소 농도는 371.2ppm이었지만, 2020년에는 이산화탄소 농

해당 위도 대에서 대표할 수 있는 지역 중 비주기적인 인위적 활동의 영향을 직접적으로 받지 않아, 지역규모의 대기 농도수준과 자연변동을 반영한 대기를 말한다.

도가 417.9ppm으로 증가함에 따라 기온편차도 0.7℃ 증가하였습니다. 이산화탄소는 지구 온난화에 영향을 미치는 온실가스 중에서 온실효과 기여도가 60%를 초과해, 가장 대표적인 온난화 유발 물질로 지목되고 있지요. 산업화 이전에 대기 중 이산화탄소 농도는 약 278ppm 정도로 추정되며, 산업혁명 이후 화석연료의 연소 등으로 인해 이산화탄소의 배출량이 급증하여 현재는 400ppm이 넘어 약 46%나 증가하였습니다. 최근 인간의 인위적인 배출 때문에 이산화탄소 농도의 증가율이 연평균 2.25ppm으로 과거에 비해 빠르게 증가하고 있어, 지구 온난화를 가중시키고 있습니다.

사회자 — 지금까지 기온을 중심으로 한 온난화 사례를 주로 말씀해 주셨는데요. 강수는 어떻게 변화할지 간략하게 설명 부탁드립니다.

김시후 — 기온 상승은 다른 기후 요소의 변화에 영향을 미쳐 기후를 전체적으로 변화시킵니다. 우리나라의 강수량은 점차 증가하는 추세이며, 특히 여름철 강수량이 뚜렷하게 증가하였습니다. 우리나라는 여름철에 연 강수량의 절반 이상이 내리는 까닭에 여름철 강수량의 증가는 당연히 연 강수량의 증가를 가져오지요. 아울러 강수량의 증가에도 불구하고 강수 일수는 대부분의 지역에서 감소하고 있고 강수 강도는 강해지고 있습니다. 이는 여름철에 집중호우가 증가하였음을 보여 줍니다.

주제 3
기후변화에 따른 우리 생활의 변화는 어떨까

사회자 —— 지금까지 기후변화의 양상에 관하여 잘 들었습니다. 최근 지구 온난화가 세계 여러 곳에서 한파와 폭염을 가져오고, 빙하를 녹여 해수면을 상승시키는 등 기상재해를 유발하고 있다고 하는데요. 그럼 우리나라에서도 지구 온난화에 따른 영향이 나타나겠지요? 앞으로 어떻게 변화할지 말씀해 주셨으면 합니다.

김시후 —— 사회자 님의 말씀대로 기온 상승은 빙하를 녹여 빙하의 질량 손실을 가져오고, 또 해수온도를 상승시킴에 따라 해양의 열팽창을 유발해 지구의 평균 해수면 높이를 높아지게 합니다. 특히 알프스나 히말라야 산맥 등지의 산악 빙하가 감소하면서 해수면 상승을 가져오지요. 이미 우리나라는 1901~2010년 기간 동안 전 지구 평균 해수면 상승폭인 0.19m를 뛰어넘었습니다. 실제로 한반도 해수면 상승률은 평균 2.5mm/년으로 세계 평균 상승률인 1.8mm/년보다 높습니다. 해수면의 상승은 해안이나 평야 지역의 저지대에서의 침수 피해를 증가시킬 수 있어 우려됩니다.

이지후 —— 뿐만 아니라 지구 온난화는 우리나라의 식물 계절의 변화에도 영향을 끼칩니다. 기온 상승에 따라 봄꽃의 개화 시기는 점차 빨라지고 있지만, 가을철 단풍이 드는 시기는 점차 늦어지고 있지요. 또 지구 온난화에 따라 우리나라 식생의 분포에도 변화가 나타나고 있습니다. 우리나라 상록활엽수의 북한계에 관한 조사에서도 식생의 북방 이동이 밝혀졌습니다. 1941년에 우에키가 우리나라의 난대성 상록활엽수를 조사하여 그들의 북한계선을 대청도 – 변산 – 영암 – 죽도 – 울릉도를 잇는 선이라고 발표했습니다. 하지만 약 70년 후인 2009년에 재조사한 결과를 보면 백령도 – 칠갑산 – 내장산 – 구룡포를 잇는 선으로 북상한 것을 확인할 수 있습니다. 상록활엽수의 북한계선이 서남부 내륙에서는 약 74km, 동해안에서는 14km 가량 북쪽으로 이동한 것인데요. 이와 같은 상록활엽수의 북방 이동은 20세기 중 우리나라의 평균기온 상승과 관계가 있습니다. 이뿐만이 아닙니다. 우리나라의 남부 지역에 분포하는 왕대속 대나무 분포지의 북방 이동도 확인되었습니다. 건국대 지리학과 이승호 교수팀은 1907년 이전의 문헌자료와 2006년의 현지답사에서 밝혀진 분포지를 비교해, 동해안을 제외한 대부분 지역에서 좁게는 60km, 넓게는 100km 북쪽으로 이동하였다고 발표한 바 있습니다.

김시후 — 네, 맞습니다. 또 우리나라 온대 과수의 적정 재배지가 대부분 북쪽으로 이동하고 있지요. 대표적으로 사과의 주산지는 대구에서 평창·영월로, 녹차는 보성·하동에서 고성으로, 복숭아는 경산에서 춘천으로 이동하고 있으며, 제주도에서만 재배되었던 한라봉은 시설재배를 통해 나주·고흥·거제로 확대되는 중입니다. 앞으로도 지구 온난화 추세가 꺾이지 않아 우리나라의 연평균기온이 2℃ 상승하면 온대 과수인 배, 포도 등의 재배 면적은 34%가량 감소할 것으로 예상되며, 고랭지 배추의 재배 면적도 70% 이상 감소할 것으로 보입니다.

이지후 ── 우리나라 사람들이 양념으로 많이 먹는 마늘의 분포도 변하고 있습니다. 육쪽마늘의 경우 1970년대 이전에는 제주도를 제외한 거의 전국에서 재배할 수 있었지만, 오늘날 남부 지방에서는 육쪽마늘을 재배하는 것이 불가능해졌습니다. 겨울철에 온화한 지역에서는 육쪽마늘을 재배하기가 어렵기 때문이죠.

사회자 ── 지구 온난화가 자연 생태계뿐만 아니라 인간 생활에도 많은 영향을 미치고 있네요. 앞으로 기후가 변화하면 인류는 새로운 환경에 또 적응해 살아가야 할 텐데요. 두 분 선생님께서는 기후변화에 따른 우리 생활의 변화를 어떻게 전망하십니까?

이지후 ── 사회자 님, 우리 국민이 울릉도에서 거주하기 시작한 해가 언제인지 아시나요?

사회자 ── 글쎄요. 우산국이 신라 지증왕 때 편입되었으니 그 이전부터 살아왔던 것 아닐까요?

이지후 ── 아닙니다. 조선 건국 이후 공도 정책을 펴 울릉도에 거주하는 백성을 모두 육지로 쇄환하고 울릉도를 비워 두었습니다. 그래서 사람이 살지 않다가 1882년 고종이 공도 정책을 폐지한 후 주민 이주가 시작되었습니다. 그런데도 울릉도에서는 학교의 지리 수업마다 우리나라의 대표적인 가옥 모습으로 배우는 우데기가 발명되었지요. 우데기는 울릉도의 많은 눈에 대비한 시설이면서 강한 바람을 막기 위해 만들어졌는데요. 100여 년도 안 되는 짧은 기간에 울릉도 정착민들이 그곳의 기후 환경에 적응해 만들어 낸 것입니다. 이처럼 인류는 변화하는 기후에 따라 새로운 환경에 적응해 살아갈 충분한 능력이 있다고 봅니다. 우리가 기후변화를 괴물로 인식해 걱정한다고 해결되는 것은 아니지 않습니까? 차근차근 기후변화에 대해 대응해 가면 해결해 나갈 수 있으리라 생각합니다.

김시후 —— 이 선생님 말씀이 옳습니다. 우리나라는 여전히 화석 연료에 대한 의존도가 높은데, 앞으로는 기후변화에 대한 대응으로서 온실가스 발생 감축을 위한 정책을 펼쳐야 합니다. 기후변화를 기회로 삼아 그 피해를 줄이기 위한 기후변화 적응[8] 정책이 자리 잡는다면 새로운 기회의 장이 열릴 수도 있을 것입니다. 우리나라는 2015년 온실가스 배출권거래제의 시행에 따라 국내 온실가스 배출량의 약 80% 이상을 제도적으로 관리하고 있으며, 현재 국가적인 차원에서 '저탄소 녹색 성장'을 지향하면서 기후변화에 대응하는 노력을 펼치고 있습니다.

마무리 발언

사회자 —— 기후변화에 관한 두 분의 말씀을 들으면서, 기후가 우리 생활과 얼마나 밀접하게 관련되어 있는지 여러 관점의 시선을 이해하게 되었습니다. 다양한 시선을 제공해 주셔서 두 분께 진심으로 감사의 말씀을 전합니다. 마무리 발언 한마디씩 듣고 오늘 토론 마치도록 하겠습니다.

이지후 —— 네, 저 역시 오늘 논의가 유익했습니다. 이 복잡한 세계의 다양한 측면을 이해하기 위해서는 개별 학문의 전문적 관점과 더불어 학문 간 경계를 넘어서는 통합적 관점이 필요하다고 보는데요. 따라서 기후변화와 관련해서도 지리학은 매우 중요합니다. 지리학은 지구라는 물리적 대상을 규모에 따라 다양한 지역 단위로 분절해 이해하게 해 줄 뿐만 아니라, 기후변화의 원인과 양상에 관한 자연과학적 측면, 그리고 기후변화의 영향과 대응에 관한 사회과학적 측면을 모두 다루는 까닭에 자연과학과 사회과학 간의 가교 역할을 할 수 있기 때문이죠.

김시후 ── 그렇습니다. 앞에서 살펴본 바와 같이 우리는 기후의 영향을 강하게 받기도 하고, 기후 시스템에 유의미한 영향을 미치기도 합니다. 현재 진행되고 있는 기후변화가 실제적이냐, 또 과장되었냐에 관해서도 여러 의견이 있습니다. 또 기후변화가 인간에게 긍정적이냐 부정적이냐에 관해서도 관점에 따라 의견이 갈립니다. 사실 이런 질문에 대한 답은 다양할뿐더러 질문자의 가치관에 따라 달라지지요. 그렇기에 기후변화를 대상으로 하는 논의들에 대해 어느 한쪽 의견만이 옳다고 편드는 것은 적절하지 않을 수 있습니다. 우리는 인간 삶의 토대로서의 환경뿐만 아니라 환경에 영향을 받고 사는 인간 생활양식을 이해하기 위해, 기후에 관해 더욱 관심을 두고 열린 마음으로 공부해야 할 것입니다. 그래야 앞으로의 기후변화에 관해 정확한 판단으로 평가하고 대응해 나갈 수 있지 않을까요?

기후변화의 최전선, 안면도

한반도에서 지구대기감시는 1987년 1월 충북 단양군 단양읍에 위치한 소백산기상관측소에서 시작되었습니다. 이후 기후변화가 세계적인 관심사로 떠올라 우리나라에서도 기후변화 유발물질의 감시 필요성이 대두되었지요. 이에 1996년에 안면도에 배경대기관측소(현 기후변화감시소)를 설립하여 온실가스를 포함해 기후변화 감시요소를 관측하고 있습니다.

▲ 안면도의 기후변화감시소

출처: 문화체육관광부 해외문화홍보원

안면도가 위치한 충남 연안은 최대조차가 평균 7m 정도로 나타나 조차가 매우 크며, 최대조차가 발생하는 시기에는 지금도 해안 저지대에서 해수 역류에 의한 침수 피해가 빈번하게 발생합니다. 그런데 앞으로 지구 온난화에 따라 해수면이 상승하면 이 지역에 해안선 변화가 발생할 것으로 보이며, 과거 갯벌이던 곳을 간척한 지역에 대한 침수 피해가 두드러질 것으로 예상됩니다. 특히 안면도의 해안선은 기후변화에 따른 변화에 취약하다는 연구도 있습니다. 이는 이 지역이 해안사구 및 해안으로 돌출된 구릉지가 많고, 과도한 간척에 의한 농경지가 많이 분포하고 있기 때문입니다. 즉, 안면도는 기후변화에 의한 해수면 상승에 매우 취약하다고 할 수 있습니다.

마무리 하기 — 기후변화, 이대로 괜찮은가

1. 우리나라의 기후변화에 관한 토론 내용을 보고, 각 주장에 대한 근거를 정리해 적어 보세요.

기후변화, 이대로 괜찮은가?

| 긍정적이다 | 부정적이다 |

기후변화에 대한 진실은
무엇인가?

기후변화의 진행은
지역별로
어떤 차이를 갖는가?

기후변화에 따른
우리 생활의 변화는
어떨까?

2. 나의 일상생활에서 지구 온난화 문제를 해결하기 위한 구체적인 실천 방안에 대해 생각해
봅시다.

· 쟁점 10 ·

에너지 Energy
— 왜 에너지 전환을 이야기하는가

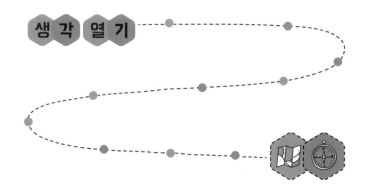

　석유의 가채연수[1]는 얼마나 될까요? 석유의 가채연수는
부모님이 학교를 다니던 시기에도 40~60년이었고, 지금도
40~60년 정도입니다. 어떻게 이런 일이 가능할까요? 그것은
가채연수의 정의에 힌트가 있는데, 분모가 되는 연간 생산량과
분자가 되는 확인된 매장량이 계속해서 바뀌기 때문입니다. 사
실 연간 생산량은 지속적으로 증가해 왔기 때문에 가채연수가
일정하게 유지되고 있다는 사실을 통해 확인된 석유의 매장량
이 같은 비율로 증가함을 알 수 있습니다. 확인된 매장량은 새
로운 유전의 발견, 기존 유전에서 추가 정보의 획득, 유가와 개
발비 같은 경제 조건의 변화, 정부 정책 및 환경 규제의 변화,
또는 생산기술의 발전에 따라 변화합니다.

　다음 그림에서 볼 수 있는 것처럼, 시추를 통해 존재가 확인
되었지만 경제적으로 사업성이 떨어져 생산하기 어렵거나 존
재가 확인된 것은 아니지만 탐사단계에서 평가된 양을 일반적

가채연수(可採年數, reserve life
index)란 확인된 매장량을 현
재의 연간 생산량으로 생산
하였을 때 생산할 수 있는 연
수. 즉 전년도 말의 확인된 매
장량을 그해의 연간 생산량
으로 나눈 값을 말한다.

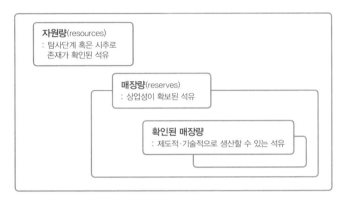

다음과 같은 구조의 그림:
- **자원량**(resources)
  : 탐사단계 혹은 시추로 존재가 확인된 석유
- **매장량**(reserves)
  : 상업성이 확보된 석유
- **확인된 매장량**
  : 제도적·기술적으로 생산할 수 있는 석유

▲ 석유 자원량 분류 및 용어

으로 자원량resources이라 하며, 이는 우리가 흔히 말하는 매장량 reserves에 포함되지 않습니다. 흥미로운 사실은 새로운 부존 자원의 발견이나 채굴 기술의 발전이 빠르게 이루어져 매장량이 증가하고 있음에도 불구하고 가채연수가 크게 증가하지 않고 일정한 수준에서 유지되고 있다는 것입니다. 그 이유는 석유 메이저 기업들이 회사의 존립과 원활한 경제 활동을 지원하기 위해 언제나 향후 40~50년간 개발할 분량을 확보하는 수준에서 확인된 매장량을 관리하고 있기 때문이지요. 심해와 극지를 포함한 미탐사 지역에 부존하는 자원, 비용과 기술적 어려움으로 아직 생산하지 못하는 비전통 석유자원, 저유가로 개발을 미루고 있는 많은 유전, 그리고 석유공학 기술발전을 고려할 때 우리가 살아 있는 동안 석유가 고갈될 일은 없을 것으로 보입니다. 그렇다면 우리는 석유 고갈에 대한 걱정을 내려놓고 편안한 마음으로 석유에 의지하며 살아도 좋을까요?

정작 석유의 위기, 좀 더 정확히 말하면 석유를 포함한 화석 연료의 위기는 고갈이 아니라 바로 화석 연료가 연소하면서 발생하는 이산화탄소로 인하여 발생하였습니다. 산업혁명 이후 화석 연료의 사용이 급격히 증가하면서 대기 중의 이산화탄소 농도가 가파르게 상승하였지요. 문제는 대기 중 이산화탄소의 농도가 너무 급격하게 상승하면서 우리가 적응하기도 전에 여러 지역에서 기후변화에 따른 이상 현상이 나타나고 있다는 것입니다. 따라서 사람들은 기후변화의 원인이 되는 대기 중 이산화탄소의 농도를 줄이기 위해 노력 중이고, 그 노력의 초점은 화석 연료의 사용을 어떻게 줄일 것인가에 맞춰져 있습니다. 약 200여 년 동안 가장 중요한 자원의 지위를 누려 왔던 화석 연료의 시대가 막을 내리고 있는 것입니다.

물론 에너지원으로서 석유의 위상이 꺾인다고 하여도 석유는 여전히 우리에게 가장 중요한 자원 중 하나로서의 지위를 유지할 것으로 보입니다. 석유는 에너지원일 뿐만 아니라 화학공업의 원료로서 우리가 사용하는 기능성 섬유, 플라스틱 제품 등의 화합물을 생산하는 데 주재료이기 때문입니다. 지금 여러분의 눈에 보이는 물건 중 석유 화합물이 사용되지 않은 물건을 몇 가지나 찾을 수 있을까요? 아마도 소풍 가서 하는 보물찾기보다 더 어려울 것입니다. 그렇지만 화학공업의 주원료로서 석유의 지위도 앞으로는 예전만큼은 아닐 것으로 보입니다. 미

▲ 미세플라스틱은 음식, 생활용품, 심지어 숨 쉬는 공기를 통해서도 인체에 유입되어 건강을 위협하며 먹이 사슬로 생태계를 위협하기도 한다.

세플라스틱의 공포가 점차 현실화되고 있기 때문인데요. 5mm 이하의 작은 크기로 조각난 플라스틱인 미세플라스틱은 크기가 매우 작아 제거하기도 어렵고 광범위하게 퍼져 있어서 우리가 알지 못하는 사이에 음식, 생활용품, 심지어 숨 쉬는 공기를 통해서도 인체에 유입되어 건강을 위협하며, 먹이 사슬로 생태계를 위협하기도 합니다. 에너지 분야에 비해 석유 화합물은 생산과 유통, 폐기물 처리에 대한 통제가 쉽지 않아 석유 화합물의 사용을 줄이기 위한 노력이 가시화되기까지는 더 긴 시간이 필요할 것으로 보이지만, 우리의 일상용품을 만드는 재료들을 좀 더 친환경적인 소재로 전환하지 않으면 안 되는 때가 올 것입니다.

화석 연료의 시대가 저물어 가기 시작하는 지금, 지난 2세기 동안 석탄에서 석유로 이어지는 화석 연료의 시대가 열어 준 편리한 일상의 삶을 포기하지 않아도 된다는 달콤한 이야기를 인류에게 전해 줄 에너지 자원이 있을까요? 이는 에너지 전환의 시대를 살아가고 있는 우리에게 주어진 공통의 과제입니다.

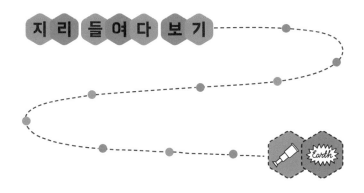

에너지 자원은 석유, 석탄, 천연가스와 같은 화석 에너지, 태양광, 풍력, 수력 등 신재생 에너지와 같이 인간 생활과 경제 활동에 필요한 동력을 생산할 수 있는 자원을 말합니다. 세계적으로 에너지 자원은 다음 그림과 같이 석유, 석탄, 천연가스, 수력, 신재생 에너지, 원자력의 순으로 많이 사용하는데, 우리나

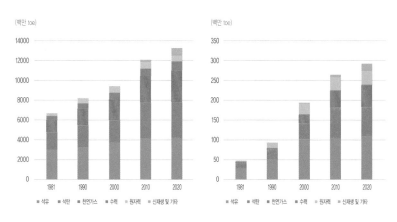

▲ 세계(좌)와 우리나라(우)의 1차 에너지 소비량 변화

라는 이와 달리 석유, 석탄, 천연가스, 원자력, 신재생 에너지, 수력의 순서로 많이 사용하고 있습니다.

　1~3위까지는 화석 연료를 가장 많이 사용한다는 점에서 같지만, 우리나라의 경우는 세계 평균과 비교하면 원자력의 비율이 이례적으로 높은 편에 속하고, 수력의 비율은 낮은 편입니다. 원자력의 비율이 높은 것은 원자력에 대한 정책적인 지원을 통해 다른 나라에 비해 높은 경쟁력을 확보하고 있기 때문인데요. 세계 평균적으로는 후쿠시마 원전사고를 겪으면서 원전의 안전 보장을 위한 비용이 증가한 반면, 신재생 에너지에 대한 투자와 기술발전이 크게 증가하면서 신재생 에너지의 균등화 발전비용이 원자력 발전보다 낮아지게 되었습니다. 그러나 여전히 우리나라에서는 원자력의 균등화 발전비용[2]이 신재생 에너지보다 상대적으로 낮은 상황이므로 화석 에너지 삼총사에 이어 네 번째로 많이 사용하는 에너지의 지위를 굳건히 하고 있습니다.

균등화 발전비용(levelized cost of energy)은 일종의 평균비용 개념으로 단순 투입 대비 생산의 개념이 아니라 시스템 관련 비용 및 외부 불경제에 따른 환경 비용까지 포함시킨 장기간의 평균적인 비용이다. 균등화 발전비용은 여러 가지 한계를 가지고 있지만 에너지 관련 비용 산정 특히 전원별 경제성 평가에 있어서 전 세계적으로 많이 이용되고 있는 개념이다.

▲ 우리나라는 여름철에 강수가 집중적으로 내리기 때문에 수력 발전에 불리한 조건을 가지고 있다.

　세계 평균으로 보면 수력은 네 번째로 많이 사용하는 에너지이지만, 우리나라의 경우 수력 발전의 비율이 매우 낮습니다. 우리나라의 연평균 강수량은 1331.7mm로 비교적 많은 편이어서 수력 발전의 비율이 낮은 것이 의외라고 생각할 수 있는데, 우리나라는 여름철에 강수가 집중적으로 내리기 때문에 수력 발전에 불리한 조건을 가지고 있습니다. 우리나라 하천에 건설된 댐은 발전용이라기보다는 홍수 조절 및 용수 확보가 주된 목적이라고 할 수 있지요. 세계적으로 신재생 에너지의 경우는 2010년 이후 소비량이 급속하게 증가하여 세계 1차 에너지 소비에서는 원자력을 추월하였으나, 우리나라의 경우는 아직 신재생 에너지의 성장 속도가 더뎌 소비량에서 원자력에 크게 못 미치고 있습니다.

한편, 1차 에너지 소비구조를 보면 우리가 일상생활에서 가장 많이 사용하고 있는 전기 에너지를 찾아볼 수가 없습니다. 어떻게 된 일일까요? 그것은 전기가 1차 에너지가 아닌 2차 에너지이기 때문입니다.[3] 우리가 많이 사용하는 전기 에너지는 다양한 1차 에너지원으로부터 생산되고 있습니다. 전기 에너지 자체는 친환경적인 모습을 하고 있지만, 세계 평균은 화석 연료로부터 생산되는 전기의 양이 61.7%에 달하고 우리나라도 이와 비슷한 비율인 62.6%(2020년) 정도에 이릅니다.

1차 에너지는 가공되지 않은 상태에서 공급되는 에너지로 지금까지 살펴본 화석 연료와 원자력, 수력, 신재생 에너지 등이 있다. 2차 에너지는 이것을 변화·가공해서 얻은 전기, 도시가스 등과 같이 우리가 직접 사용하는 형태의 에너지를 말한다.

이러한 에너지 수급은 인류에게 있어서 가장 중요한 요소 중 하나입니다. 그리고 인류가 주로 사용하는 에너지원은 인류 문명의 발전에 따라 계속해서 변화되어 왔지요. 화석 연료의 사용은 인류의 역사를 그 어느 때보다 풍요롭게 만들어 주었습니다. 하지만 이제 인류는 화석 연료와의 이별을 준비하고 있는데요. 지금까지 살펴본 바와 같이 그 변화는 이미 시작되었고, 다음 세대의 에너지원은 무엇인가를 두고 치열한 고민과 경쟁이 벌어지고 있습니다. 우리가 살고 있는 에너지 전환의 시대에 무엇이 문제이고 우리는 어떤 선택을 해야 할 것인지에 대해서 함께 이야기해 보도록 하겠습니다.

왜 에너지 전환을 이야기하는가

우리 정부가 2030년까지 2018년 대비 온실가스 배출 40% 감축 목표를 제시함에 따라 기업들은 탄소 비용의 증가로 원가 경쟁력이 낮아질 것을 우려하고 있다. 하지만 기후변화 대응이 기업의 위험관리나 국제적 약속을 이행하는 데 그친다면 우리 경제의 미래가 어두워진다. 국제 사회에서 뒤처지지 않고 함께 경쟁하며 살아가기 위해서는 에너지 전환의 시대가 가져올 파고를 대비하고 앞장서서 헤쳐 나가야 할 것이다. 이에 〈99분 토론〉에서는 '왜 에너지 전환을 이야기하는가'를 주제로 토론을 펼치기로 하였다.

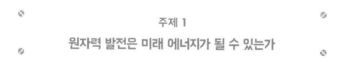

주제 1
원자력 발전은 미래 에너지가 될 수 있는가

사회자 ── 안녕하십니까. 〈99분 토론〉입니다. 에너지 전환의 시대를 살고 있는 우리에게 온실가스의 배출을 줄이기 위한 대안으로 원자력 에너지의 이용을 늘리자는 의견이 있습니다. 이에 대한 두 분의 의견을 들어 보겠습니다.

김원호 ── 원자력 발전은 발전 단가가 가장 저렴하여 경제적이고 온실가스 배출량이 매우 적은 친환경적인 에너지원이기 때문에 효율적입니다.

이제한 ── 원자력 발전의 발전 단가가 저렴하다는 것은 이미 십여 년 전 기준에 불과합니다. 재생 에너지 대비 원전의 경제성은 각 나라가 처해 있는 여건에 따라 다르지만 선진국에서는 이미 재생 에너지가 원전을 크게 앞선 것으로 평가되고 있습니다. 세계적 자산운용사인 라자드가 발표한 보고서를 보면, 미국 시장에서 보조금을 제외한 기준으로 전체 발전기간의 균등화 발전비용^{LCOE}을 평가했을 때 원자력 전기는 이미 2011년부터 재생 에너지^(풍력) 전기보다 비싼 에너지가 됐습니다. 지난해에는 원전이 1메가와트시^{MWh}당 163달러로, 평균 37달러인 재생 에너지보다 4배 비싼 것으로 평가되었지요.

김원호 ── 말씀하신 대로 각 나라가 처해 있는 여건에 따라 에너지 생산 비용은 다릅니다. 우리나라의 경우는 세계에서 원자력 발전과 관련한 기술이 다른 나라에 비해 앞서 있고 오랜 기간 원자력 발전을 안정적으로 운영해 온 노하우가 있어 원자력 발전이 다른 에너지원에 비해 발전 원가가 매우 낮습니다. 이러한 장점을 바탕으로 해외 원전 수출을 한 경험도 있고, 최근에도 여러 나라에서 우리나라에 원전 수출을 타진하고 있지요.

이제한 ── 우리나라의 원전 발전 원가가 낮은 이유는 각종 보조금과 인허가 사업 등에서 혜택을 받고 있으며, 인구 밀집 지역과 산업 단지로부터 가까운 곳에 높은 밀집도의 원전이 집중적으로 분포하기 때문입니다. 또 비용이나 경제성을 따질 때 언제를 기준으로 할 것인가도 중요합니다. 예로, 이미 건설된 원전이라면 운전비가 낮은 원전 특성상 가동률을 높여 발전단가를 낮출 수 있을 것입니다. 그러나 발전소는 안전 점검, 수선 유지, 고장 등으로 인해 쉬지 않고 가동할 수 없습니다. 세계적으로 원전 가동률은 대체로 70~80%에 불과한데요. 원전 수출을 말씀하셨는데, 세계적으로 보면 원자력 발전을 운용하고 있는 국가는 소수에 불과하며, 향후 원자력 발전을 건설할 계획을 가지고 있는 국가는 더욱 소수에 불과하기 때문에 원자력 발전과 관련한 시장은 매우 제한적입니다.

김원호 —— 우리나라의 경우는 매년 에너지 수요가 증가하고 있고, 전기차 보급이 본격화되면 전기 에너지에 대한 수요가 더욱더 증가할 것입니다. 탄소 중립[4]의 목표를 달성하기 위해 온실가스 배출을 늘리지 않으면서 증가하는 전력 수요를 따라잡으려면 대량의 전력을 효율적으로 생산하면서 안정적으로 공급할 수 있는 원자력 발전소를 추가로 지을 수밖에 없습니다.

이산화탄소를 배출한 만큼 이산화탄소를 흡수하는 대책을 세워 이산화탄소의 실질적인 배출량을 '0'으로 만든다는 개념이다.

이제한 —— 대량의 전기를 생산하는 데 원자력 발전이 유리하다는 것은 인정합니다. 하지만 안정적으로 전기를 생산한다는 말은 절반만 인정할 수 있을 것 같은데요. 원전이 안정적으로 운영될 때 일정한 양의 전력을 공급할 수 있는 것은 사실이지만, 각종 점검과 안전상의 문제로 인한 가동 중단 등 불안정성을 보이고 있는 것 또한 사실입니다. 우리 언론에서는 독일이 탈원전을 선언할 수 있었던 것이 '원전 부국'인 프랑스에서 전력을 싸게 살 수 있기 때문이라고 주장했지만, 실제로는 독일과 프랑스 사이의 전력 거래에서 독일은 프랑스에 대한 순수출국이지요.

김원호 ── 최근 EU 택소노미[5]에서 친환경 에너지의 범주에 원자력 발전이 포함된 것만 보아도 탄소 중립을 위해 원자력 발전이 필수적이라는 것을 방증한다고 볼 수 있습니다. 원자력 발전은 평균적으로 신재생 에너지보다도 이산화탄소 배출을 적게 하는 것으로 알려져 있어요.

이제한 ── 최근 발표된 EU 택소노미에 원자력이 포함된 것은 사실이지만, 여기에는 두 가지 핵심적인 단서 조항이 있다는 사실을 알아야 합니다. 현재 개발 단계에 있어 아직까지 상용화되지 않은 사고 저항성 핵연료의 의무적인 사용과 핵폐기물 매립장 확보라는 두 가지 단서 조항의 기준을 맞춘다는 것은 사실상 불가능에 가깝다고 할 수 있지요. 사고 저항성 핵연료는 아직 상용화되지 않았고 성공 여부도 미지수이며, 핵폐기물 매립장 확보를 위해서는 앞으로 십만 년 이상 지질학적으로 안정된 거대 암반을 찾고 주민들의 동의를 받아 핵폐기물을 저장할 장소를 마련해야만 합니다. 이는 아주 많은 장애물이 있는 문제이기 때문에 핀란드 정도가 추진하고 있을 뿐입니다.

사회자 ── 원자력 발전의 경제적 측면에 대해서 이야기해 주셨는데……. 원자력 발전이 대량의 전기를 생산하는 데 효율적이라는 다수의 의견에도 불구하고 체르노빌, 후쿠시마 원전 사고의 영향으로

환경적으로 지속가능한 경제 활동의 범위를 정한 것으로, 유럽연합(EU)이 2020년 6월 처음 발표했다. 2020년 첫 발표 당시 원자력 발전과 천연가스는 포함되지 않아 이를 두고 논쟁이 계속됐는데, EU는 2021년 12월 마련한 그린 택소노미 초안에서 천연가스와 원전을 포함시킨 데 이어 2022년 2월 천연가스와 원전에 대한 투자를 '그린 택소노미'로 분류하는 규정안을 확정·발의했다.

원자력 발전의 안전성에 대한 우려가 커져 원전을 추가로 건설하는 데 어려움이 있는 것 같습니다.

김원호 ── 원자력 발전의 위험성은 몇 건의 대형 사고를 통해서 필요 이상으로 과장되고 왜곡된 측면이 있습니다. 또 기술의 발전을 통해서 위험성을 제거한 방식의 원자로가 개발되었고, 현재 우리나라에서 운영되고 있는 국내 원자력 발전소는 후쿠시마 원자력 발전소와는 발전소 유형이 다릅니다. 현재 국내에서 운영되고 있는 대부분의 발전소는 가압경수로형 원자력 발전소이고, 후쿠시마 원자력 발전소는 비등경수로형[6] 원자력 발전소입니다. 이상 작동을 방지하는 다중의 장치와 그럼에도 사고가 발생했을 경우 핵물질의 외부 유출을 막기 위한 다중의 차벽이 존재하고 있기 때문에 국내 원전의 경우는 체르노빌이나 후쿠시마 원전과 같은 사고 발생 가능성이 거의 없다고 할 수 있지요.

이제한 ── 기술 발전을 통해서 사고 발생 위험을 낮췄다고는 하지만, 100%의 안전성은 보장할 수 없습니다. 또 국내 원전의 경우, 지난 20년 동안의 사고 발생 통계를 보면 연 15.7회 정도의 크고 작은 사고가 있었는데요. 더구나 사고 처리 과정이 폐쇄적으로 진행되어 투명하게 이루어지지 못하고 있어서 사람들의 신뢰를 잃고 있는 실정입니다. 또 원자력 발전소의 운영에 있어서 안전이 무엇보다 중요한 가치임에도 불구하고 규격에 미달하는 불량 부품을 납품받아 운영하다가 적발된 사례도 있었지요. 이를 감시해야 할 원자력 안전위원회나 한국수력원자력의 인적 구성이 학연으로 이어진 소수

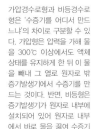

가압경수로형과 비등경수로형은 '수증기를 어디서 만드느냐'의 차이로 구분할 수 있다. 가압형은 압력을 가해 물을 300℃ 이상에서도 액체 상태를 유지하게 한 뒤 이 물을 빼내 그 열로 원자로 밖 증기발생기에서 수증기를 만드는 것이다. 반면, 비등형은 증기발생기가 원자로 내부에 설치되어 있어 원자로 내부에서 바로 물을 끓여 수증기로 만드는 방식이다.

전문가의 이익집단으로 이루어져 제대로 된 검증이 진행되지 않고 있다가 누군가의 제보에 의해서 밝혀지기까지 오랜 기간이 걸렸습니다.

김원호 —— 과오가 없었던 것은 아니지만, 이러한 일의 재발을 막기 위한 제도적 장치들을 보완하고, 적극적인 점검과 감시를 통해서 지금까지 안전하게 관리해 오고 있습니다. '구더기 무서워 장 못 담글까'라는 속담이 있듯이 약간의 위험요소가 있다면 이를 관리할 수 있는 시스템을 갖추고 장점을 극대화할 수 있도록 활용하는 것이 합리적인 선택이라고 생각합니다. 위험요소를 확대 해석하여 원전 자체를 위험한 혐오 시설로 매도하는 것은 합리적이지 않은 접근입니다.

이제한 —— 네, 과거에 비해 원전 사고의 위험성을 낮게 관리할 수 있다는 김원호 님의 말씀에 어느 정도 동의하고 그렇게 되기를 바랍니다. 그럼에도 원전을 지속하는 한 발생할 수밖에 없는 사용후 핵연료와 방사성 폐기물의 처리에 대한 우려는 여전히 남는 것 같습니다. 현재로서는 이를 안전하게 처리할 수 있는 방법이 없고, 향후에도 그러한 방법이 언제쯤 발견될지 알 수 없는 상태에서 후손들에게 그러한 부담을 떠넘기는 선택이 과연 합리적이고 윤리적인 선택이라고 할 수 있을까요? 그렇다고 현재 우리나라 발전의 약 1/4을 차지하고 있는 원자력 발전을 일시에 폐기하자는 것은 아닙니다. 이를 대체할 수 있는 에너지 시스템을 마련할 때까지 보완적으로 운영하면서 수명이 다한 원자로부터 순차적으로 폐기해 가자는 것이지요.

김원호 —— 대체할 수 있는 에너지가 나온다면 원자력 발전의 비율을 낮춘다는 것에는 동의할 수 있습니다. 하지만 핵융합 기술의 개발이라든가 원자력 발전 기술이 이용될 수 있는 다양한 분야의 발전을 위해서라도 원자력 발전은 일정 비율 유지되어야 한다고 생각합니다.

사회자 —— 네. 원자력 발전이 유일한 대안은 아니지만, 원자력 발전보다 나은 에너지원이 존재한다면 원자력 발전의 비율을 점차 낮춰 가야 한다는 방향으로 의견이 모아지는 것 같습니다. 그렇다면 과연 원자력 발전보다 나은 에너지원이라고 할 수 있는 것은 무엇인지 함께 이야기해 보면 좋을 것 같습니다.

주제 2
재생 에너지로의 전환은 가능한 일인가

사회자 —— 원자력 발전이 미래 에너지로서 적절한가에 대한 두 분의 의견을 들어 보았는데요. 원자력 발전이 궁극적인 대안이 되기 어려운 측면이 있는 것 같습니다. 그렇다면 우리가 선택할 수 있는 대안은 어떤 것들이 있을까요?

이제한 —— 기후 위기를 극복하고 우리의 후손들에게 안전하고 살 만한 국토를 물려주기 위해서는 재생 에너지의 보급이 절실합니다. 2020년 한국의 발전 부문에서 재생 에너지는 수력, 바이오매스, 폐기물에너지 등을 포함하여 약 7.2%의 비중을 기록하고 있지요. G20 평균 재생 에너지 발전 비중인 28.7%와 비교하면 4분의 1 수준에 그치고 있습니다.

김원호 —— 친환경 재생 에너지로 값싸고 안정적인 전력을 공급할 수 있다면 마다할 이유가 없지요. 그러나 우리와 여건이 판이한 재생 에너지 선진국을 무작정 따라갈 수는 없습니다. 특히 우리나라는 아직도 재생 에너지 공급 비용이 다른 나라에 비해 상당히 높습니다. 기후조건, 지형, 토지비 등 다양한 요인이 거론되지만 아직도 거품이 많다고 생각됩니다.

이제한 —— 세계 평균적인 재생 에너지 공급 비용에 비해 우리나라가 높은 것은 사실입니다. 하지만 그것은 앞서 말씀드렸듯이 아직까지 재생 에너지 도입의 초기 단계이기 때문에 나타나는 현실이지 재생 에너지 개발에 절대적으로 불리한 조건이기 때문이라고 할 수 없습니다. 에너지경제연구원이 최근 발표한 보고서는 우리나라 대규모(3MW급) 태양광 발전단가LOCE는 빠르게 감소하고 있고, 2020년 136.1원/kWh에서 2030년 94.2원/kWh로 31% 낮아질 것으로 내다보았습니다. 실제로 보급률이 높아지고 투자가 확대되면 더욱 값싸게 전기를 생산할 날이 앞당겨질 것입니다.

김원호 —— 하지만 재생 에너지를 생산한다면서 설치한 태양광 패널과 풍력 발전기 때문에 농지가 훼손되고, 아름다운 경관을 망치고 있어서 주민들의 반발이 거셉니다. 이를 사회적 비용으로 환산한다면 재생 에너지 생산 비용도 올라갈 것입니다.

이제한 —— 경제성이 낮은 농지를 활용한 태양광 발전은 오히려 농지를 보존하기 위한 수단이 되기도 합니다. 언제든 농지로 전환할 수 있기 때문이지요. 풍력의 경우 저주파 영역을 포함한 소음으로 주민들이 불편을 호소하기도 하지만 실제로는 우리나라 주거지역 사업장 및 공장 생활 소음 규제 기준에 미치지 못하는 수준입니다. 물론 풍속에 따라서나 개인 간 편차가 있을 수 있고, 경관을 해칠 수 있다는 지적에 대해서는 인정합니다. 그러나 건물의 옥상을 활용한 태양광, 합천댐에 설치된 매화 모양의 수상태양광, 나무 형태의 태양광 등 다양한 대안이 존재합니다. 풍력의 경우도 초기 공사 단계에서는 생태계에 부정적인 영향을 미칠 수 있지만 운영과정에서는 생태계에 영향을 거의 주지 않고 해상 풍력의 경우 오히려 어족자원이 늘어난 사례들이 보고되고 있지요. 물론 발전 설비를 설치하는 과정에서 주민들의 의견을 수렴하고 정확한 정보를 전달하여 사회적 합의를 이끌어 내는 과정이 충분히 진행되어야만 한다고 생각합니다.

김원호 ── 게다가 사용 후 방치된 태양광 패널에서는 중금속이 나와 토양을 오염시키고 있다는 기사도 있었습니다.

이제한 ── 태양광 패널에서 중금속이 나온다는 기사는 명백한 오보입니다. 태양광 패널은 크고 두꺼운 종이 위에 태양빛을 흡수해 전기로 전환하는 실리콘, 은, 구리로 된 셀과 금속선을 촘촘하게 붙이고, 그 위를 두꺼운 유리로 덮어 보호하는 단순한 구조입니다. 폐패널은 유리에 붙은 금속을 분리하여 거의 대부분 재활용할 수 있습니다.

사회자 ── 김원호 님께서는 값싸고 안정적인 전력 공급을 할 수 있다면 마다할 이유가 없다고 하셨는데요. 이제한 님의 말씀을 들으니 재생 에너지가 값이 싸다는 것은 현실로 다가왔거나 가까운 미래에 실현될 것으로 생각됩니다.

김원호 ── 재생 에너지가 앞으로 값이 싸질 수는 있겠지만, 재생 에너지의 더 근본적인 문제는 변동성에 있습니다. 재생 에너지의 비중이 높아질수록 에너지의 공급, 특히 재생 에너지를 통해 생산되는 에너지가 대부분 전기 에너지인 현실에서 전력 공급에 있어 핵심인 수요와 공급의 수급 균형을 맞추는 일이 어려워집니다. 재생 에너지는 원하는 때에 원하는 만큼을 생산할 수 없고 자연의 변화에 상당 부분 의지할 수밖에 없습니다. 따라서 재생 에너지로 모든 에너지를 대체하려면 에너지 수요의 1.8배 정도의 발전 설비를 갖추어야 하지요. 하지만 그렇게 해서 에너지 수요를 맞출 수 있다고 하더라도 전력 공급 과잉으로 인한 수급 불균형이 발생하게 됩니다. 전력망에 전력이 과잉 공급되면 정전 사태가 발생할 수 있고요. 우리나라에서 재생 에너지 공급 비중이 가장 높은 제주도의 경우에는 태양광 및 풍력 발전 설비 증가로 인해 이미 전력 수요에 비해 공급이 많아지는 사례가 자주 발생하고 있어, 재생 에너지의 출력 제한 횟수가 증가하고 있습니다.

이제한 ── 잘 짚어 주셨습니다. 재생 에너지의 변동성 문제는 해결해야 할 과제입니다. 하지만 해결책이 없는 문제는 아닙니다. 오히려 재생 에너지의 변동성 문제를 해결하는 과정에서 더 효율적인 에너지 전환의 방향을 발견하게 됩니다. 거기에 대해서는 다음 토론 주제에서 말씀드리도록 하겠습니다. 하지만 김원호 님께서 말씀하신 제주도의 사례는 전력이 과잉 공급될 때 어떤 에너지를 우선적으로 공급할 것인가의 선택에서 정책적 우선 순위가 무엇인가의 문제로 생각해 보아야 합니다. 우리의 경우 재생 에너지에 출력 제한을 내리는 선택을 하고 있는데, 재생 에너지 선진국들은 같은 상황에서 재생 에너지를 우선적으로 공급하는 결정을 내리고 있습니다.

사회자 — 네, 두 분의 열띤 토론을 통해서 재생 에너지의 장점과 단점이 무엇인지 편견 없이 이해할 수 있었습니다. 다음 주제에서는 지금까지 토론한 내용을 바탕으로 에너지 전환의 시대에 우리의 선택은 무엇이 되어야 하는지에 대해서 두 분에게 그 해법을 들어 보도록 하겠습니다.

주제 3
에너지 전환, 우리의 선택은

사회자 — 기후 변화를 불러온 화석 연료의 시대가 저물고 환경적으로 안전하고 지속가능한 에너지원으로의 전환이 매우 시급하게 요구되는 시대를 지금 우리가 살아가고 있다는 것을 구체적으로 살펴볼 수 있었던 시간이었습니다. 그 대안인 원자력과 재생 에너지의 현실을 두 분의 토론을 통해서 조금이나마 이해할 수 있었는데요. 마지막 주제로 우리의 미래에 대해 이야기해 보고자 합니다.

김원호 — 독일을 중심으로 탈원전 드라이브를 강하게 걸어왔던 EU가 탄소 중립이라는 시대적 과제와 우크라이나 전쟁으로 인한 에너지 가격 불안정이라는 시장 상황의 변화에 따라 EU 그린 택소노미에서 친환경 에너지에 원자력을 포함시킨 것을 보면 알 수 있듯이 탄소 중립의 관점에서 원자력은 매력적인 대안임에 틀림없습니다. 재생 에너지와 원자력의 비율을 어떻게 가져갈 것인가에 대해서는 국민적 합의와 정책적 판단이 필요한 부분이라 제가 뭐라고 말씀드리기는 어렵지만, 아직 재생 에너지 생태계가 걸음마 단계인 우리의 현실에서 무작정 원자력을 줄여야 한다고 주장하는 것은 현실을 직시하지 못하기 때문이라고 생각합니다.

이제한 —— 우리나라 재생 에너지 생태계가 많이 뒤처져 있다는 것은 동감합니다. 하지만 이것은 정책적인 선택에 의한 것이지 풍력이나 태양광 같은 우리나라 재생 에너지 기술은 그린 에너지 선진국에 비해 결코 뒤처져 있지 않습니다. 원자력 발전소를 하나 건설하면 최소 40년 이상을 사용하게 되는데, 40년이면 재생 에너지 생태계가 충분히 완성될 수 있는 시간이지요. 이미 운영 중인 원자력 발전소를 최대한 안전하게 운영하는 것은 에너지 전환기에 과도기적인 조치로 받아들일 수 있지만, 새로운 원자력 발전소를 건설하는 것은 장기적인 관점에서 좋은 선택은 아니라고 봅니다.

김원호 —— 이제한 님의 생각도 충분히 이해하지만, 원자력 발전도 계속 진화하면서 더욱 안전해지고, 재생 에너지 생태계와 공존할 수 있는 형태의 소형 모듈 원자로[SMR]가 개발되고 있습니다. SMR은 운송이 가능한 정도의 크기로 설계 및 제작되어 원자로를 운영할 장소에서 조립하는 방식으로 건설되기 때문에 대형 원전에 비해 건설비와 건설기간을 획기적으로 줄일 수 있고 모든 과정이 표준화되어 규모의 경제와 뛰어난 안전성을 확보할 수 있지요. 더욱이 우리나라는 이 분야에서 상당한 기술력을 갖추고 있기 때문에 새로운 시장이 열리면 주도적인 역할을 담당할 수 있을 것으로 기대됩니다. 쉽게 확보할 수 없는 원자력 기술을 가지고 있는 우리나라가 이것을 포기하는 것은 안타까운 일입니다.

사회자 ── 원자력 발전도 계속 진화하고 있군요. 그렇다면 신재생 에너지와 원자력 에너지를 계속 발전시켜 서로 단점을 보완하는 방향으로 우리의 미래를 설계하는 것은 어떨까요?

이제한 ── 네, 서로의 단점을 보완한다는 것이 긍정적으로 들리기는 하지만 사실 원자력 발전과 재생 에너지는 서로 양립하기 어려운 특징을 가지고 있습니다. 현재로서는 탄소 중립이라는 시급한 문제 때문에 한배를 탄 것으로 인식될 수도 있지만, 에너지 전환이 완성된 시점에서는 원자력과 재생 에너지의 생태계는 전혀 다른 모습을 띠게 되지요. 원자력은 원자로가 가동을 시작하면 상당 기간 일정한 양의 전력을 대량으로 생산하는 반면, 재생 에너지는 에너지 생산에 변동성이 크고 생산하는 전력이 비교적 소규모라는 특징이 있기 때문입니다. 원자력 발전이 수요의 일정한 양을 담당하고 있으면 제주도의 사례에서처럼 신재생 에너지의 출력 제한이 가해지기 때문에 신재생 에너지를 확대하여 규모의 경제를 이루는 데 어려움이 있지요. 또 원자력 발전은 중앙 집중적인 에너지 공급망을 필요로 하는 반면, 신재생 에너지는 분산형 에너지 공급망을 필요로 합니다.

김원호 ── 신재생 에너지의 변동성은 분명 약점인 것 같은데, 마치 원자력 발전의 장점인 안정성이 마치 신재생 에너지의 약점을 극대화하는 것처럼 말씀하시는군요. 그렇다면 신재생 에너지의 변동성을 극복할 수 있는 대안을 제시할 수 있으신가요?

이제한 —— 신재생 에너지의 변동성은 분명 약점이지만, 이를 극복하는 과정에서 새로운 기회가 열린다고 말씀드렸습니다. 변동성을 극복하기 위한 방안으로 크게 세 가지가 있는데요. 첫 번째는 에너지를 교환하는 것입니다. 국가 단위에서 에너지 교환은 이미 유럽 국가들 간에 이루어지고 있습니다. 재생 에너지 비율이 높아지면서 과잉 생산된 전력을 이웃 나라로 수출하고 부족할 때는 이웃 나라에서 전력을 수입하는 형태입니다. 작게는 건물 단위에서도 직거래 시스템을 통해서 태양광으로 생산된 전기를 이웃한 건물로 판매할 수 있습니다. 서로 다른 용도의 건물은 에너지를 많이 사용하는 시간대가 다르기 때문에 서로 에너지를 사고팔면서 효율적으로 에너지를 이용하는 것이지요. 두 번째는 과잉 생산된 에너지를 배터리에 보관하는 방식입니다. 가장 쉽게 생각할 수 있고 당장이라도 실현 가능한 방법이기는 하지만, 문제는 배터리의 가격인데요. 전기차의 보급이 늘어나고 각종 가전 제품들이 배터리를 필요로 하면서 당분간 대용량 배터리의 가격은 계속 상승할 것으로 보입니다. 따라서 경제성이 확보될 때까지는 재생 에너지와 배터리가 공생하는 방안이 널리 이용되기에 제약이 있을 것 같습니다. 마지막으로 과잉 생산된 전력을 이용하여 수소를 생산하는 것입니다. 물을 전기 분해하여 수소를 생산하고 저장 장치에 담아 전기가 필요한 곳으로 운송해서 수소 연료 전지를 통과하면 전기로 변환할 수 있습니다. 마치 석유를 이용하는 것과 마찬가지로 수소를 이용하는 것이죠. 수소는 전기 에너지를 보관하고 운송하는 수단으로 이용될 수 있습니다. 이렇게 수소 에너지 생태계가 구축되면 수소 경제를 통한 새로운 에너지 시장이 열릴 것입니다. 현재 수소차에 이용되는 수소는 석유화학, 철강 공정 등에서 부산물로 발생하는 부생 수소와 천연 가스를 가공하여 생산하는 개질 수소로, 다량의 이산화탄소를 발생시키는 그레이 수소[7]가 대부분입니다. 하지만 재생 에너지 전력을 이용해 물을 전기분해하는 방식으로 생산되는 그린 수소는 이산화탄소가 발생하지 않고 수소 연료 전지를 통과하면서 다시 물로 환원되는 완벽하게 친환경적인 에너지원이지요.

석유화학 공정의 부산물로 나오는 부생수소 및 천연가스를 개질해 만드는 추출 수소로 이산화탄소 배출량이 많다. 배출되는 이산화탄소를 포집하는 블루 수소와 신재생 에너지를 통한 전기분해로 생산하는 그린 수소보다 훨씬 싸지만 탄소배출량이 상대적으로 많고 부생수소의 생산량이 제한적이라는 단점이 있다.

김원호 — 수소 경제에 대해서 매우 장밋빛으로 말씀하시지만, 수소의 경제성과 안정성을 확보하기 위해서는 아직도 갈 길이 먼 것으로 생각됩니다.

이제한 — 네, 소형 모듈 원자로와 마찬가지로 수소 경제 시스템이 정착되기까지는 많은 기술적 진보와 사회 시스템의 변화가 필요합니다. 하지만 이 분야에 있어서 우리나라의 기술 수준은 매우 높은 단계이지요. 무엇보다도 수소 에너지를 이용한 에너지 전환을 통해 완성할 미래 사회의 모습은 매우 친환경적이고 지속가능합니다. 원자력 발전이 만들어 낼 미래 사회가 여전히 핵폐기물의 위험성을 내재하고 있다는 점에 비추어 더 나은 선택이 될 수 있다고 생각합니다.

마무리 발언

사회자 — 긴 시간 열띤 토론을 해 주셔서 감사드립니다. 마지막으로 마무리 발언 한 말씀씩 부탁드리겠습니다.

김원호 — 지금까지 에너지 전환을 위한 대안을 이야기하느라 우리가 놓치고 지나간 중요한 사실을 말씀드리며 토론을 마무리하고자 합니다. 토론을 통해 확인하셨던 것처럼 화석 연료를 대체할 에너지원을 개발하고 상용화하는 데까지는 그것이 무엇이 되었든 시간이 필요합니다. 하지만 에너지 전환을 위해 우리에게 주어진 시간은 그리 많지 않지요. 대체할 에너지원을 확보할 때까지 시간을 벌기 위해 우리가 사용하는 에너지의 효율성을 높이고 에너지 절약을 생활화하는 것 또한 우리가 할 수 있는 중요한 실천입니다.

이제한 — 저도 공감합니다. 지금까지 에너지 수요가 계속 증가할 것임을 전제로 이야기했지만, 에너지 소비를 줄이려는 노력도 중요한 문제입니다. 오늘 김원호 님과 에너지 전환에 대해 건전한 토론을 할 수 있어서 대단히 감사합니다.

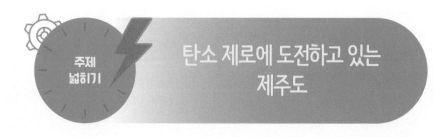

▲ 제주도 풍력발전기의 모습

제주도는 2012년 탄소 제로 섬Carbon Free Island: CFI을 선언하고, 2030년까지 도내에서 소비되는 전력의 100%를 신재생 에너지로 대체한다는 목표를 선언했습니다. 실제로 재생 에너지 발전량은 풍력과 태양광을 중심으로 2010년 전체 발전량의 약 4.5%에서 2020년 약 20% 정도로 크게 증가하였습니다. 하지만 재생 에너지의 보급률을 높이는 데에만 치중한 나머지 목표에 도달하기도 전에 에너지 생산의 변동성으로 인하여 수요와 공급 불일치로 인한 과잉 전력 공급 상황이 일어나 재생 에너지 설비의 가동을 강제로 중단하는 출력 제한을 시행하게 되었지요.

이에 제주도는 다른 발전 설비의 출력을 조절하여 재생 에너지 사용 비율을 높이는 방법, 다른 시도에 비해 보급 비율이 높은 전기차의 배터리를 활용하여 초과발전 시간에 충전을 유도하는 방법, 시간대별 차등 전기 요금제를 통하여 기업과 가정의 자발적인 수요 분산을 유도하는 방법 등을 시도하고 있습니다. 또 잉여 전력을 열에너지 형태로 전환하여 보관하고 공급하는 방법, 그린 수소를 생산하여 공급하는 방법 등을 연구하고 있지요. 제주도에서 해법을 찾으면 다른 나라에 비해 크게 뒤처진 신재생 에너지로의 전환은 가속도를 붙여 우리나라는 탄소 중립 선진국으로 발돋움할 수 있게 될 것입니다. 제주도의 탄소 제로 섬 계획이 성공할 수 있도록 모두가 관심을 가지고 응원해 주시기 바랍니다.

왜 에너지 전환을 이야기하는가

1. 에너지 전환이 필요한 이유에 대해서 생각해 봅시다.

2. 화석 에너지를 대체할 수 있는 에너지원으로 대두되고 있는 원자력과 재생 에너지의 장단점에 대해서 정리해 봅시다.

원자력 vs 재생 에너지

	장점	단점
원자력		
재생 에너지		

원자력과 재생 에너지의 단점을 극복하기 위한 노력

원자력	
재생 에너지	

생각 더하기

+ 생각 더하기는 장별 '마무리하기'의 예시 답안입니다.

인터넷지도가 가야 할 길은 무엇일까

사생활 침해

인터넷지도 서비스 업체는 사람들이 무엇을, 얼마나 검색하는지 다 알고 있다. 더 편리하고 유용한 개인 맞춤형 지도 서비스를 한다는 명목으로 많은 개인정보도 수집하고 있다. 개인의 동선, 사진의 위치정보 등을 수집하기도 한다. 국가는 사생활 침해와 관련된 제도적 장치를 마련해야 한다.

감시사회

정부 또는 소수의 인터넷지도 서비스 업체가 개인의 지리정보를 독점하고 이를 악용하면, 사회를 통제하는 관리 권력, 혹은 그러한 사회체계가 될 수도 있다.

정보격차

장소, 나이, 경제적 상황, 장애, 언어, 활용 능력 등 다양한 이유로 인터넷 및 인터넷지도에 대한 접근성의 차이가 있다. 이는 정보의 빈익빈부익부 현상을 더욱 심화하게 되므로 하드웨어 보급 및 교육이 필요하다.

빅데이터 배당

빅데이터 구축과 더 좋은 인터넷지도 서비스에 기여했음에도, 그로 인해 창출한 수익은 배당받지 못하고 있다. 데이터 개인 배당 또는 거래, 데이터의 사회 공동자산화 등 많은 논의가 진행되고 있다.

쟁점 2

지속가능한 여행, 어떻게 해야 할까

여행을 떠나는 이유는 무엇일까?

나인문: 즐거움, 배움

김여름: 배움, 진로 탐색, 여행지에 대한 환상 갖지 않기

한자연: 휴식, 자신만의 관점과 이유 필요

박겨울: 다크 투어리즘, 봉사, 환경 등 공존, 성찰 여행

여행자와 여행지의 갈등, 어떻게 해결할까?

한자연: 환경과 생태계 파괴 문제 해결, 문화상대주의적 태도 필요

김여름: 오버 투어리즘 문제, 여행 수입이 지역에 배분되지 않는 문제 해결

나인문: 지역주민들의 생활이 파괴되는 문제 해결

박겨울: 지역주민들의 생활이 파괴되는 문제, 여행 수입이 지역에 배분되지
않는 문제 해결

우리는 미래에 어떤 여행을 하게 될까

국가 및 민간 차원의 우주 비행 시도, 코로나19 이후 안전, 위생에 대한 요구
증가, 패키지 단체 여행보다 소규모 자유여행 선호, 스테이케이션, 워케이션
및 VR, AR 활용 랜선여행 등 다양한 유형의 여행 등장

쟁점 3 인구 문제는 정말 문제일까

출산율 감소, 문제인가?
긍정적이다.
가족과 출산에 대한 인식이 바뀌기 시작하면서 미래 세대를 위해 본인을 희생하기보다는 지금 현재 자신의 삶이 더 중요하다는 점을 강조하는 것이 현재의 문화적 가치이다.

부정적이다.
부동산이 됐든 개인 소비가 됐든 경제 성장과 인구는 늘 밀접한 관계가 있기 때문에 저출산 현상의 심화는 경제 성장에 매우 부정적인 영향을 줄 것이다.

고령화, 무엇이 문제이며, 무엇이 기회일까?
긍정적이다.
고령화를 문제시하는 것은 노인을 노동 능력이 없는 복지의 대상으로 본 결과이다. 건강 수명이 늘어나고 노년층을 노동인구로 흡수할 경우 출산율 감소에 대한 해결책이 될 수 있다.

부정적이다.
고령화 현상은 노인 건강 유지에 필요한 보건 수요를 증가시켜 건강보험 등에 필요한 정부 지출을 늘림으로써 정부 재정에 악영향을 미칠 수 있다. 또 우리나라는 가계자산이 주택 같은 실물자산에 편중되어 있어 공적연금의 중요성이 더욱 크며, 노년층의 증가는 그 부담을 더욱 증가시킬 것이다.

인구가 감소하면 나라가 망하는 것일까?

긍정적이다.

인구 감소 위기는 과거 산업화 시기 국가 중심의 양적 성장에서 벗어나 안정적인 고용과 정의로운 분배를 통해 국민 개개인의 행복과 성장을 실현시킬 기회이자, 인구 증가에 따른 환경문제의 발생 가능성을 감소시킬 기회이다.

부정적이다.

인구 감소는 우리 사회의 근간을 흔들 수 있는 큰 문제이다. 인구 감소는 내수 위축을 가져와 경기 침체를 야기하고 결국 출산율을 감소시켜 인구 감소로 이어지는 악순환을 가져온다.

아파트 공화국, 이대로 괜찮은가

아파트는 지속가능한 주거 양식인가?

긍정적이다.

대단지 아파트가 아닌 맞춤형 소규모 아파트라면 지속가능하다. 수요에 맞도록 고층화하되, 환경적인 부분을 개선하면 불가능한 일이 아니다.

부정적이다.

거대한 콘크리트 구조물을 유지하려는 발상 자체를 수정해야 한다. 지금과 같은 성장을 위한 고밀화보다는 분산을 통한 정주 환경의 개선이 필요하다.

아파트는 환경과 어떤 관계가 있는가?

긍정적이다.

아파트와 환경을 승승의 구도로 바라보려는 시도가 필요하다. 인간이 존속하기 위해서 일정 수준의 개발이 불가피하다면, 친환경 아파트 건설로 현재의 문제를 개선·보완하려는 노력이 중요하다.

부정적이다.

친환경이라는 단어는 포장지에 불과하며, 중장기적으로 보면 결국 환경이 악화될 것이다. 아파트 사회를 과감하게 끝내려는 노력과 시도를 해야 하며, 절체절명의 환경 위기를 망각해서는 안 된다.

아파트 공화국, 이대로 괜찮은가?

긍정적이다.

인류는 예부터 고밀화를 추구해 왔다. 도시가 대표적이다. 고밀화를 통해 첨단의 시대에 도시 경쟁력을 높이려는 노력이 필요하다.

부정적이다.

아파트는 효율성을 중시하지만, 이는 어디까지나 지구가 수용할 수 있는 한계 내로 제한되어 있다.

늘어나는 외국인,
우리 삶의 공간에서는 어떤 변화가 나타날까

쟁점 5

외국인 이주자의 증가는 우리 사회에 어떤 영향을 끼치는가?

한국인
- 노동력 부족 문제 해소에 도움
- 국내 제조업 일자리와 산업 생태계 유지
- 생산 비용 절감에 따른 산업 경쟁력 확대
- 우리나라 노령화 속도 완화
- 촌락 지역 공동체 유지에 도움

나대한
- 내국인 노동자 일자리 축소
- 국내 근로자 임금 상승 억제
- 제조업 노하우의 세대 전승 어려움
- 외국인 이주민 증가로 인한 문화적 갈등 확대

다문화 사회를 맞이하는 우리의 현실은?

한국인
- 외국인 이주자 및 그 자녀에 대한 차별적 시선이 많음
- 외국인 이주자들의 범죄율이 높다고 보는 등의 차별적 시선과 편견이 많음

나대한
- 젊은 세대의 다문화 수용성 양호함
- 외국인 이주자들과의 접촉이 늘어나면 차별과 편견의 문제가 완화될 가능성이 있음

다문화 공간은 어떻게 이해해야 할까?

한국인
- 외국인 이주자들의 국내 정착을 돕고, 다채로운 문화를 접할 수 있는 공간의 역할을 함

나대한
- 기존 주민과 외국인 이주자들 간의 갈등이 발생하기도 하는 공간임

쟁점 6

공간 불평등은 정말 해소해야 하나

수도권 집중은 해결해야 할 문제일까?

긍정적이다.

세계 각국 수도권의 경쟁력은 곧 국가의 경쟁력과 직결된다. 각 국가의 수도권이 성장하는 현재 시점에서 세계와 경쟁하려면 수도권의 경쟁력은 지금보다 강화되어야 한다.

부정적이다.

지역 간의 불평등 해소는 곧 국가 경쟁력으로 이어진다. 또 삶의 질과 관련된 양적 지표도 중요하지만, 질적 지표도 그에 못지않게 중요하다는 사실을 간과하면 안 된다.

우리가 매일 타는 지하철에도 공간 불평등이 존재할까?

긍정적이다.

예산은 한정적이며, 대부분 세금으로 건설되고 운영되는 지하철은 효율성을 반드시 고려해야 한다. 일부 지역이나 계층의 접근성이 문제라면 버스, 마을버스 등의 교통수단으로 보완하는 것이 합리적이다.

부정적이다.

다른 교통수단에 비해 지하철이 갖는 위상과 특수성을 생각해 봐야 한다. 단순히 경제 논리를 따질 것만이 아니라 계층성과 접근성 모두를 고려해 지하철 노선 및 역의 건설이 이루어져야 한다.

환경과 재난에도 공간 불평등이 있을까?

긍정적이다.

복지 제도의 확대, 재개발 과정에서 녹지 확보 등을 통해 시민들의 삶의 질을 나타내는 지표들은 점차 나아지고 있다. 예를 들면 서울의 도시숲 면적은 지속적인 증가 추세에 있다.

부정적이다.

전반적인 복지뿐만 아니라 사각지대에 있는 시민들에 대한 대책이 요구된다. 절대적인 녹지 공간의 확보도 중요하지만, 실질적으로 녹지를 누릴 수 있는 생활권도시숲 확보가 시급하다.

지역 개발은 공간 불평등의 해결 방안 중 하나일까?

예 지역 개발은 지역의 잠재력을 살려 지역 주민의 삶의 질을 높이기 위한 다양한 활동을 의미한다. 지역 발전을 극대화하고 지역 격차를 완화하며, 주민의 복지를 향상시키고 국토를 균형 있게 발전시키고자 하는 것이 지역 개발의 목표이므로 해결 방안 중 하나라고 볼 수 있다. 다만 지역 개발 과정에서 역류효과 등으로 지역 격차가 커질 수 있기에 계획부터 실행까지 신중해야 할 필요성이 있다.

도시 개발과 토지 이용 갈등은 어떻게 풀어야 하나

서울의 도심부 용산에 필요한 것은 공원인가? 주택인가?

용산 지역의 역사성에 기반한 제대로 된 민족공원을 만들어야 한다.

해당 지역의 역사성을 복원하고, 시민들의 공공 복지를 위해 특별법에 근거한 공원 조성을 완성도 있게 추진해야 한다.

공원 일부 지역에 주택을 공급해서 주거 불안정을 해소해야 한다.

공원 부지 일부를 주택 공급이 가능한 지역으로 지정하여, 아파트를 공급함으로써 주거난을 해소하는 방향으로 특별법을 수정해야 한다.

역사적 정체성 회복이 중요한가? 시민의 실리가 중요한가?

용산 지역의 역사성에 기반한 제대로 된 민족공원을 만들어야 한다.

제1호 국가공원으로서 국가의 상징과 정체성을 담아 조성되어야 하는 국가적 사업이다. 일부 지역에라도 아파트가 들어선다면, 아파트 병풍으로 둘러싸여 공원의 경관이 훼손될 것이다. 현재 집중해야 할 것은 어떻게 역사적 정체성을 회복할 수 있는 공원을 설계하고 실현하느냐이다.

공원 일부 지역에 주택을 공급해서 주거 불안정을 해소해야 한다.

아파트 공급 반대론자들 중 일부가 공원은 환영하나 아파트 공급을 반대한다는 논리는 전형적인 핌피현상과 님비현상을 동시에 보여 주고 있는 모습이다. 아파트가 공급되면 기존 주택의 가격이 하락하는 등 경제적 손실이 예상되기 때문이다. 오늘을 살고 있는 시민들을 위한 공간적 배려가 절실하다.

장기적이고 거시적인 관점에서 용산공원의 토지 이용 방안은?

용산 지역의 역사성에 기반한 제대로 된 민족공원을 만들어야 한다.

장기적으로 인구 감소가 예견되는 시기이다. 서울 내 아파트의 대량 공급은 근시안적 정책이며, 서울 및 수도권의 인구 집중을 심화하고, 아울러 지방 소멸을 가속화할 수 있는 자충수가 될 수 있다. 환경적 관점에서도 녹지를 더욱 확보해야 한다.

공원 일부 지역에 주택을 공급해서 주거 불안정을 해소해야 한다.

기술적으로 경관 훼손을 최소화하며 아파트를 공급할 수 있다. 부동산 시장의 과열을 막는 것은 장기적으로 국민 전체의 이익이다. 공공임대주택으로 건설하고 관리하면, 향후 인구 감소기에도 적절히 대응할 수 있다. 환경적 관점에서 압축 도시로의 이행이 필요하며, 도심 내 핵심지에 주택 공급이 필요하다.

하천은 개발해야만 할까

하천의 댐 건설은 반드시 필요한가?

긍정적이다.

용수 확보, 홍수 예방, 전력 생산을 위해 반드시 필요하다.

부정적이다.

모래톱 침식과 생태계 변화로 인한 환경적 피해가 심해 댐 건설 이전으로 복원해야 한다.

보를 유지할 것인가?

긍정적이다.

용수 확보를 위해 보가 반드시 필요하며, 보의 수문을 개방하거나 해체하는 것을 반대한다.

부정적이다.

수질 오염과 지하수위 상승으로 농업에 피해를 주므로 보의 수문을 개방하거나 해체해야 한다.

하천 수변 공간은 개발해야만 하는가?

긍정적이다.

공원, 주차장, 캠핑장, 자전거도로, 산책로, 농경지 등으로 이용되어 공간의 효율성을 높일 수 있다.

부정적이다.

잦은 홍수로 인해 아까운 세금이 낭비될 수 있으니 인공적인 개입을 최소화해야 한다.

기후변화, 이대로 괜찮은가

기후변화에 대한 진실은 무엇인가?

긍정적이다.

우리나라뿐만 아니라 전 세계적으로 기온이 빠르게 상승하고 있다. 이는 우리나라뿐만 아니라 전 지구적으로 온실가스 배출로 인해 기온이 상승하는 것이다.

부정적이다.

지질시대를 통해 오르락내리락하며 반복돼 온 자연적인 기온 변화 과정의 일부로 심각한 것이 아닐 뿐만 아니라 인류가 만들어 낸 것이 아닐 수도 있다.

기후변화의 진행은 지역별로 어떤 차이를 갖는가?

긍정적이다.

기후변화의 진행이 지역별로 차이가 있을 수는 있지만 본질적으로 기후변화의 관점에서 전 지구적 접근이 필요하다.

부정적이다.

기후변화는 도시의 승온 현상이 실제보다 과장된 것으로 인간 활동이 적은 곳에서는 기후변화가 심각하지 않을 수 있다.

기후변화에 따른 우리 생활의 변화는 어떨까?

긍정적이다.

기온 상승으로 식물 분포의 범위가 달라져 농업 지역이 변화될 수 있으며, 해수면 상승으로 저지대 침수되어 주거 지역에 변화가 나타날 것이다.

부정적이다.

인류는 예부터 환경 변화에 잘 적응해 왔다. 앞으로도 과학 기술의 발달에 따라 변화하는 기후 환경에 적응해 나갈 것이다.

쟁점 10 왜 에너지 전환을 이야기하는가

〈1번 예시 답안〉

화석 에너지를 이용할 때 발생하는 이산화탄소와 같은 온실 가스로 인하여 대기의 온도가 상승하면서 급격한 지구 환경의 변화로 인류와 생태계의 삶을 위협하고 있다. 또 기후 변화에 대응하기 위해 신재생 에너지의 사용을 의무화하는 과정에서 나타난 경제적 제재를 통한 무역 장벽을 극복하기 위해서 에너지 전환에 능동적으로 나서야 한다.

〈원자력 vs 재생 에너지〉

원자력

장점
- 이산화탄소 배출량이 매우 적다.
- 대량의 에너지를 집중적으로 생산할 수 있다.

단점
- 사고 발생 시 위험성이 매우 크다.
- 사용 후 핵연료와 방사성 폐기물의 처리가 어렵다.

재생 에너지

장점
- 이산화탄소 배출량이 매우 적다.
- 에너지 생산 비용이 지속적으로 감소하고 있다.
- 환경 친화적으로 위험성이 매우 낮다.

단점
- 에너지 생산에서 변동성이 크다.
- 효율적인 에너지 관리를 위해서 많은 노력과 비용이 필요하다.

이화북스의 책을 소개합니다

누구나 교양 시리즈

세계사,
최대한 쉽게
설명해 드립니다

세계사의 흐름을 머릿속에
저절로 그릴 수 있게 하는
독일의 국민역사책

철학,
최대한 쉽게
설명해 드립니다

스스로 생각하는
힘을 키워 주는
철학 교양서

종교,
최대한 쉽게
설명해 드립니다

문학·역사·철학·과학의
시각으로 들여다보는
세상의 모든 종교

국립중앙도서관 서평전문가 추천도서

전쟁과
평화의 역사,
최대한 쉽게
설명해 드립니다

전쟁의 역사에서 찾아내는
평화의 비밀

전국역사교사모임 추천도서

윤리,
최대한 쉽게
설명해 드립니다 전 세계
100만 청소년들의
윤리 교과서

정치,
최대한 쉽게
설명해 드립니다

자유로운 개인들의
사회적 연대를 위한
정치 교과서

그리스
로마 신화,
최대한 쉽게
설명해 드립니다

그리스 로마 신화의
맥을 잡아 주는
50가지 재미있는 강의

행복의 공식,
최대한 쉽게
설명해 드립니다

전 세계
언론이 격찬한
행복 사용설명서

우주의 역사,
최대한 쉽게
설명해 드립니다

경이롭고 가슴 벅찬
우주와 인간의 이야기

누구나 인간 시리즈

한나 아렌트

세계 사랑으로
어둠을 밝힌
정치철학자의 삶

한나 아렌트를
처음 만나는 이들을 위한
선물과도 같은 책

국립중앙도서관 사서 추천도서

조제프 푸셰

어느 정치적 인간의 초상

최고의 전기 작가
슈테판 츠바이크의 역작

쇼펜하우어

쇼펜하우어와
철학의 격동시대

전 세계가 인정하는
쇼펜하우어 대표 전기

니체

그의 사상의 전기

프리드리히
니체 상 수상작

히치콕

영화의 거장

히치콕 전기
최신 개정판

교과서 토론 시리즈

교과서 토론
| 4차 산업혁명 |

4차 산업혁명을 둘러싼
흥미진진한 맞짱 토론

교과서 토론
| 환경 |

환경 쟁점을 둘러싼
흥미진진한 맞짱 토론

교과서 토론
| 세계사 |

세계사 쟁점을 둘러싼
흥미진진한 맞짱 토론

교과서 토론
| 과학 |

과학 쟁점을 둘러싼
흥미진진한 맞짱 토론

교과서 토론
| 한국사 |

한국사 쟁점을 둘러싼
흥미진진한 맞짱 토론

츠바이크 선집

광기와 우연의 역사

키케로에서 윌슨까지
세계사를 바꾼 순간들

전 세계 50여 개국 출간
최고의 전기 작가
슈테판 츠바이크의 대표작

보이지 않는 소장품

슈테판 츠바이크의
대표 소설집

아찔한 비밀, 불안,
세 번째 비둘기의 전설,
모르는 여인의 편지,
어느 여인의 24시간

공부법

서울대 합격생
엄마표 공부법

서울대 합격생
엄마들의 입시 성공 노하우
전격 공개

대치동에 가면
니 새끼가 뭐라도
될 줄 알았지?

엄마와 아이가 함께
성장하는 대치동 이야기

과학·탐구 시리즈

누구나 탐구
| 날리기 과학 |

현직 과학 선생님들이 만든
20가지 과학 탐구 실험

대통령상 수상자들이 들려주는
과학대회의 모든 것

전국과학전람회·
전국학생과학발명품경진대회
필독서

에리히 캐스트너 시집

마주 보기

에리히 캐스트너 박사가
시로 쓴 가정상비약